Les relations entre le Québec et l'Acadie, 1880-2000

DE LA TRADITION À LA MODERNITÉ

D1213383

Les relations entre le Québec et l'Acadie, 1880-2000

DE LA TRADITION À LA MODERNITÉ

SOUS LA DIRECTION DE
FERNAND HARVEY
ET GÉRARD BEAULIEU

Éditions de l'IQRC/Éditions d'Acadie

La publication de cet ouvrage a bénéficié d'une aide financière en vertu du Programme d'échanges culturels entre le Québec et le Nouveau-Brunswick.

Les Presses de l'Université Laval reçoivent chaque année du Conseil des Arts du Canada et de la Société de développement des entreprises culturelles du Québec une aide financière pour l'ensemble de leur programme de publication.

Nous reconnaissons l'aide financière du gouvernement du Canada par l'entremise de son Programme d'aide au développement de l'industrie de l'édition (PADIÉ) pour nos activités d'édition.

Mise en pages : Diane Trottier

Conception de la couverture : Herménégilde Chiasson

Illustration de la couverture : *Chanson d'amour* (gravure monotype).

«Sorte d'image énigmatique où l'ange représente la tradition religieuse, et le profil, la modernité. L'emphase sur l'être humain est l'indice ou le début tout au plus de cette modernité. Entre les deux, la rose tombée du ciel est signe de la grâce, de la beauté et de la générosité de toute relation.».

Herménégilde Chiasson, Robichaud, 2000.

ISBN 2-89224-299-1

Distribution de livres Univers
845, rue Marie-Victorin
Saint-Nicolas (Québec) Canada G7A 3S8
Tél. (418) 831-7474 ou 1 800 859-7474
Téléc. (418) 831-4021
http://www.ulaval.ca/pul

TABLE DES MATIÈRES

Liste des tableaux et des graphiques 7

AVANT-PROPOS
Fernand Harvey et Gérard Beaulieu 9

INTRODUCTION 11
Gérard Beaulieu et Fernand Harvey

**1ʳᴱ PARTIE :   LES RELATIONS TRADITIONNELLES
                  ENTRE LE QUÉBEC ET L'ACADIE**

Chapitre 1 : Les historiens canadiens-français et l'Acadie, 1859-1960
   Fernand Harvey 19

Chapitre 2 : L'Acadie du Nouveau-Brunswick et le Québec (1880-1960)
   Froideur ou méfiance ?
   Léon Thériault 49

Chapitre 3 : L'Église, l'État et l'élite du Québec en Acadie néo-écossaise,
   1880-1960 : « Réconforter les minorités par un Québec fort »
   Neil J. Boucher 73

**2ᴱ PARTIE :   LE QUÉBEC ET L'ACADIE DANS
                  UN CONTEXTE DE MODERNITÉ**

Chapitre 4 : Le Québec et la question québécoise dans les quotidiens
   du Nouveau-Brunswick 1960-1998
   Gérard Beaulieu 97

Chapitre 5 : La contribution du Québec au développement
   de l'éducation en français au Nouveau-Brunswick
   Yolande Castonguay-LeBlanc 127

Chapitre 6 : La coopération Québec - Acadie : 1960-1999
   Chedly Belkhodja et Roger Ouellette 157

Chapitre 7 : Les relations culturelles entre les Acadiens de la
   Nouvelle-Écosse et le Québec depuis la Révolution tranquille
   Maurice LeBlanc 191

Chapitre 8 : Le français standard et la langue populaire :
   comparaison du débat et des enjeux au Québec
   et en Acadie depuis 1960
   Annette Boudreau et Matthieu LeBlanc 211

Chapitre 9 : La réception de la littérature acadienne au Québec depuis 1970
  Jean Levasseur 237

Chapitre 10 : Les artistes acadiens et le Québec : vers un nouveau
  positionnement
  Fernand Harvey et Christine Duplessis 261

Chapitre 11 : Les Jeux de l'Acadie et le Québec
  Jules Lamarre 277

Bibliographie 293

Liste des collaborateurs 296

LISTE DES TABLEAUX
ET DES GRAPHIQUES

TABLEAUX

4.1 Le nombre d'éditoriaux sur le Québec et la question québécoise dans les trois quotidiens acadiens entre 1960 et 1998 99

5.1 Communautés religieuses québécoises de femmes et d'hommes dans les écoles dites bilingues et les collèges de langue française du Nouveau-Brunswick à partir de 1863 131

5.2 Nouvelles admissions annuelles d'étudiants acadiens dans les universités du Québec dans le domaine des sciences de la santé de 1990 à 1998 152

5.3 Nombre d'étudiants francophones du Nouveau-Brunswick inscrits à des programmes contingentés dans des collèges du Québec de 1989-1990 à 1994-1995 153

6.1 Dépenses de 1969 à 1995 dans les secteurs de la culture, de l'éducation, des communications, du social et divers 170

6.2 Coût de la formation des étudiants francophones du Nouveau-Brunswick inscrits à des programmes contingentés dans des établissements d'enseignement supérieur au Québec de 1969 à 1995 170

6.3 Budget de la Commission permanente Québec–Île-du-Prince-Édouard pour la période de 1989 à 1998 (Base : année 1989-1990 = 100) 172

6.4 Contribution du Québec à la francophonie acadienne (programmes de soutien à la francophonie et aux partenariats) (Base : année 1987-1988 = 100) 185

7.1 Contribution du Québec aux organismes acadiens ou néo-écossais 206

11.1 Finales des Jeux de l'Acadie, 1979-2000 281

GRAPHIQUES

3.1 Nombre de prêtres d'origine acadienne et québécoise dans les deux diocèses de la Nouvelle-Écosse, 1890-1960 79

3.2 Nombre de prêtres d'origine québécoise dans les deux diocèses de la Nouvelle-Écosse, 1890-1960 79

ANNEXES

Liste des personnes interviewées par Christine Duplessis 276

Liste des personnes interviewées par Jules Lamarre 291

AVANT-PROPOS

Il existe une longue tradition de relations entre le Québec et l'Acadie qui remonte aux débuts du régime français et qui s'est poursuivie jusqu'à nos jours en dépit des aléas de l'histoire. Bien que certains historiens, ethnologues, sociologues et politologues se soient penchés sur la nature et l'évolution de ces relations de façon ponctuelle, il n'existe pas de vue d'ensemble sur l'évolution de ces relations. C'est dans le but de contribuer à combler cette lacune que le présent ouvrage collectif a été conçu par une équipe interdisciplinaire et interuniversitaire de chercheurs acadiens et québécois.

Il fut convenu au départ que l'ouvrage devrait être consacré à la période qui s'étend de la « Renaissance acadienne » jusqu'à nos jours, soit des années 1880 à 2000, sans s'interdire pour autant de remonter plus loin vers le milieu du XIXe siècle au besoin. Au cours de cette longue période de plus de 120 ans, les relations entre le Québec et l'Acadie ont connu une série de transformations importantes. C'est pourquoi nous avons divisé notre ouvrage en deux parties : l'époque des relations traditionnelles au sein du Canada français, et l'époque de la modernité politique et culturelle contemporaine qui s'amorce à partir des années 1960. L'intensification et la diversification des relations entre le Québec et l'Acadie depuis les années 1960 – et cela malgré des divergences indéniables en matière de politique constitutionnelle – nous ont amenés à accorder plus d'importance à l'étude des quarante dernières années.

La proximité géographique, le partage d'une langue commune et des cheminements historiques tantôt parallèles, tantôt convergents fondent et caractérisent plus que tout autre aspect les relations entre le Québec et l'Acadie. On ne se surprendra donc pas de constater que cet ouvrage accorde une place centrale à la culture, par le biais de la langue, de l'historiographie, de la littérature et des arts. Mais l'éducation et les communications qui sont des domaines intimement liés à la culture n'ont pas été négligés pour autant. Il en va de même de la question politique vue plus particulièrement sous l'angle des programmes de soutien, d'échanges et de partenariat.

Issue d'un intense travail d'équipe entre des chercheurs acadiens de différents départements de l'Université de Moncton et du Centre acadien de l'Université Sainte-Anne, d'une part, et des chercheurs rattachés à l'Institut national de la recherche scientifique (INRS-Culture et Société) à Québec et à l'Université Bishop's à Lennoxville, d'autre part, cette recherche collective n'aurait pu être réalisée et menée à terme sans le travail motivé de plusieurs assistants et assistantes de recherche. Nous tenons à leur exprimer notre plus vive reconnaissance. À l'Université de Moncton, Mireille Blanchard, Denis Boudreau, Stéphanie Côté, Caroline Lafontaine, Stéphane LeBlanc, Mireille Mclaughlin et Michel Richard, tous étudiants ou étudiantes en histoire ou en linguistique, ont agi comme recherchistes à un moment ou l'autre du projet, de même qu'Isabelle Losier qui a transcrit une série d'entrevues (chapitre 6). Il en va de même de Louise Belliveau et de Doreen Surette-Boucher à l'Université Sainte-Anne. Du côté québécois, Véronique Cormier, Henri Lévesque et David Bradley Sweet ont travaillé au projet à l'INRS-Culture et Société et Mélanie Roy, à l'Université Bishop's. Madame Diane Saint-Laurent, chercheure en ethnologie a, par ailleurs, contribué à la recherche concernant les questions politiques. Nos remerciements s'adressent également à tous nos collègues chercheurs ou archivistes et à toutes les personnes qui ont soutenu d'une façon ou d'une autre ce projet.

Il importe de souligner que cet ouvrage est le résultat d'un projet de recherche amorcé en 1996 ; il n'aurait pas vu le jour sans le soutien financier du Secrétariat aux Affaires intergouvernementales canadiennes (SAIC) dans le cadre de sa politique de partenariat entre le Québec et les communautés francophones et acadiennes. Monsieur Patrice Dallaire, alors délégué du Québec à Moncton et monsieur Edmond Richard, alors responsable de la mise en œuvre de la Politique au SAIC ont joué un rôle essentiel dans l'acceptation de ce projet. Qu'ils reçoivent ici nos plus sincères remerciements.

Enfin, ce partenariat n'aurait pas été complet sans la contribution de nos deux éditeurs, les Éditions d'Acadie à Moncton, sous la direction de monsieur Claude Bourque, et les Éditions de l'IQRC à Québec, sous la direction de monsieur Léo Jacques. La préparation du manuscrit a également bénéficié de la contribution de madame Diane LeBlanc, secrétaire du département d'histoire et de géographie de l'Université de Moncton, de madame Linda Beaurivage, secrétaire à l'INRS-Culture et Société, de madame Maryse Cloutier, correctrice-réviseure.

Nous souhaitons que cet ouvrage permette de dépasser les lieux communs sur les relations entre le Québec et l'Acadie et contribue à faire découvrir toute la richesse et la complexité de ces relations en transformation constante.

Fernand Harvey et Gérard Beaulieu

INTRODUCTION

Gérard Beaulieu et Fernand Harvey

Les relations entre l'Acadie et le Québec, ces deux territoires-souches de la francophonie canadienne, ont connu, au cours des dernières décennies un rythme de changement accéléré. Le sentiment de solidarité traditionnellement basé sur la communauté de langue et de religion a dû s'accommoder du désir de chacun d'affirmer son identité et de défendre ses intérêts propres qui ne coïncidaient pas toujours, notamment dans le domaine constitutionnel. Le présent ouvrage étudie l'évolution des relations qui reflètent les changements survenus dans les deux sociétés. Le sous-titre *De la tradition à la modernité* témoigne de notre désir de présenter ces relations dans le contexte historique tout en soulignant la mutation importante survenue depuis les années soixante. Cette étude présente un nouvel éclairage susceptible, croyons-nous, de renouveler les perceptions des deux communautés chez les hommes et les femmes politiques, les chercheurs et le grand public québécois et acadien.

Puisque la tradition a davantage été étudiée que la modernité, l'essentiel de l'ouvrage porte sur la période de 1960 à nos jours, mais on a crû bon de présenter l'état des relations et les perceptions des deux communautés pendant la période précédente, soit de 1880 à 1960. Que représentait l'Acadie pour les Québécois, et comment les Acadiens du Nouveau-Brunswick et ceux de la Nouvelle-Écosse percevaient-ils le Québec. Le point de départ de relations un peu plus fréquentes entre les deux communautés a été le congrès convoqué par la Société Saint-Jean-Baptiste de Québec, en 1880, auquel participaient une centaine d'Acadiens. C'est dans la foulée de cet événement que sera organisée la convention nationale de Memramcook de 1881, reconnue comme le coup d'envoi de ce qu'on a appelé la Renaissance acadienne. Disposant déjà d'un collège et d'un journal, les Acadiens vont bénéficier bientôt, avec la création de la Société nationale l'Assomption, d'une institution spécifiquement vouée à leur avancement collectif. Cette période marque aussi la maturation des deux sociétés dans plusieurs domaines et prépare les changements qui vont survenir à partir des années 1960.

La première partie de l'ouvrage s'ouvre par une étude de Fernand Harvey sur l'histoire de l'Acadie, telle qu'écrite par les historiens canadiens-français entre 1859 et 1960. Ces historiens sont à l'origine de l'image des Acadiens, « peuple doux et pacifique », traité si injustement par le conquérant anglais, véhiculée pendant des décennies dans les ouvrages et dans la tradition populaire aussi bien au Québec et dans l'ensemble de la francophonie canadienne qu'en Acadie. L'intérêt de cette historiographie, désuète à certains égards, est de présenter l'interprétation que ces premiers historiens de l'Acadie faisaient du passé acadien, notamment de cet événement majeur qui a occupé une si grande place dans la mémoire collective des Acadiens et de leurs compatriotes québécois : la Déportation de 1755. Il est intéressant de prendre connaissance du débat sur les responsabilités de ce geste « cruel et infamant ».

Léon Thériault pose la question de l'identité acadienne et de la perception que les élites acadiennes avaient du Québec avant de présenter les contacts ponctuels entre Acadiens et Québécois que l'auteur hésite à qualifier de relations entre l'Acadie et le Québec. D'ailleurs les termes « Québec » et « Québécois » n'étaient pas utilisés ; on parlait de Canadiens ou de Canadiens français, rappelle-t-il. Les contacts épisodiques entre les élites des deux sociétés, d'abord le fait d'individus, se firent peu à peu dans le cadre des institutions. Ces rencontres, d'une cordialité distante de part et d'autre étaient marquées par le désir des Acadiens d'affirmer leur différence par rapport aux autres groupes canadiens-français ou québécois. Y a-t-il eu évolution dans la fréquence et les prétextes de ces relations dans le cadre des institutions ecclésiastiques, dans les domaines de l'éducation, du journalisme, entre intellectuels, ou simplement lors des voyages de groupes ? Malgré les nombreux contacts, les causes communes, les organismes créés pour travailler ensemble, le constat est fait par plusieurs intervenants tant québécois qu'acadiens : les relations manquent de chaleur.

Neil Boucher présente les relation des Acadiens de la Nouvelle-Écosse et du Québec dans trois domaines : la religion, l'éducation et les manifestations patriotiques. Plus éloignés du Québec, les Acadiens arrivent tout juste au tournant du siècle à constituer 10 % de la population. Pour eux, les apports du Québec pouvaient faire la différence entre la survie et la disparition.

L'auteur rappelle que les catholiques néo-écossais ont relevé du diocèse de Québec jusqu'en 1817 alors que fut créé le vicariat apostolique anglophone de Halifax. De nombreux prêtres québécois continuèrent cependant jusqu'aux premières années du XXe siècle à desservir les paroisses acadiennes et contribuèrent à la formation d'un clergé acadien. Dans le domaine de l'éducation, c'est aussi le Québec qui forma plusieurs générations de professionnels acadiens. À l'époque où les jeunes filles étaient exclues de l'enseignement classique et universitaire, l'apport du Québec a été particulièrement important pour permettre aux jeunes Néo-Écossaises, grâce à un système de bourses, d'aller étudier dans des écoles ou instituts d'arts ménagers au Québec. Par ailleurs, les échanges d'étudiants se faisaient dans les deux sens puisque les Québécois ont été nombreux à venir étudier à l'Université Sainte-Anne. Enfin, des moments forts de contacts entre Acadiens néo-écossais et Québécois avaient lieu lors des nombreux voyages, presque des pèlerinages, de Québécois pour visiter le pays d'Évangéline. Il ne faut pas oublier non plus l'apport financier des campagnes de souscriptions faites au Québec pour venir en aide aux groupes minoritaires.

Les thèmes étudiés dans la deuxième partie qui porte sur la période de 1960 à nos jours sont plus spécifiques et s'intéressent à cinq secteurs principaux : la culture (langue, arts et littérature), les médias, surtout la presse écrite, l'éducation, les rapports politico-administratifs et les sports.

Gérard Beaulieu étudie les éditoriaux des quotidiens acadiens du Nouveau-Brunswick pour voir l'attitude des éditorialistes à l'égard du Québec, à l'époque où celui-ci affirme de plus en plus sa spécificité et semble prendre ses distances vis-à-vis de la francophonie canadienne. Ces éditoriaux reflètent-ils les attitudes de la population acadienne ou dans quelle mesure sont-ils en mesure de l'influencer ? L'évolution est-elle discernable entre les éditoriaux de *L'Évangéline* des années soixante et ceux de *L'Acadie Nouvelle* des années quatre-vingt-dix ? Quelle fut leur réaction aux deux référendums québécois et aux disputes autour de l'Accord du lac Meech ? Quelle position ont-ils adoptée face au Québec et au gouvernement fédéral dans les querelles constitutionnelles ? Les attitudes et les prises de position révélées par ces textes expriment, selon les circonstances, des oppositions, de la compréhension et même à l'occasion des connivences qui témoignent que, dans bien des cas, les revendications des Acadiens coïncident avec les revendications nationalistes du Québec.

Les modalités de la contribution du Québec à l'éducation en français au Nouveau-Brunswick sont étudiées par Yolande Castonguay-LeBlanc. L'éducation est peut-être le domaine où les relations entre l'Acadie du Nouveau-Brunswick et le Québec ont été les plus importantes au cours de la période 1880-1960 : instituteurs en provenance du Québec, utilisation de manuels québécois pour diverses matières, prêtres québécois enseignant dans des collèges classiques, etc. Qu'en est-il depuis les années 1960 ? Cet article porte sur les rapports entre les associations d'enseignants du secteur public des deux provinces, sur les programmes d'étude, la contribution de spécialistes, les méthodes pédagogiques et les manuels.

Depuis 1960, le gouvernement du Québec a négocié et signé des ententes avec les gouvernements des provinces maritimes portant précisément sur la langue, les communications et la culture. Le Québec a aussi ouvert, en 1980, un bureau à Moncton pour desservir les provinces de l'Atlantique, alors que le bureau de l'Acadie établi peu après à Québec, pâle équivalence de celui du Québec, n'a eu qu'une existence éphémère. Les auteurs de cette étude, Chedly Belkhodja et Roger Ouellette, présentent le contexte de ces événements et se demandent quel rôle le gouvernement québécois a assigné à son bureau en Acadie ? Pourquoi le Québec n'a-t-il pas conclu d'ententes directes avec les communautés acadiennes comme la France l'a fait dans les années 1960 ? L'analyse des discours prononcés en diverses occasions et des interviews avec des responsables politiques servent de complément aux documents officiels pour comprendre les intentions des gouvernements signataires.

Maurice LeBlanc présente les associations et les institutions qui ont joué un rôle culturel important dans l'Acadie néo-écossaise, notamment l'Université Sainte-Anne, l'hebdomadaire *Le Petit Courrier* et les stations de radio et de télévision de la Société Radio-Canada, avant d'examiner la réaction des Acadiens devant l'affirmation nationale du Québec. Puis, abordant successivement chacune des disciplines culturelles : théâtre, musique, mime et danse, arts visuels, l'auteur fait ressortir les contributions du Québec à la vitalité culturelle francophone néo-écossaise. Il illustre son propos par des tableaux sur la contribution financière du Québec aux Acadiens de la Nouvelle-Écosse.

La langue est au centre de l'affirmation culturelle d'une collectivité. L'utilisation du « joual » comme mode d'expression par des créateurs québécois de la fin des années 1960 a donné lieu à un débat animé entre les partisans d'une langue populaire et ceux du français standard. Avec quelques années de décalage l'Acadie a aussi connu un débat semblable à propos du « chiac ». D'où l'idée de comparer les débats sur la langue qui ont eu lieu au cours des années 1960 et 1970 dans les deux collectivités. Les contextes sont évidemment différents et le nombre de gens susceptibles de participer au débat explique la différence d'ampleur des controverses. Mais dans les deux cas, selon les auteurs de cette étude, Annette Boudreau et Matthieu LeBlanc, la préoccupation semble avoir été la même : on voulait, par la reconnaissance et la légitimation de plusieurs niveaux de langue, permettre l'appropriation du français par le plus grand nombre de locuteurs.

Jean Levasseur, dans son étude sur la réception de la littérature acadienne au Québec depuis 1970, démontre l'ambiguïté de l'image de l'Acadie présentée par les médias québécois à qui il reproche un intérêt intermittent lié à des ambitions de récupération culturelle ou politique, une sorte de paresse journalistique, voire un certain impérialisme qui empêchent les communicateurs québécois de bien saisir la réalité actuelle de l'Acadie. Dans sa recherche, l'auteur a dépouillé trente années des principaux quotidiens et des meilleures revues spécialisées du Québec. Il en conclut que ces médias véhiculent, à côté de l'image d'une Acadie folklorique, les prises de position critiques de créateurs acadiens désireux de présenter l'image d'une Acadie moderne, mais sans faire preuve d'une attitude critique à l'égard de ces deux visions de l'Acadie. Il note également que les universités québécoises font peu pour la connaissance de la littérature acadienne, la plupart négligeant de l'inclure dans leurs programmes d'études littéraires. Les quelques auteurs acadiens étudiés étant présentés soit comme auteurs québécois, soit avec l'ensemble des auteurs de la francophonie étrangère, antillaise, belge ou sénégalaise. De même, selon l'auteur, on retrouve peu d'œuvres classiques acadiennes dans les bibliothèques des universités et des cégeps.

Les échanges culturels doivent être examinés dans la double perspective des offres de produits culturels et de la réception que ces offres rencontrent dans chacune des communautés. Les années 1960-1970 ont vu se développer en Acadie une activité culturelle qui lui a permis de commencer à exporter hors de ses frontières ses productions et ses créations. Le théâtre, la musique et la chanson ont certes donné lieu à des échanges, dans certains cas importants, entre le Québec et la communauté acadienne de la Nouvelle-Écosse ou celle du Nouveau-Brunswick. Ces échanges sont étudiés par Fernand Harvey et Christine Duplessis à partir d'entrevues avec près d'une vingtaine d'intervenants, artistes et agents culturels, du Nouveau-Brunswick, du Québec et de l'Ontario. Tous soulignent les changements positifs qui ont eu lieu au cours des dernières années en raison d'une augmentation et d'une maturation de la production artistique acadienne, de la mise en place, au Nouveau-Brunswick, de certaines infrastructures : maisons de production, troupes de théâtre professionnelles et studios d'enregistrement. Cependant, le peu de soutien financier accordé aux arts par le gouvernement néo-brunswickois et la petitesse du marché expliquent le fait que peu d'artistes acadiens disposent d'un agent pour s'occuper de la progression de leur carrière tant au Québec qu'en Acadie. Du côté québécois, les programmes d'assistance plus ou moins généreux et teintés de paternalisme ont évolué vers des relations de partenariats avec les communautés acadiennes. Néanmoins, des blocages subsistent et il demeure difficile pour les artistes acadiens de percer au Québec à cause tant de problèmes d'organisation que du manque de connaissance des artistes acadiens de la part du public québécois. Ces difficultés ressemblent d'ailleurs à celles qu'éprouvent les artistes des régions québécoises pour percer le marché montréalais.

Rompant avec une pratique qui néglige souvent de considérer les sports comme un volet des échanges culturels, malgré l'intérêt qu'ils suscitent chez une bonne partie de la population, le présent ouvrage publie une étude de Jules Lamarre portant sur deux manifestations sportives annuelles importantes, soit les Jeux du Québec et les Jeux de l'Acadie. Dans les deux cas, il s'agit d'activités récentes : 1970 pour les premiers, 1980 pour les seconds. Dès le départ, les organisateurs des Jeux de l'Acadie ont bénéficié de l'expérience acquise par les responsables de l'organisme québécois et les contacts et la collaboration se continuent année après année entre les dirigeants des deux Sociétés des Jeux. À l'aspect formateur du sport : persévérance, émulation, discipline et socialisation, les Jeux de l'Acadie ajoutent une autre dimension : l'occasion d'affirmation nationale pour les jeunes Acadiens et Acadiennes qui acquièrent ainsi assurance et visibilité face à la majorité anglophone. Ils permettent également à des milliers de jeunes de groupes éloignés des provinces maritimes, de Terre-Neuve et même du Québec de se rencontrer et de créer des liens, sinon des réseaux, qui sont, pour des groupes minoritaires, des encouragements à s'affirmer. Grâce aux jeux, les jeunes Acadiens sont en train de rattraper le retard qu'ils avaient par rapport au groupe anglophone tant sur le plan de l'organisation des divers sports que sur celui des installations.

Alors que les Jeux du Québec sont surtout basés sur la compétition entre athlètes et que les performances sont homologuées par les fédérations sportives, les Jeux de l'Acadie misent surtout sur la participation de milliers de jeunes de toutes les régions. Ils permettent néanmoins de découvrir les jeunes qui ont du potentiel et constituent pour eux un tremplin pour aller plus loin.

En somme, ce collectif portant sur les relations culturelles Québec - Acadie constitue un approfondissement et une mise à jour de quelques domaines privilégiés de rapports entre les deux collectivités. Nous serions heureux s'il contribue à mettre en place des politiques de collaboration plus efficaces de la part des gouvernements et de la société civile. Une meilleure connaissance réciproque est essentielle à la coopération entre Québécois et Acadiens pour le bénéfice des deux groupes et de toute la francophonie nord-américaine.

PREMIÈRE PARTIE

Les relations traditionnelles entre le Québec et l'Acadie

CHAPITRE 1

Les historiens canadiens-français et l'Acadie, 1859-1960

Fernand Harvey

Gravure illustrant la Déportation des Acadiens, le 10 septembre 1755.
Source : Émile Lauvrière, *Histoire de l'Acadie* et *Histoire de la Louisiane*, Paris, Société d'histoire nationale, 1940, p. 238

Les relations historiques entre le Québec et l'Acadie ont été avant tout de nature culturelle, bien que des considérations à caractère politique ou économique ne soient pas à négliger. C'est grâce à une mémoire partagée et une langue commune que ces relations ont pris tout leur sens, malgré des différences manifestes entre les deux sociétés. Acadiens et Canadiens français d'avant la Révolution tranquille ont témoigné de leur volonté d'établir des liens par le biais de rencontres et de visites réciproques, d'associations culturelles et de participation à des événements à caractère identitaire. Les journaux acadiens et québécois, qui ont largement fait état de ces rapports culturels, ont par ailleurs constitué une source privilégiée pour les études historiques. La production historiographique, par contre, a rarement fait l'objet d'une attention spécifique pour approfondir les caractéristiques de ces rapports culturels.

Vue sous l'angle purement méthodologique, l'historiographie nationale d'avant les années 1960 est généralement considérée comme désuète et suscite plus de curiosité que d'intérêt. Elle peut pourtant constituer un matériau d'analyse fort significatif qui permet de dépasser un premier niveau, celui de l'idéologie tel que véhiculé dans les journaux et les discours politiques. L'historiographie moderne est née au XIXe siècle comme réponse aux incertitudes engendrées par le changement social dans les sociétés industrielles alors en émergence. L'avènement de la modernité appelait une réaction : combler le vide laissé par le déclin des traditions qui avaient conféré jusque-là un sens aux conduites des acteurs sociaux. L'historien se voyait ainsi investi de la tâche de reconstituer les faits de la manière la plus objective possible afin d'en dégager des lois et des structures. Mais cette mise à distance requise par la méthode historique à caractère descriptif et explicatif cachait un second niveau, tout aussi fondamental et indissociable du premier : le contact avec les hommes d'autrefois à partir de la sensibilité et des valeurs propres à l'historien lui-même. Ce deuxième niveau de relation avec le passé nous amène ainsi à poser la question du sens. On observerait donc, dans la démarche de l'historien, un phénomène de dédoublement, lequel serait, selon Fernand Dumont, représentatif de la condition de l'homme moderne. Ainsi, l'analyse objective des faits répertoriés et analysés rigoureusement par l'historien laisserait un *résidu*, susceptible de fonder une science de l'*interprétation*[1].

Dans cette perspective, l'analyse de la production historiographique canadienne-française sur l'Acadie présente un double intérêt. Elle permet d'abord d'observer, dans l'effervescence liée à l'historiographie acadienne naissante, l'émergence d'une méthodologie scientifique qui cherche à s'affirmer en s'appuyant sur tous les documents disponibles. Mais cette volonté d'objectivité basée sur l'analyse des faits – concernant notamment les origines de l'Acadie et les causes de la Déportation – laisse néanmoins transparaître son second niveau, celui de leur interprétation. L'intérêt d'une étude de cette production historiographique est justement de pouvoir en dégager les interprétations susceptibles de donner un sens à l'histoire de l'Acadie, spécialement dans sa relation avec le Québec. C'est dans cette perspective que seront analysées les principales contributions des historiens québécois à l'historiographie acadienne avant 1960.

---

1. Fernand Dumont, *L'anthropologie en l'absence de l'homme*, Paris, PUF, 1981, p. 315-352 ; Fernand Dumont, *L'avenir de la mémoire*, Québec, Nuit blanche, 1995, p. 32-33.

LA REDÉCOUVERTE DE L'ACADIE PAR LES HISTORIENS

On ne saurait considérer la place de l'Acadie dans l'historiographie canadienne-française du Québec d'avant 1960 sans tenir compte du rôle central joué par Edmé Rameau de Saint-Père et de l'influence de son œuvre historique consacrée au Canada français et à l'Acadie. Lorsqu'il publie, à Paris, *La France aux colonies* (1859), dont la première partie est consacrée à l'histoire de l'Acadie, son livre connaît une importante diffusion auprès des élites intellectuelles du Québec de l'époque, en même temps qu'il révèle aux Canadiens français l'histoire plus ou moins oubliée des Acadiens et leur survivance bien réelle, particulièrement au Nouveau-Brunswick, un siècle après la Déportation.

Au moment de la publication de ce premier livre, Rameau de Saint-Père, qui n'avait encore jamais visité le Canada, manifestait un profond attachement pour les descendants de «ces courageux colons» français qui étaient restés fidèles à la France et à sa culture. Mais à cette fidélité au passé à laquelle il exhorte ses compatriotes français ignorants de leur histoire coloniale s'ajoute une préoccupation plus contemporaine alors qu'émergeait l'idée d'un nouvel empire colonial français en Afrique du Nord. «Ces études, écrit-il, présentent ainsi plus d'un motif digne d'éveiller notre attention et nos sympathies, et en nous fournissant l'expérience du passé pour l'appliquer utilement au temps présent, elles offrent le plus sérieux intérêt à tous ceux qui se préoccupent de la grandeur et de l'avenir du nom français[2]».

Rameau de Saint-Père effectue un premier voyage au Canada en 1860. Il y rencontre plusieurs membres de l'élite intellectuelle et politique de l'époque avec lesquels il avait amorcé une correspondance qu'il poursuivra d'ailleurs jusqu'à sa mort en 1899. Au cours de son voyage, il rencontre le journaliste Étienne Parent, l'historien François-Xavier Garneau, les abbés Jean-Baptiste A. Ferland et Henri B. Casgrain, ainsi qu'Augustin-Norbert Morin, Denis-Benjamin Viger, Côme-Séraphin Cherrier, P.-J.-O. Chauveau, Louis-Joseph Papineau, Ulric Tessier et Siméon Le Sage... Après avoir visité le Québec et s'être senti rassuré quant à l'avenir du fait français dans la vallée du Saint-Laurent, il s'empresse de se rendre dans les provinces maritimes, inaugurant en quelque sorte le modèle des «pèlerinages en Acadie» qui seront repris par les élites canadiennes-françaises au cours des décennies ultérieures[3].

---

2. Edmé Rameau de Saint-Père, *La France aux colonies. Les Français en Amérique. Acadiens et Canadiens*, Paris, A. Jouby, 1859, p. III.
3. Jean Bruchési, « Rameau de Saint-Père et les Français d'Amérique », *Les Cahiers des dix*, 13 (1938) : 233-234.

Dans son ouvrage de 1859, Rameau apporte des éléments inédits à l'historiographie acadienne naissante. Bien que son jugement sommaire sur l'origine du peuple acadien « composé de pêcheurs, de soldats et d'aventuriers de toutes sortes » se modifiera dans son second ouvrage publié en 1877, sa contribution à l'histoire acadienne est déjà importante. Il est intéressant de noter au passage son interprétation de la Déportation des Acadiens. Qualifiant cet événement tragique de « tâche ineffaçable », de « cruauté honteuse » et de « conduite odieuse », il en reporte la responsabilité, non seulement sur l'Angleterre, mais tout autant et même davantage sur la France, coupable d'insouciance et d'abandon. Par contre, il n'a que des éloges pour la population acadienne elle-même dont il loue la spontanéité, l'énergie, la ténacité et la fidélité indéfectible à sa foi et à sa nationalité[4]. Ce schéma d'interprétation ne sera pas sans influencer fortement l'historiographie canadienne-française clérico-nationaliste de la fin du XIXe siècle et des débuts du XXe siècle, comme nous le verrons plus loin.

Dans *Une colonie féodale en Amérique* publiée en 1877 et consacrée à l'histoire de l'Acadie, Rameau approfondit son sujet, grâce à sa connaissance des fonds d'archives français, anglais et canadiens et à son abondante correspondance, notamment avec Pascal Poirier. Ce dernier avait entrepris de son côté de publier une histoire des origines des Acadiens pour défaire les fausses images véhiculées jusque-là[5]. Modifiant sa vision première des Acadiens, sans doute été influencée par l'historiographie américaine de l'époque, qui en faisait des descendants de pêcheurs, d'aventuriers et de soldats, Rameau considère maintenant qu'ils sont issus d'une émigration « purement agricole » initiée par des gentilshommes dans le contexte de la hiérarchie féodale de l'Europe du XVIe siècle. Ce sont ces derniers, écrit-il, qui encouragèrent la colonisation et qui voulurent « constituer pour leur famille de grands fiefs au-delà des mers ». De son analyse, Rameau conclut qu'« il y avait donc essentiellement dans les âmes deux préoccupations essentielles : l'idée féodale, puis l'idée du foyer domestique et de la famille[6] ».

Dans la seconde édition revue et augmentée d'*Une colonie féodale en Amérique* publiée en 1889[7], l'auteur s'attache à étudier le mode de vie

---

4. Rameau, *op. cit.*, p. 56-58.
5. Pascal Poirier, *Origine des Acadiens*, Montréal, E. Senécal, 1874.
6. Edmé Rameau de Saint-Père, *Une colonie féodale en Amérique (L'Acadie, 1604-1710)*, Paris, Didier et cie, 1877, 367 p. Cité dans : Nive Voisine, « Une colonie féodale en Amérique », dans Maurice Lemire, dir., *Dictionnaire des œuvres littéraires du Québec*, tome 1, Montréal, Fides, 1978, p. 719.
7. Paris, Plon et Montréal, Granger Frères, 1889, 2 vol., tome 1 : xxxiv, 365 p. ; tome 2 : 425 p.

des Acadiens sous le régime anglais et tente d'éclaircir la question de leur neutralité. «J'ai été, écrit-il, stupéfait de la duplicité et des perfidies que les gouverneurs d'Annapolis ont prodiguées dans leurs relations avec eux[8]». Selon Rameau, le traité d'Utrecht de 1713 permettait aux Acadiens de quitter le pays s'ils le désiraient, mais les gouverneurs anglais, parce qu'ils avaient absolument besoin d'eux, «employèrent tour à tour les subterfuges, la fourberie et même la violence pour les empêcher de partir». Et d'ajouter Rameau: «On les laissa ainsi s'endormir, on traîna en longueur pendant quarante ans, et le jour où l'on crut ne plus avoir besoin d'eux, on exigea un serment formel et sans réserve». C'est alors que les Acadiens auraient manifesté le désir de quitter le pays, mais qu'ils auraient été considérés comme des prisonniers du Roi, permettant ainsi au gouverneur Laurence de justifier leur déportation[9].

Rameau aborde par la suite de façon sommaire la période d'après la Dispersion jusqu'au recensement de 1881 pour constater que ce peuple que l'on croyait disparu à jamais a survécu. S'intéressant à la situation contemporaine des Acadiens, Rameau n'avait cessé de les exhorter à développer des stratégies cohérentes pour coloniser l'intérieur des terres des provinces maritimes, à hausser leur niveau de scolarité et à fonder un journal, de même qu'une société nationale analogue à la Saint-Jean-Baptiste afin d'assurer la liaison entre leurs groupes épars[10]. Par la même occasion, il insistait auprès des élites canadiennes-françaises pour qu'elles prennent fait et cause pour les Acadiens des provinces maritimes[11].

Précurseur et visionnaire, Rameau de Saint-Père exerça une profonde influence sur les élites canadiennes-françaises et acadiennes de son temps, notamment en matière de colonisation agricole, comme en témoignent ses liens personnels avec le curé Labelle, l'apôtre de la colonisation des Laurentides dans le nord de Montréal. Mais ses ouvrages ont eu un impact tout aussi significatif pour le développement ultérieur de l'historiographie acadienne.

En 1859, alors que paraît *La France aux colonies*, François-Xavier Garneau publie de son côté la 3e édition de son *Histoire du Canada*. En prenant connaissance du livre de Rameau, Garneau regrettera de ne

---

8. *Ibid.*, p. xxvi.
9. *Ibid.*, p. xxvii.
10. Jean Bruchési, « Rameau de Saint-Père… », *op. cit.*, p. 230.
11. Jean Bruchési, « Les correspondants canadiens de Rameau de Saint-Père », *Les Cahiers des dix*, 14 (1949) : 93.

pas l'avoir eu entre les mains plus tôt[12]. Quant à Rameau, il connaissait l'œuvre de Garneau qu'il cite dans ses deux ouvrages. Garneau n'aura pu profiter des recherches de Rameau puisqu'il meurt en 1866 ; on peut donc considérer que son interprétation de l'histoire de l'Acadie n'a pas été influencée par celle de Rameau. Par contre, les deux hommes ont échangé plusieurs lettres et Rameau reconnaîtra avoir bénéficié des conseils de Garneau dans ses recherches sur le Canada et l'Acadie[13].

Garneau porte un jugement critique sur l'attitude générale de la France par rapport à sa colonie acadienne. Selon lui, le ministre Colbert, comme ses prédécesseurs, préférait diriger l'émigration de colons vers la Nouvelle-France plutôt que de la disséminer sur un trop vaste territoire. Au XVIIe siècle, l'Acadie aurait surtout présenté un intérêt stratégique et naval aux yeux de la France qui se contenta de défendre sa faible population entre les attaques et incursions des colons américains. Garneau déplore aussi les luttes intestines suicidaires entre les premiers seigneurs de cette colonie, faisant sans doute allusion aux conflits entre Charles de La Tour et Charles d'Aulnay[14]. Considérant l'impact de la chute de Port-Royal en 1710 et la perte de l'Acadie qui allait suivre lors du traité d'Utrecht trois ans plus tard, Garneau s'en prend à nouveau à la politique de la France : « La perte de Port-Royal avait produit une impression pénible et profonde au Canada, moins à cause de l'importance de ce poste, qui était réellement peu de choses en lui-même, que parce qu'elle dévoilait la faiblesse ou l'apathie de la mère patrie[15] ».

Après la perte de l'Acadie, la France se replie sur l'île du Cap-Breton où elle construit la forteresse de Louisbourg. Garneau, qui ne disposait sans doute pas des documents pertinents au moment où il écrit son *Histoire*, n'approfondit pas la question des Acadiens « neutres » passés sous la domination anglaise entre 1713 et 1755 ; il observe cependant que ces Acadiens, « rassurés par les paroles du gouverneur anglais, ne peuvent se résoudre à abandonner des héritages où ils jouissaient d'une douce aisance et se transmettaient les mœurs simples et patriarcales de leurs pères » ; ce qui expliquerait que peu d'entre eux quittèrent l'Acadie pour Louisbourg ou l'île du Cap-Breton. Il est intéressant de noter que Garneau établit un parallèle entre les Acadiens neutres de cette époque et les Canadiens de 1774, alors que le Canada était attaqué par les Américains. Lorsque l'Angleterre a eu besoin des

---

12. Jean Bruchési, « Rameau de Saint-Père… », *op. cit.*, p. 226.
13. Rameau de Saint-Père, *La France aux colonies…*, *op. cit.*, p. xxxviii.
14. F.-X. Garneau, *Histoire du Canada*, Montréal, BQ, tome 1, 1859, 2e édition 1882, p. 230-231.
15. F.-X. Garneau, *op. cit.*, tome 2, p. 178.

Acadiens contre la menace française de Louisbourg ou des Canadiens contre la menace américaine, elle s'est empressée, écrit-il, de faire des concessions pour leur assurer l'usage de leur langue et de leurs institutions. « Plus tard, lorsqu'elle a cru n'avoir plus besoin d'eux, elle les a sacrifiés en les soumettant à une majorité anglaise[16]. »

Sur la Déportation de 1755, le jugement de Garneau est sévère mais sans débordements émotifs, comme ce sera le cas chez la plupart des historiens canadiens-français de la fin du XIXe siècle. Garneau condamne donc la dispersion des Acadiens par leurs dominateurs comme « un acte d'autant plus cruel qu'il était commis au préjudice d'un petit peuple que sa faiblesse même devait protéger[17] ».

Après Garneau, l'abbé Henri-Raymond Casgrain reprend le dossier de l'histoire acadienne de façon beaucoup plus approfondie, dans la foulée des travaux de Rameau de Saint-Père. Son livre, *Un pèlerinage au pays d'Évangéline* (1887), est le plus important qu'il consacre à l'histoire générale de l'Acadie[18]. Cet ouvrage, dont la popularité fut telle au Québec qu'elle valut à l'auteur trois rééditions en deux ans, rend compte de deux voyages qu'il entreprit en Nouvelle-Écosse, en octobre 1885 et en juillet 1887 ; il inclut des observations de voyage sur les principaux sites de l'ancienne Acadie, lesquelles sont entremêlées de chapitres sur l'histoire des Acadiens avant et après la Déportation. L'ensemble présente donc un amalgame hétéroclite de considérations personnelles, de notes de voyages et d'analyses historiques appuyées sur des fonds d'archives localisés à Québec, Halifax, Londres et Paris.

Casgrain n'insiste guère sur la période de l'Acadie française. Il fait sien le tableau pastoral de cette époque esquissé par Rameau qu'il considère comme une page classique de l'auteur[19]. L'intention du livre est plutôt apologétique. Casgrain veut démontrer, documents à l'appui, que les Acadiens ont été victimes de duperies et d'injustices flagrantes entre le traité d'Utrecht de 1713 et la Déportation de 1755. Il faut dire que la fin du XIXe siècle est une période d'érudition où les historiens découvraient des dépôts d'archives à peine inventoriés, mal connus et souvent contrôlés de façon partiale par certains archivistes peu enclins

---

16. *Ibid.*, p. 202.
17. *Ibid.*, p. 150.
18. Henri-Raymond Casgrain, *Un pèlerinage au pays d'Évangéline*, 1887, 2e édition, Québec, L. J. Demers, 1888, 544 p. Voir aussi du même auteur : « Coup d'œil sur l'Acadie avant la dispersion de la colonie française », *Le Canada français*, 1 (1888) : 115-134 ; « Éclaircissements sur la question acadienne. Le serment d'allégeance », *Le Canada français*, 1, 3 (1888) : 405-443 ; « Les Acadiens après leur dispersion (1755-1775) », *Revue canadienne*, 23 (1887) : 237-246.
19. *Ibid.*, p. 30.

à la francophilie, comme ce fut le cas pour les archives relatives à la Déportation conservées à Halifax. Casgrain participe à ces polémiques alors qu'il accuse l'historien américain Francis Parkman d'avoir tronqué la vérité historique touchant la Déportation « pour laver à tout prix ses compatriotes de la tache que l'Histoire leur avait infligée[20] ». Se donnant pour objectif de rétablir la vérité historique, Casgrain fait le procès des responsables de cette Déportation. Après avoir affirmé que la relative tranquillité des Acadiens entre 1713 et 1755 s'expliquait par l'impuissance du pouvoir anglais et non par d'autres sentiments, il en profite pour souligner l'indifférence de la France à l'égard des Acadiens « abandonnés à eux-mêmes sous la direction paternelle des missionnaires[21] ». Selon lui, la fondation d'Halifax en 1749 change la donne pour les Acadiens, alors que débute la colonisation britannique de la Nouvelle-Écosse et que la présence de soldats anglais se fait davantage sentir. Aucun des gouverneurs anglais de l'Acadie ne trouve grâce aux yeux de Casgrain, le gouverneur Laurence étant le pire de tous. C'est sous son administration que commence « le règne d'iniquités sans nom, en présence desquelles pâlissent toutes les injustices des administrateurs précédents et qui a marqué d'une tache indélébile l'histoire de la Nouvelle-Écosse ». Casgrain insiste sur la responsabilité personnelle de l'Américain Laurence dans le drame acadien, considérant que « le cabinet de Londres y fut complètement étranger[22] ». Apparaît ici l'anti-américanisme manifeste de l'auteur et son sentiment pro-britannique. Il s'appuie, du reste, sur le témoignage du révérend Hugh Graham, un ministre protestant d'Halifax, qui parlait de la cruauté des soldats américains envers les Acadiens[23].

Casgrain s'intéresse également au sort des Acadiens après la Déportation et après la Conquête. S'il suit les exilés à travers leurs pérégrinations dans les colonies américaines, il s'intéresse aussi au sort de ceux qui sont demeurés au pays ou qui y sont revenus, une fois réglée la rivalité anglo-française en Amérique. Le nouveau gouverneur de la Nouvelle-Écosse, Michael Franklin, suscite des commentaires élogieux de sa part en raison de sa bienveillance à l'égard des Acadiens et de sa politique de conciliation. Ce dernier permet à l'abbé Bailly de Messein de remplacer l'abbé Maillard, le seul missionnaire catholique toléré en Nouvelle-Écosse ; cependant, les subalternes du gouverneur continuent de faire des tracasseries administratives aux Acadiens qui veulent s'éta-

---

20. *Ibid.*, p. 132.
21. *Ibid.*, p. 116.
22. *Ibid.*, p. 112 et 163.
23. *Ibid.*, p. 290.

blir sur de nouvelles terres et qui n'arrivent pas à obtenir des titres de propriété. Poursuivant dans la veine de son pro-britannisme, Casgrain écrit : « Il était bien dans la destinée des Acadiens d'être victimes des serviteurs infidèles de l'Angleterre[24] ». Cette remarque l'amène à établir un parallèle entre l'histoire des Acadiens et celle des Canadiens français. Selon lui, les Canadiens français ont failli succomber sous les mêmes conspirations au début du régime anglais, alors que le gouverneur britannique James Murray se heurtait aux marchands anglais qu'il qualifie pour sa part « d'aventuriers, la plupart anglo-américains, qui s'étaient abattus sur nos rivages comme des oiseaux de proie, et qui voulaient à tout prix faire des Canadiens un peuple d'ilotes, comme leurs pareils avaient fait en Acadie[25] ».

Or, comment expliquer, malgré tous les avatars de l'histoire, la survie du peuple acadien, comme celle du reste du peuple canadien-français ? « Ce phénomène, écrit Casgrain, ne peut être attribué qu'à une seule cause : la puissance du sentiment religieux et national[26] ». Dans le cas des Acadiens, cette double identité a été préservée grâce au dévouement inlassable des missionnaires itinérants qui ont parcouru les différentes communautés isolées et qui sont à l'origine de la paroisse, l'une des deux institutions de base du peuple acadien, après la famille. Cette organisation paroissiale a pu se faire « insensiblement et sans bruit » dans la baie Sainte-Marie, à Memramcook et au Madawaska grâce à la tranquillité intérieure des années d'après-guerre et à l'impact de la révolution américaine. La menace que faisait peser sur l'Amérique du Nord britannique cette guerre d'indépendance a permis tant aux Acadiens qu'aux Canadiens français de jouir des bonnes grâces de la Grande-Bretagne qui avait besoin d'eux.

Bien que les considérations politiques occupent une grande place dans l'argumentation de Casgrain, ce sont les considérations religieuses et culturelles qui l'emportent en fin de compte. Encore une fois, il insiste sur le rôle des missionnaires, tels l'abbé Sigogne, l'abbé Ciquard, l'abbé Desjardins, l'abbé Calonne et autres, « ces confesseurs de la foi à qui la race acadienne doit son organisation » et qui sont « les vrais fondateurs de sa nationalité[27] ».

L'abbé Casgrain ne se contente pas de s'intéresser au passé acadien ; il considère également la situation qui prévaut à son époque, aidé en cela des observations et témoignages qu'il recueille au cours de son

---

24. *Ibid.*, p. 320.
25. *Ibid.*, p. 321.
26. *Ibid.*, p. 343.
27. *Ibid.*, p. 354.

« pèlerinage ». Constatant le progrès de certaines paroisses qu'il visite, telle Saint-Michel de Tousquet, il ne peut s'empêcher d'établir un nouveau parallèle avec la situation québécoise. « Ici comme au Canada [sic], on sent que la société catholique repose avant tout sur l'organisation paroissiale. Ici encore plus qu'au Canada, elle est le secret de la puissance et de l'expansion irrésistible de la famille française ; car l'influence politique, qui est venue l'appuyer chez nous, s'est fait moins sentir ici. L'Acadien d'aujourd'hui est sous ce rapport le Canadien d'il y a quarante ans[28] ».

Pour contrer la « manie d'anglification » de certains Acadiens qui espèrent ainsi « se relever », Casgrain évoque la nécessité de développer l'éducation du peuple. Ainsi il manquerait aux Acadiens « ce qui a fait le salut du Canada, c'est-à-dire de fortes maisons d'éducation adaptées au génie naturel[29]… » À cet égard, le Collège de Memramcook, fondé par le père Lefebvre en 1864 et qui n'a guère plus de vingt ans d'existence, lui apparaît déjà de taille à se mesurer aux collèges classiques de la province de Québec.

Casgrain a ainsi perçu la décennie 1880 comme celle de la « renaissance acadienne », bien qu'il ne semble pas avoir lui-même utilisé cette expression. « De nos jours, écrit-il, une ère nouvelle a commencé pour les Acadiens et elle coïncide précisément avec l'ouverture du Collège de Memramcook qui en a été la principale cause. » C'est grâce à ce collège que se constituera cette élite cléricale et laïque qui permettra, selon lui, au peuple acadien de reprendre « la place que ses malheurs lui ont fait perdre ». Son seul regret tient au fait qu'il n'existe pas encore d'autres collèges classiques comme celui de Memramcook ailleurs en Acadie, faute de volonté davantage que faute de ressources[30].

Si l'abbé Casgrain est optimiste quant à l'avenir, considérant que la Confédération de 1867 a permis aux Acadiens d'être reliés « plus intimement avec leurs frères du Canada », il n'en laisse pas moins poindre un sentiment romantique mêlé de nostalgie lorsqu'il considère l'histoire acadienne. Au moment de quitter la baie de Beaubassin, il exprime « un sentiment de tristesse, en songeant à la perte irréparable que la France a faite de cette admirable contrée et du vaillant peuple qui l'avait colonisée[31] ». Mais ce sentiment de tristesse n'en cache pas moins une volonté de combat. Dans une lettre à l'historien Thomas Chapais, l'abbé Casgrain écrit qu'il n'a pas voulu faire […] de son livre « une œuvre

---

28. *Ibid.*, p. 432.
29. *Ibid.*, p. 490.
30. *Ibid.*, p. 23 et 491.
31. *Ibid.*, p. 46.

d'art [...] ce n'est pas une escarmouche qu'il s'agit d'engager, mais une bataille rangée. Derrière les Archibald et les Parkman se cachent, vous le savez, des multitudes[32] ».

Parmi les autres historiens canadiens-français de la fin du XIXe siècle qui ont étudié l'histoire de l'Acadie, il faut également citer Benjamin Sulte. Divers articles de revues et de journaux publiés entre 1878 et 1918 ont été réunis par Gérard Malchelosse et parus en 1930 sous le titre : *L'Acadie française*[33]. Ami de Rameau de Saint-Père et lecteur attentif des ouvrages de l'abbé Casgrain et d'Édouard Richard sur l'Acadie, Sulte n'innove pas dans ses analyses du reste superficielles. L'intérêt de ses écrits tient plutôt aux commentaires qu'il émet sur l'historiographie de son époque et sur les liens qu'il tente d'établir entre Acadiens et Canadiens français.

Benjamin Sulte s'en prend à son tour aux historiens anglo-américains, et plus particulièrement à Parkman, qu'il accuse d'avoir calomnié les Acadiens et ignoré sciemment des documents faisant la lumière sur les responsables de la déportation de 1755. Il salue, par ailleurs, l'historien néo-écossais Haliburton en qui il voit un « esprit lucide, droit, pénétrant, juste[34]... », en même temps qu'il rend hommage aux travaux de Rameau, de Casgrain et de Richard. Grâce à son livre *Acadia*, Édouard Richard aurait permis de dénoncer les subterfuges employés par les gouverneurs « pour tromper les Acadiens et les forcer à rester sur leurs terres » entre 1713 et 1755[35]. De son côté, l'abbé Casgrain, par ses recherches dans les fonds d'archives, a exhumé plusieurs documents qui accréditent la thèse de la mauvaise foi des gouverneurs anglais de la Nouvelle-Écosse. En somme, Sulte, comme les historiens et les érudits de son temps, cherchait par une méthode historique appuyée sur des documents à dénoncer l'injustice et la calomnie dont avaient été victimes les anciens Acadiens, tant de la part des autorités coloniales britanniques que de certains historiens et archivistes.

L'autre volet de l'argumentation de Benjamin Sulte qui présente un intérêt concerne le parallèle qu'il établit entre Acadiens et Canadiens français. Après avoir admis que l'histoire de l'Acadie était à peu près inconnue au Québec avant les travaux de Rameau, de Richard et de

---

32. Lettre de Casgrain à Chapais, 18 novembre 1887, ANQ, Collection Thomas Chapais, cité dans Serge Gagnon, *Le Québec et les historiens de 1840 à 1920*, Québec, PUL, 1978, p. 172.
33. Benjamin Sulte, *L'Acadie française*, Montréal, Éditions E. Garand, 1930, 96 p.
34. Thomas C. Haliburton, *A General Description of Nova Scotia*, 1823.
35. Benjamin Sulte, *op. cit.*, p. 62 et 80 ; Édouard Richard, *Acadia*, 2 vol., Montréal, 1895, 392 et 384 p.

Casgrain, il affirme au départ l'identité distincte des deux peuples : « On parle souvent des Acadiens et des Canadiens comme étant une seule famille française. Rien de la sorte ! Nos deux groupes se sont formés indépendamment l'un de l'autre vers la même époque, et sans se connaître pour ainsi dire à cause de la trop grande distance entre Port-Royal et Québec. [...] Nos deux histoires ne se ressemblent que de loin. »

Si l'histoire et la géographie fondent la distinction identitaire d'origine, la suite des choses rapproche les deux peuples « frères ». Ne sont-ils pas issus d'un même modèle de colonisation française dont Rameau a affirmé la supériorité par rapport au modèle de colonisation anglo-américaine, parce que fondé sur l'agriculture et une occupation stable et durable du territoire ? Et c'est ce modèle qui continue de s'imposer dans la colonisation de nouvelles régions à la fin du XIXᵉ siècle : « Les Acadiens, si éloignés de nous pendant deux siècles et demi, se soudent maintenant avec nos petites colonies du bas du fleuve. La chaîne française va de l'isthme de Shediac jusqu'au centre de l'Ontario. Évidemment, nous avons gagné du terrain[36] ». Sulte reprend ainsi la vision colonisatrice de Rameau, après tant d'autres, dont le curé Antoine Labelle.

LES HISTORIENS CANADIENS-FRANÇAIS NATIONALISTES

Lionel Groulx a été qualifié de deuxième historien national du Canada français après Garneau. Compte tenu de l'importance et de l'ampleur de son œuvre d'historien, de polémiste et d'intellectuel engagé au cours de la première moitié du XXᵉ siècle, il importe de connaître sa vision de l'histoire acadienne et les liens qu'il a établis entre la situation acadienne de son époque et celle du Québec.

De prime abord, la contribution de Groulx à l'historiographie acadienne demeure modeste. La seule publication se rapportant explicitement à l'histoire de l'ancienne Acadie est une conférence prononcée à Montréal en 1917 dans le cadre d'une manifestation patriotique organisée par la Société Saint-Jean-Baptiste de Montréal. Le but de cette manifestation était de recueillir des fonds pour l'érection à Grand-Pré d'une réplique de l'église où furent rassemblés bon nombre d'Acadiens avant la Déportation[37]. Au cours de cette conférence publique, Groulx passe en revue de façon sommaire les grandes étapes de l'histoire acadienne

---

36. *Ibid.*, p. 90.
37. Lionel Groulx, *L'histoire acadienne*, Montréal, 1917, 31 p. ; rééditée dans *Notre maître le passé*, 1ʳᵉ série, Montréal, Granger Frères, 1935, p. 155-171.

depuis les origines jusqu'au Grand Dérangement. Son analyse s'inspire plus particulièrement des travaux de Rameau de Saint-Père et de l'abbé Casgrain. Comme eux, il rappelle les caractéristiques de cette colonisation agricole fondée sur le mode français d'occupation du sol. À travers le développement incertain de la colonie acadienne, le peu d'intérêt manifesté par la France à son égard et les raids continuels des colons anglo-américains depuis les débuts, il voit se dessiner « tous les caractères d'un groupe distinct » : isolement du Québec et de la France, faible immigration et grande fécondité. Il en est résulté affirme-t-il « une petite race française d'excellente venue, race de vie paisible et pastorale, avec une pointe héroïque dans l'âme ». Pour ces terriens enracinés au sol, « l'Acadie est leur seule patrie, ils ne s'en connaissent point d'autre[38] ».

Groulx ne peut s'empêcher de voir dans la période d'occupation anglaise qui suit le traité d'Utrecht (1713) l'amorce de l'organisation de « la survivance » qui aurait pu se poursuivre avec succès dans les provinces du golfe, n'eût été du drame de la Déportation. Il fait siennes les analyses de ses prédécesseurs concernant la manipulation politique dont ont été victimes les Acadiens « neutres » de la part des gouverneurs anglo-américains de la Nouvelle-Écosse, ne ménageant pas les qualificatifs pour dénoncer la Déportation qualifiée de « crime, l'un des plus lâches et des plus infamants de l'histoire[39] ». Dans ce texte où l'historien et l'orateur se disputent la première place, Groulx ne peut s'empêcher de faire référence à sa propre expérience de l'Acadie, celle de son « pèlerinage » d'août 1915 au pays d'Évangéline en compagnie de son ami, le futur cardinal Rodrigue Villeneuve. Pèlerinage à Grand-Pré et jusqu'au sommet du cap Blomidon, où comme son prédécesseur, l'abbé Casgrain, il imagina voir « passer les voiliers de Laurence chargés de cargaison humaine ». Et Groulx d'ajouter que de telles circonstances expliquent « pourquoi nous portons tous au cœur de vieilles blessures inguérissables[40] ».

Le romantisme de Groulx par rapport à l'histoire acadienne, qui s'inspire de celui de Casgrain, se heurte néanmoins à une réalité plus prosaïque : l'incompréhension entre Acadiens et Canadiens français du Québec. Groulx en fait état à quelques reprises dans ses *Mémoires*. Ici, l'historien cède la place à l'intellectuel engagé dans la cause nationale du Canada français qu'il avait toujours considéré comme devant déborder des seules frontières de « la vieille province de Québec » pour

---

38. Lionel Groulx, *L'histoire acadienne, op. cit.*, p. 10-12.
39. *Ibid.*, p. 21.
40. *Ibid.*, p. 24.

intégrer les différentes communautés minoritaires de l'Amérique française[41]. Cette vision d'un passé glorieux associé à l'idée d'une reconquête pacifique du territoire, déjà présente dans l'œuvre de Rameau de
Saint-Père, Groulx la projette dans l'imaginaire en publiant, une quinzaine d'années après son pèlerinage de 1915, un roman, *Au Cap Blomidon*
(1932), qui prêche la reconquête de l'Acadie par l'occupation du sol et
le rachat des terres acadiennes ancestrales[42].

Le nationalisme de Groulx semble avoir reçu un accueil plutôt mi-
tigé en Acadie. Lors de son pèlerinage de 1915, il prend la parole à
Moncton à l'occasion de la fête de l'Assomption pour saluer la renaissance acadienne et assurer son auditoire de l'appui du Québec : « Acadiens d'aujourd'hui, comme votre Évangéline, continuez d'embrasser
dans un immense regard d'amour votre pays, votre chère et vieille Acadie. Mais quand vos yeux auront atteint les frontières occidentales de
votre patrie, portez avec confiance vos regards encore plus loin, du côté
de la vieille province de Québec. Vous y verrez que là-bas, vous comp-
tez des frères et des amis[43]. »

Mais la vision d'unité de Groulx basée sur « la flamme de notre
idéal catholique et français » se heurtait à ce qu'il qualifie lui-même
dans ses *Mémoires* de « douloureuse énigme ». Car au fur et à mesure
que progressait son voyage en pays acadien, il constatait que l'accueil
en apparence cordial dissimulait mal une trop réelle méfiance. « Le peuple frère, impossible de nous le cacher, nous était un peuple hostile[44] »,
écrit-il. Et l'historien de tenter d'expliquer cette méfiance par l'incompréhension, voire l'arrogance de certains Québécois tout autant que par
le complexe d'infériorité des Acadiens ; ce qui ne l'empêche pas de déplorer à mots couverts la trop grande prudence des élites acadiennes. Il
rappelle à cet égard les difficultés suscitées par la publication de *La
Tragédie d'un peuple* (1922), un ouvrage passionné sur l'histoire acadienne
rédigé par Émile Lauvrière, un professeur français de La Sorbonne.
Groulx se remémore la visite qu'il lui fit à Paris en 1921 en compagnie
de l'historien Henri d'Arles. Lauvrière se plaignait alors de la tiédeur
et des marchandages qu'avait suscités la publication de son livre en
Acadie et de la difficulté de trouver sur place un public acheteur. Selon
Groulx, le livre passionné de Lauvrière était plus ou moins en accord

41. Voir à titre d'exemple son ouvrage historique : *Notre grande aventure : l'Empire français en Amérique du Nord, 1535-1760*, Montréal, Fides, 1958.
42. Maurice Lemire, « Au Cap Blomidon », dans Maurice Lemire, dir., *Dictionnaire des
œuvres littéraires du Québec*, tome 2, Montréal, Fides, 1980, p. 81-84.
43. Discours cité dans : Lionel Groulx, *Mes Mémoires*, vol. 1 (1878-1920), Montréal, Fides,
1970, p. 231.
44. *Ibid.*, p. 232.

avec l'histoire traditionnelle, celle d'Édouard Richard en particulier, même redressée par Henri d'Arles[45]. « Il restait de bon ton, à l'époque, pour les historiens de l'Acadie, d'amenuiser jusqu'à l'absolution totale, les responsabilités du gouvernement britannique dans le Grand Dérangement. C'était leur manière de manifester leur loyalisme à la Couronne britannique, tout comme c'était la nôtre en proclamant le " bienfait providentiel " de la Conquête anglaise[46] ». Il aurait pu ajouter que l'abbé Casgrain, à qui il vouait une grande admiration, s'inscrivait dans le même courant pro-britannique, comme nous l'avons vu précédemment. Quoi qu'il en soit, le manuscrit de Lauvrière « faisait peur », d'où le refus de l'Action française de Montréal de le coéditer avec l'éditeur français Plon, par crainte de susciter le mécontentement des élites acadiennes à l'égard du Québec, toujours selon Groulx.

Au-delà de ces polémiques historiographiques, l'apport original de Groulx à l'histoire acadienne se rapporte davantage à la question des écoles françaises catholiques du Nouveau-Brunswick et de la Nouvelle-Écosse dans la seconde moitié du XIXe siècle. Cette question n'est pas sans rapport avec sa critique sévère de la Confédération canadienne. Il y aurait désormais selon lui deux Canadas : « un Canada français respectueux de la liberté de tous, mais borné à sa " réserve " québécoise, un Canada anglo-protestant, incapable de tolérer, si ce n'est à la petite mesure, l'enseignement de la foi catholique et de la langue française ». Pour Groulx, la faute première et capitale remonte à l'affaire des écoles du Nouveau-Brunswick (1870-1874), et George-Étienne Cartier doit porter la responsabilité de cet échec, ayant empêché l'intervention du gouvernement fédéral sous le prétexte spécieux que l'arme du désaveu d'une loi provinciale aurait pu un jour se retourner contre la province de Québec[47].

Dans L'enseignement français au Canada, Groulx analyse dans le détail ces débats politiques et parlementaires, de même que la saga judiciaire ayant entouré la question des écoles catholiques et françaises. Il

---

45. Édouard Richard, *Acadia : missing links of a lost chapter in American history*, New York, Home Book ; Montréal, John Lovell, 1895, 2 vol., 392 et 384 p. ; Édouard Richard, *Acadie : reconstitution d'un chapitre perdu de l'histoire d'Amérique*, édition revue et corrigée par l'auteur avec l'aide d'Henri d'Arles, Québec, J.-A.-K. Laflamme ; Boston, Marlier, 1916-1921, 3 vol., 418, 504 et 547 p.
46. Lionel Groulx, *Mes Mémoires*, tome 3, Montréal, Fides, 1972, p. 88 ; Émile Lauvrière, *La Tragédie d'un peuple. Histoire du peuple acadien de ses origines à nos jours*, Paris, Bossard, 1922, 2 vol., 518 et 597 p. Sur les difficultés de l'auteur voir : Marie-Claire Pitre, « Émile Lauvrière et l'Acadie (1866-1954) », *Les Cahiers de la Société historique acadienne*, 13, 2 (juin 1982) : 68-71.
47. Lionel Groulx, *Histoire du Canada français depuis la découverte*, 4e édition, tome 2, Montréal, Fides, 1960, p. 322.

n'est guère tendre pour les politiciens fédéraux de l'époque, tant conservateurs que libéraux, accusés d'avoir manqué de courage et de conviction. Lorsqu'il se penche sur le vécu scolaire des Acadiens, c'est pour faire état de leur incessante lutte ponctuée de modestes victoires et de reculs entre 1871 et 1930. Il rappelle les efforts pour faire modifier la réglementation scolaire discriminatoire des trois provinces maritimes à l'égard de l'enseignement primaire en français. Modérément optimiste quant à l'avenir, il loue le travail accompli par le clergé dans la création de collèges et de couvents acadiens. « Pour ces œuvres vitales, écrit-il, les Acadiens ont su obtenir l'aide du Québec français et celle de la France[48] ».

Un contemporain de Lionel Groulx, Henri d'Arles (1870-1930), s'est également intéressé à l'histoire de l'Acadie. Écrivain prolifique et éclectique qui avait la réputation de rester à la surface des choses dans ses écrits littéraires, il n'a pas laissé une œuvre historique significative. Son intérêt pour l'histoire est intimement lié à l'édition du manuscrit posthume d'Édouard Richard, *Acadie : reconstitution d'un chapitre perdu de l'histoire d'Amérique*, pour laquelle il consacra huit ans de sa vie et, précise-t-il, « beaucoup de labeur[49] ». Rappelons qu'Édouard Richard (1844-1907) est né à Princeville au Québec. Arrière-petit-fils de déportés acadiens, cet avocat de santé fragile et à la carrière politique éphémère était un ami de Wilfrid Laurier avec qui il avait pratiqué le droit. Sensibilisé très jeune au drame acadien par la tradition orale familiale, il avait entrepris d'être le premier à rédiger une véritable histoire des Acadiens afin de rétablir la vérité quant aux motifs de cette Déportation. Richard n'avait qu'un but poursuivi méthodiquement : « montrer la mauvaise foi et la partialité » de l'historien Francis Parkman et de l'archiviste néo-écossais Thomas Beamish Akins, compilateur des documents sur lesquels le premier s'était appuyé pour approuver le bien-fondé de la Déportation[50]. Considérant avoir exhibé et analysé tous les documents disponibles, Richard, tel un avocat de la défense, en arrive à une conclusion sans équivoque qui sert de base à son interprétation de la Déportation : « Le gouvernement de la Métropole sort indemne de l'enquête approfondie que nous avons menée pour découvrir les véritables auteurs de ce forfait. Toute la honte en rejaillit sur les Laurence, les Belcher, les Wilmot, les Morris et leurs complices[51] ».

---

48. Lionel Groulx, *L'enseignement français au Canada*. Tome II : *Les écoles des minorités*, Montréal, Granger Frères, 1933, p. 66.
49. 3 volumes, présentés et annotés par Henri d'Arles, Québec, J.-A.-K. Laflamme, 1916-1921.
50. Édouard Richard, *Acadie…*, *op. cit.*, tome 1, « Préface », p. 4, 12 et 20.
51. *Ibid.*, p. 25.

Assez étrangement, le manuscrit de Richard fut d'abord traduit en anglais et publié à New York et Montréal en 1895. L'ouvrage fut accueilli avec enthousiasme en Acadie et les élites acadiennes adoptèrent son interprétation de la Déportation[52]. Au Canada anglais et aux États-Unis, son livre suscita la désapprobation.

C'est dans la foulée de ce contexte polémique qu'intervient Henri d'Arles. Douze ans après la mort de l'auteur survenue en 1903, il entreprend de retracer le manuscrit original qu'on disait perdu et de le publier en trois volumes à partir de 1916. Henri d'Arles, nom de plume de l'abbé Henri Baudé, était né à Princeville dans le même ville que Richard dont il était le cousin germain. Son projet de publication du manuscrit de Richard se veut à la fois une manifestation de solidarité familiale, un témoignage d'estime pour le peuple acadien et une démarche d'édition critique, une méthodologie encore peu courante à l'époque. Henri d'Arles ne se privera pas pour corriger la forme du manuscrit qu'il considère comme un premier jet dont la qualité du français laisse à désirer. Il contestera également la méthodologie de l'auteur qu'il juge peu rigoureuse. « Il ne s'était pas habitué, écrit-il dans l'introduction au premier tome, aux minutieuses méthodes de recherche qui caractérisent l'école historique moderne. » Mais d'Arles va plus loin en mettant en cause le cœur même de l'interprétation de Richard concernant la Déportation. Affirmer comme le fait l'auteur que « la métropole ne fut pour rien dans l'arrêt et l'exécution de la mesure barbare... » n'est pas conforme aux documents. « Cette assertion, écrit d'Arles, n'est pas juste, dans son ton absolu. » Richard aurait soutenu cette thèse, non pas tant par esprit de ménagement envers la Couronne britannique, mais parce qu'il était « insuffisamment renseigné », avance-t-il avec précaution[53].

L'édition critique d'Henri d'Arles ne manquera pas de susciter à son tour une nouvelle polémique historiographique en plus de mériter la désapprobation des élites acadiennes qui suivaient jusque-là l'interprétation de Richard. On retrouve ici le clivage idéologique entre la tendance militante d'une bonne partie des élites nationalistes canadiennes-françaises, basées à Montréal, et la tendance modérée des élites nationalistes acadiennes. Édouard Richard inaugure la lignée des historiens québécois d'origine acadienne qui écrivent sur le pays de leurs ancêtres en établissant des liens étroits avec les élites acadiennes des

---

52. P. D. Clarke, « Édouard Richard », dans *Dictionnaire biographique du Canada*, tome XIII, Québec/Toronto, PUL/UTP, 1994, p. 941-942.
53. Édouard Richard, *op. cit.*, tome 1, note 5, p. 6-7. Voir aussi : Adolphe Robert, « Henri d'Arles », *Le Canada français*, 30, 5 (janv. 1943) : 334-338.

provinces maritimes. De son côté, Henri d'Arles, collaborateur de *L'Action française* de Montréal, se range plutôt du côté de Lionel Groulx dont il louera dans un autre ouvrage les qualités d'historien. Il partage avec Groulx une même vision nationaliste de l'histoire qu'il oppose au « toryisme britannique » d'un Thomas Chapais[54]. Par ailleurs, sa conception rigoureuse de la méthodologie historique moderne ne l'empêche pas pour autant de dégager de l'analyse des documents une interprétation à la fois politique et téléologique de l'histoire. Selon lui, la Déportation apparaît « comme l'un des premiers effets et le plus abominable de tous [...] de l'impérialisme britannique ». Mais l'explication fondamentale de la « tragédie acadienne » relèverait finalement de causes transcendantes. Affirmant avoir éclairci de façon définitive les responsabilités dans l'affaire de la Déportation, il faut, conclut-il, « laisser maintenant à la Justice Immanente, le soin d'apporter les sanctions nécessaires, pour que l'ordre éternel, violé par la main des puissances humaines, soit rétabli et vengé. [...] Les crimes des nations se paient ici-bas[55] ».

ANTOINE BERNARD, HISTORIEN DE L'ACADIE

Les conflits d'interprétation sur l'histoire acadienne trouvent leur aboutissement dans l'œuvre du frère Antoine Bernard qui sera l'homme de la synthèse du paradigme clérico-nationaliste. Né à Maria en 1890, le jeune Antoine descendait de proscrits acadiens installés en Gaspésie. Il passa son enfance à s'imprégner de la tradition orale familiale reliée à la Déportation et au culte des ancêtres. Entré très jeune au juvénat des Clercs de Saint-Viateur, il se voit d'abord confier diverses tâches d'enseignement dans des écoles de sa communauté avant d'entreprendre des études en lettres à l'Université de Montréal en 1920, puis à Paris de 1922 à 1924. Admirateur des historiens français du XIXe siècle, c'est au cours de son séjour dans la capitale française qu'il découvre l'importance de l'histoire régionale comme chaînon entre l'histoire locale et l'histoire nationale. Sa thèse sur l'histoire de la Gaspésie se veut une contribution dans ce sens[56]. C'est également à Paris qu'il se voit confier par le recteur de l'Institut catholique, monseigneur Joseph Baudrillard, la tâche de réaliser une première synthèse solide et accessible de l'histoire acadienne pour le grand public. La *Tragédie d'un peuple* d'Émile

---

54. Henri d'Arles, *Nos historiens*, Montréal, Bibliothèque de l'Action française, 1921.
55. Henri d'Arles, « Novissima verba », dans Édouard Richard, *op. cit.*, tome III, 1921, p. VII-VIII.
56. Antoine Bernard, *La Gaspésie au soleil*, Montréal, Clercs de Saint-Viateur, 1925, 332 p.

Antoine Bernard, étudiant à l'Institut catholique de Paris en 1922 (debout, dernier à droite).
Source : Michel Le Moignan, *Le Frère Antoine Bernard*, Gaspé, Les Éditions gaspésiennes, 1966, p. 64a.

Lauvrière, qui venait alors de paraître à Paris, apparaissait au recteur comme un « livre trop lourd et trop touffu pour que je puisse le lire », disait-il[57].

De retour au pays, il amorce sa carrière d'historien de l'Acadie. En 1926, l'Université de Montréal lui confie la Chaire d'histoire de l'Acadie, créée six années plus tôt grâce à un don d'Auguste Richard, un cousin de l'historien Édouard Richard. Or, cette chaire laissée vacante depuis le décès en 1921 de son premier titulaire le Dr Edmond-D. Aucoin était également convoitée par un autre cousin de feu Édouard Richard, Henri d'Arles, l'auteur de l'édition annotée et controversée du manuscrit *Acadie* ! Cette querelle d'influence n'aurait qu'un intérêt anecdotique si elle ne révélait l'existence de factions au sein des élites cléricales de l'époque. Henri d'Arles avait ses partisans, dont Lionel Groulx, un ami personnel, lui-même titulaire de la Chaire d'histoire du Canada à l'Université de Montréal. Ce dernier ne semblait pas voir d'un bon œil se développer une chaire parallèle en parfaite autonomie par rapport

---

57. Michel Le Moignan, *Le frère Antoine Bernard. Historien de la Gaspésie et du peuple acadien*, Gaspé, Les Éditions gaspésiennes, 1966, p. 37.

à la sienne, dans l'hypothèse où la candidature d'Antoine Bernard serait retenue. Ce dernier disposait, par ailleurs, du soutien de Mgr Émile Chartier, doyen de la Faculté des lettres. Encore influencées par les remous de « l'affaire Richard » et jugeant qu'Henri d'Arles ne possédait pas les compétences méthodologiques requises, les autorités de l'Université de Montréal optent finalement pour le frère Bernard. Cette décision a sans doute contribué à maintenir durant plusieurs années des relations distantes entre Lionel Groulx et Antoine Bernard[58]. Ce dernier semble avoir eu par la suite des affinités plus grandes avec le Conseil de la vie française en Amérique, dont le siège était à Québec, qu'avec le mouvement nationaliste du chanoine Groulx à Montréal. Néanmoins, c'est à l'Université de Montréal, comme titulaire de la Chaire d'histoire acadienne, qu'il poursuivra sa carrière universitaire jusqu'à sa retraite.

Auteur prolifique, Antoine Bernard a publié plusieurs ouvrages et des centaines d'articles dont une majorité sont consacrés non seulement à l'histoire acadienne ancienne, mais également à la renaissance acadienne, incluant l'actualité de son époque. Sa conception de l'Acadie, à la fois traditionnelle par sa vision catholique sans compromis et moderne par son action en faveur du relèvement national acadien, mériterait à elle seule une longue analyse[59]. Né au Québec, mais de souche acadienne comme Édouard Richard, il a vécu un phénomène de double identité, même s'il n'a pas fait carrière en Acadie.

L'approche historique d'Antoine Bernard repose sur une double démarche. Formé à l'école méthodologique de Fustel de Coulanges, il se fixe de hauts standards de rigueur intellectuelle, où les faits doivent être soumis à un contrôle minutieux. Dans son esprit, l'historien doit maintenir l'emprise absolue de sa raison sur sa sensibilité[60]. Par ailleurs, à un second niveau, celui de l'interprétation et de la recherche du sens, son œuvre s'inscrit dans le courant de l'historiographie cléricale de son temps ; d'après lui, la survivance du peuple acadien s'explique par sa double fidélité à la langue française et à la foi catholique, les deux réalités étant pour lui indissociables.

Ses deux principaux ouvrages consacrés à l'histoire acadienne demeurent *Le Drame acadien* (1604-1755) et l'*Histoire de la Survivance*

---

58. *Ibid.*, p. 50-51, note 1 ; René Pageau, *Antoine Bernard. Sa vie – son œuvre*, Sherbrooke, Éditions Paulines, 1971, p. 46.
59. L'important fonds Antoine-Bernard est conservé aux Archives de la Société historique de la Gaspésie, à Gaspé.
60. René Pageau, *op. cit.*, p. 60.

acadienne (1755-1935)[61]. Pour la première fois, les Acadiens disposaient donc d'une histoire complète, et qui plus est, écrite par un Acadien de la diaspora. *Histoire de l'Acadie*, une synthèse abrégée de ces deux ouvrages destinée au grand public et aux étudiants, est ensuite publiée en 1939, puis revue et rééditée en 1945 sous le titre *L'Acadie vivante*[62].

La publication successive de ces ouvrages consacre la réputation d'Antoine Bernard. Pour Roger Duhamel, « avec un zèle indéfectible, le R.F. Bernard s'est constitué l'historien de l'Acadie […] *L'Acadie vivante* est une histoire qui restera[63] ». Pour Maurice Lebel, « l'*Histoire de la Survivance acadienne* est un ouvrage historique de valeur et presque unique même en son genre au Canada français ; il repose sur le roc ou sur la terre, et non sur des mythes ou des hypothèses[64] ». Dans ce concert d'éloges, une voix discordante s'élève : Gérard Malchelosse considère, en effet, que l'œuvre de Bernard est un ouvrage de vulgarisation plutôt que le résultat de recherches basées sur de nouvelles sources d'archives[65].

Dans son *Acadie vivante*, Antoine Bernard reprend tour à tour les grands thèmes de l'histoire acadienne, mais avec la volonté de se tenir loin de ce qu'il considère comme de stériles querelles d'interprétation basées sur les émotions. Ainsi, après avoir rappelé les faits relatifs aux débuts de la colonisation acadienne et au conflit entre Aulnay et Latour, il tranche en affirmant que « le peuple acadien a bien d'autres choses à faire, en ce vingtième siècle, que ressusciter les disputes d'il y a trois cents ans[66] ! » Il s'accorde, par ailleurs, avec la plupart de ses prédécesseurs quant au caractère distinct du peuple acadien par rapport au peuple canadien-français. Sans doute influencé par l'école historique française qui insistait sur les liens entre l'histoire et le milieu géographique, il considère que « le climat marin [et] des conditions de vie particulières façonnèrent peu à peu un type acadien assez différent de l'habitant canadien. Le voisinage de l'océan et des ennemis de Boston donna au groupe acadien plus de gravité, à la place de la gaieté gauloise qui restait l'apanage des colons du Saint-Laurent[67] ».

---

61. Antoine Bernard, *Le Drame acadien*, Montréal, 1936, 460 p. ; A. Bernard, *Histoire de la Survivance acadienne*, Montréal, 1935, 470 p. (Couronné par l'Académie française en 1936).
62. Antoine Bernard, *L'Acadie vivante. Histoire du peuple acadien de ses origines à nos jours*, Montréal, Éditions du Devoir, 1945, 182 p.
63. *L'Action nationale* (oct. 1945).
64. Maurice Lebel, *Vie française*, (juin-juillet 1947).
65. Gérard Malchelosse, « La bibliothèque acadienne », *Les Cahiers des dix*, 19 (1954) : 266.
66. Antoine Bernard, *L'Acadie vivante, op. cit.*, p. 26.
67. *Ibid.*, p. 28.

Concernant les origines de l'Acadie, Antoine Bernard rejoint l'abbé H. R. Casgrain et les autres historiens cléricaux de l'époque en considérant que « l'étendard de la Croix et le drapeau blanc semé de fleurs de lis » en ont constitué les deux piliers. Ces origines religieuses ont marqué « l'âme acadienne », tout autant que l'isolement géographique et le « grand silence vaporeux » du paysage. « Dans la bouche de l'Acadien, écrit-il, le mot *Providence* est le dernier mot de toute question, et la décision du prêtre constitue d'ordinaire un jugement sans appel[68]. » Le dédoublement de l'historien critique et du clerc engagé cesse ici d'opérer…

Si la question du Grand Dérangement met également à rude épreuve les exigences de rigueur méthodologique d'Antoine Bernard, il n'emprunte pas pour autant la voie de ses prédécesseurs. « Malgré l'émotion qui nous gagne, écrit-il, nous nous en tiendrons à l'exposé objectif des faits historiques[69]. » Mais il ne peut pour autant éviter de prendre position dans le débat historiographique auquel nous avons fait allusion précédemment et qui divisait les historiens en deux camps : ceux qui comme l'abbé Casgrain, Rameau de Saint-Père, Édouard Richard et Placide Gaudet soutenaient la thèse de la non-connivence de l'Angleterre et la seule culpabilité de Laurence et de ses collaborateurs ; et ceux qui à la suite des Émile Lauvrière, Henri d'Arles et Lionel Groulx considéraient la Déportation comme l'aboutissement d'un demi-siècle de politique anglaise et l'œuvre préméditée de Lord Halifax et de ses associés du Board of Trade de Londres, tout autant que de Laurence. « Où est la réalité ? » s'interroge Antoine Bernard. Son interprétation est à la Salomon : « Dans une mesure difficile à déterminer, écrit-il, Londres a eu sa part de responsabilité du Grand Dérangement, c'est entendu. Mais il ne faut pas fermer les yeux sur des faits qui prouvent à l'évidence la large part de l'ambitieux et vindicatif Laurence[70]. »

Abordant la période de l'obscure survivance qui suit la Déportation (1755-1815), Antoine Bernard revient à son interprétation religieuse. Comme les évêques et les moines ont fait l'Europe, dit-il, on pourrait dire de même que « le prêtre a fait l'Acadie nouvelle ». Mais il ne peut s'empêcher ici de réintroduire un argument téléologique : « Ces chefs, ces nouveaux Moïses, ajoute-t-il, Dieu les donna aux Acadiens dont Il voulait la survivance[71]. » Poursuivant son analyse sur le rôle du clergé au cours de la période suivante (1815-1880) qu'il qualifie de « longue convalescence », il est amené à faire intervenir la question nationale.

---

68. *Ibid.*, p. 58.
69. *Ibid.*, p. 79.
70. *Ibid.*, p. 101.
71. *Ibid.*, p. 107.

Le professeur Antoine Bernard de l'Université de Montréal, accompagné de Laura Gaudet en tournée de récital de chansons acadiennes à Cambridge, Mass., 1947.
Source : René Pageau, *Antoine Bernard. Sa vie – son œuvre*, Sherbrooke Éditions Paulines, 1971.

Pour lui, la création du diocèse de Charlottetown en 1823 a eu pour conséquence de détacher les Acadiens de l'Église-mère de Québec pour les placer sous l'autorité d'un épiscopat de langue anglaise. « Ce fut, écrit-il, la première épreuve de la nouvelle Acadie. » Et durant plus d'un siècle, « l'Acadie n'a vu aucun des siens occuper un rang honorable dans l'Église ou dans la société[72] ». Malgré ce blocage, il salue le rôle joué par les communautés religieuses et par certains curés dont l'abbé Lafrance. Ce dernier, originaire du Québec, s'était donné pour objectif

---

72. *Ibid.*, p. 119.

de fonder à Memramcook, une maison d'éducation « semblable aux collèges classiques qui naissaient nombreux, depuis un demi-siècle, en terre québécoise, sous l'impulsion de prévoyants curés[73] ».

Antoine Bernard accorde une grande importance symbolique à l'invitation qui fut faite aux Acadiens de participer au congrès général de la Société Saint-Jean-Baptiste tenu à Québec en 1880. « Il n'est pas exagéré de dire, selon lui, que la première manifestation de vie nationale acadienne s'accomplit sur le rocher de Québec, le 24 juin 1880. Pour la première fois, la voix du peuple acadien se fit alors entendre officiellement, dans une assemblée solennelle ; elle s'unit à la voix du peuple canadien pour formuler des aspirations, des craintes, surtout des espérances[74]... »

L'analyse de la période 1880-1945 devient plus descriptive. Antoine Bernard fait l'inventaire des progrès et des difficultés dans les domaines de la démographie, de la langue française, de l'éducation, des institutions religieuses et des coopératives. S'il se garde de porter un jugement critique sur les élites acadiennes de son époque, il accorde par ailleurs beaucoup d'importance aux relations entre le Québec et l'Acadie au sein de la société civile, sans pour autant faire état de certaines divergences de vues, contrairement à l'historien Robert Rumilly qui ne se gênera pas pour les identifier.

Considérée dans son ensemble, l'œuvre d'Antoine Bernard porte à son achèvement l'historiographie acadienne traditionnelle d'inspiration cléricale et ultramontaine. En même temps, par sa rigueur méthodologique et malgré ses dérives téléologiques et providentialistes, cette œuvre marque une transition vers la modernité. D'autant plus qu'Antoine Bernard ne s'est pas contenté de recherches sur l'ancienne Acadie ; il a su intégrer la période qui suit la renaissance acadienne jusqu'au milieu du XXe siècle.

LES HISTORIENS CANADIENS-FRANÇAIS LAÏQUES DES ANNÉES 1940 ET 1950 ET L'ACADIE

Célébré de toutes parts avant la Révolution tranquille, Antoine Bernard avait ses disciples enthousiastes dont le politicien Bona Arsenault, lui-même Gaspésien d'origine acadienne. Ce dernier publiera, en 1955, un premier ouvrage, *L'Acadie des ancêtres. Avec la généalogie des premières*

---

73. *Ibid.*, p. 123.
74. *Ibid.*, p. 133-134.

familles acadiennes, sous les auspices du Conseil de la vie française en Amérique[75].

Le bicentenaire de la Déportation se prêtant bien aux bilans historiques, une autre synthèse est publiée en 1955, l'*Histoire des Acadiens* de Robert Rumilly[76]. Elle couvre la période qui s'étend des origines à 1955. Cet ouvrage s'inscrit dans le courant traditionnel de l'histoire-récit. Axé principalement sur les faits politiques et militaires jusqu'au Grand Dérangement, il accorde plus de place à l'histoire religieuse, à l'histoire de l'éducation et à la place des Acadiens dans la vie des partis politiques à partir de l'époque de la renaissance acadienne. Peu explicite quant à son interprétation de l'histoire acadienne avant la Déportation, sauf par des commentaires plutôt brefs insérés au fil du récit, il l'est davantage pour la période qui suit la renaissance acadienne.

Pour la période d'avant 1880, l'interprétation sous-jacente s'inscrit dans le courant de l'historiographie nationaliste avec des références marquées à Rameau de Saint-Père, Henri d'Arles et Émile Lauvrière. Ce dernier aurait écrit, selon Rumilly, « la meilleure synthèse sur l'histoire de l'Acadie[77] ». Il suit d'assez près l'interprétation de Rameau en ce qui concerne les anciens Acadiens, leur vie simple, pastorale et pacifique, et sur les entraves « ouvertes ou hypocrites, mises par les Anglais à leur départ[78] ». Il admire l'habileté et la fierté de ces Acadiens à contourner l'obligation de prêter serment au roi d'Angleterre après qu'ils furent passés sous la domination anglaise. « À ces Acadiens libres et obstinés, écrit-il, tirons notre chapeau[79] ! » Bien que sa sympathie envers les Acadiens soit évidente, il prend toujours soin de présenter le point de vue des Anglais. De plus, son récit n'est pas clos sur le territoire acadien, mais s'inscrit dans le cadre plus général de l'histoire politique et militaire de la Nouvelle-France. Quant à l'attribution des responsabilités relatives à la Déportation, il se range du côté de Groulx, d'Henri d'Arles et des autres qui affirment que Laurence et les Lords du Commerce étaient de connivence pour préparer l'expulsion, puisqu'ils avaient développé la thèse que les Acadiens n'avaient aucun droit de propriété sur les terres qu'ils occupaient[80].

---

75. Il publiera plus tard *Histoire et Généalogie des Acadiens*, 2 vol., Québec, Conseil de la vie française en Amérique, 1965, 1118 p., et *Histoire des Acadiens*, Québec, Le Conseil, 1966, 33 p.
76. Robert Rumilly, *Histoire des Acadiens*, 2 vol., Montréal, Chez l'auteur, 1955, 1 038 p. Une seconde édition du premier volume (1604-1755) paraît en 1981 sans grande modification.
77. Robert Rumilly, *Histoire des Acadiens*, tome 1, Montréal, 1955, p. 71.
78. *Ibid.*, p. 220, 393-395.
79. *Ibid.*, p. 243.
80. *Ibid.*, p. 414, 452.

Si Rumilly ne remet pas en cause la dimension religieuse de l'histoire acadienne, son récit exclut toute forme de providentialisme, contrairement aux historiens cléricaux qui l'ont précédé. De plus, alors qu'Antoine Bernard cherche à mettre en valeur le rôle de soutien apporté au peuple acadien par Mgr Plessis lors de ses voyages en Acadie au début du XIXe siècle, Rumilly critique vertement « la tradition d'ultra-loyalisme » des évêques de Québec qui comme Mgr Plessis et son prédécesseur, Mgr Briand, ont blâmé les Acadiens d'être les vrais responsables de leur déportation, invoquant leur manque de loyalisme envers la Couronne britannique. Et Rumilly d'ajouter : « Pareil affront ne pourra se risquer plus tard, quand les Acadiens posséderont des cadres laïques. Aucun Acadien n'a la culture et le prestige voulus pour relever l'injustice épiscopale, en 1818[81]. »

Comme Lionel Groulx avant lui, Rumilly s'étend longuement sur la question des écoles du Nouveau-Brunswick et sur les liens entre le nationalisme acadien et le nationalisme canadien-français. Commentant l'échec du père Lefebvre à faire accepter la Saint-Jean-Baptiste comme fête nationale des Acadiens, lors de la convention de Memramcook, il ajoute : « Ce Canadien qui avait épousé l'Acadie vient de toucher l'invisible barrière qui fait encore de lui un étranger[82] ».

Nationaliste convaincu dans la ligne de Groulx et de la Société Saint-Jean-Baptiste de Montréal, Rumilly fustige l'anglophilie. Non seulement celle de Mgr Plessis, mais celle d'historiens acadiens comme Édouard Richard et Placide Gaudet qui ont cherché à minimiser la responsabilité du gouvernement de Londres dans la Déportation. Dans les deux cas, Rumilly soutient que leur statut de fonctionnaires fédéraux aurait influencé leur interprétation loyaliste de la Déportation, afin de ne pas nuire à leur carrière[83]. Des divergences entre les nationalistes canadiens-français et les élites acadiennes apparaissent également à la suite de la crise de la conscription de 1917 : la province de Québec avait voté contre, alors que les Acadiens, avec en tête le sénateur conservateur Pascal Poirier, avaient voté en faveur, comme l'ensemble des provinces anglophones. Rumilly reconnaît que cette situation plaçait les Acadiens dans une position délicate, car ils pouvaient être exposés à des représailles, compte tenu du sentiment anti-Québec qui prévalait dans le reste du pays. Alors que le Québec était accusé de nationalisme, d'isolationnisme ou de séparatisme par les libéraux et les conservateurs à Ottawa, les congressistes acadiens de la convention de Pointe-de-l'Église tenue en

---

81. *Ibid.*, tome 2, p. 691.
82. *Ibid.*, p. 788.
83. *Ibid.*, p. 824 et 908.

1921 expédiaient de leur côté un télégramme au gouverneur général affirmant leur loyalisme[84]. Rumilly prend cependant soin de signaler que *L'Évangéline* dénonce l'excès de loyalisme de certains leaders acadiens lors de l'inauguration l'année suivante de l'église-souvenir de Grand-Pré[85]. Rumilly revient sur la division des élites acadiennes autour de la question nationale lorsqu'il aborde les années 1930. « Tous ces Acadiens, écrit-il, sont ballottés entre les appels des chefs « patriotes » qui exaltent la mystique acadienne et les conseils des esprits rassis qui prêchent le loyalisme britannique[86]. »

Une autre question retient longuement l'attention de Rumilly : celle de l'acadianisation du haut-clergé au Nouveau-Brunswick. La position de l'historien est claire : il soutient sans réserve les luttes des leaders acadiens, clercs et laïcs, en faveur de la nomination par Rome d'un premier évêque acadien et s'intéresse de près au développement ultérieur des diocèses francophones de Chatham-Bathurst et de Moncton, tout en relevant l'opposition du clergé irlandais. Selon lui, la fin de non-recevoir de Mgr Rogers, évêque de Chatham, aux initiatives du curé Richard en faveur du maintien d'un collège francophone dans son diocèse relève de la mauvaise foi. Le curé Richard, « c'est la version moderne de l'abbé Le Loutre, s'exclame-t-il. Il partira pour Rome comme l'abbé Le Loutre partait pour Versailles, afin d'y défendre son peuple[87] ».

Rumilly montre peu de sympathie pour les délégués apostoliques qui, tel Mgr Sbarretti, exhorte le curé Richard « à l'humilité, au respect et à l'obéissance », considérant que ses plaintes contre le clergé irlandais ont été jugées « sans fondement ». Nous sommes ici en 1892. Deux décennies plus tard, Henri Bourassa prononce son célèbre discours à l'église Notre-Dame de Montréal à l'occasion du Congrès eucharistique de 1910. Son plaidoyer en faveur de l'affirmation du fait français, en réponse aux propos assimilateurs de Mgr Bourne archevêque de Westminster, suscite, selon Rumilly, beaucoup d'enthousiasme au sein de la communauté acadienne. Bourassa, héros des minorités et du fait français ? Laissant sous-entendre qu'il ne loge pas à l'enseigne de l'ultramontanisme, Rumilly prend ici ses distances par rapport au chef nationaliste. « Bourassa, écrit-il, vit sur un extraordinaire malentendu. Nationaliste *canadien*, suivi par les seuls nationalistes *canadiens-français*, il met encore la discipline de l'Église avant le sentiment national[88]. »

---

84. Placide Gaudet, Rumilly, *op. cit.*, p. 925-927, 932-933, 962-964.
85. Rumilly, *op. cit.*, p. 921 et 934.
86. *Ibid.*, p. 962.
87. *Ibid.*, p. 877.
88. *Ibid.*, p. 942.

En somme, l'interprétation de l'histoire acadienne par Rumilly est celle d'un nationaliste canadien-français laïque acquis à la cause acadienne et qui pourfend les élites francophones loyalistes, incluant le cardinal Rodrigue Villeneuve, archevêque de Québec, partisan de la Conscription en 1942. Il se montre aussi indépendant et critique à l'égard des positions anglophiles de Rome par rapport au développement de l'Église catholique au Canada. En cela, il se distingue des historiens religieux qui, tel le frère Antoine Bernard, ne disposaient pas d'une telle marge de manœuvre. Contrairement à Rumilly, ce dernier se montre par ailleurs discret concernant la vie politique acadienne après 1880.

Outre Rumilly, Gustave Lanctot s'intéresse également à l'Acadie en lui consacrant onze chapitres de son *Histoire du Canada* sous le régime français[89]. Son analyse de l'histoire acadienne est à la fois précise et sobre. S'appuyant essentiellement sur des sources d'archives, il ne fait pas référence aux interprétations controversées de ses prédécesseurs. Il souligne au passage les vertus du peuple de l'ancienne Acadie et constate le peu d'intérêt manifesté par la France pour sa colonie de l'Atlantique.

L'apport le plus intéressant de Lanctot à l'historiographie acadienne est sans contredit un article remarquable, quoique rarement cité, « L'Acadie et la Nouvelle-Angleterre, 1603-1763[90] ». Cet article dense résume son interprétation de l'histoire acadienne ; elle repose sur une approche trop peu explorée : celle de l'histoire comparée entre l'Acadie et la Nouvelle-Angleterre, avec en arrière-fond une comparaison entre les types de colonisation en Amérique du Nord. Ainsi, « les colonies anglaises et françaises se côtoyèrent et se coudoyèrent pendant un siècle et demi, écrit-il. Tout au long de cette période s'affrontèrent des milieux, des institutions et des tempéraments dissemblables[91] ».

Militaire de carrière, Lanctot saisit le caractère stratégique du « bastion » acadien entre l'Europe et l'Amérique. Contrairement à Groulx pour qui cette colonie était toujours demeurée marginale, il la considère comme la porte d'entrée de la vallée du Saint-Laurent. La France, nation continentale, et l'Angleterre, nation maritime, s'affrontent pour la domination du continent américain : « Celle qui possédera la côte acadienne, conclut-il, gagnera la bataille[92] ». Son analyse comparée l'amène à s'intéresser de façon plus précise à la Nouvelle-Angleterre. Cette co-

---

89. 3 vol., Montréal, Beauchemin, 1963-1964, 460, 370 et 405 p.
90. *Revue de l'Université d'Ottawa*, 1re partie, 17, 2 (1941) : 182-205 ; 2e partie, (1941) : 349-370.
91. 1re partie, *ibid.*, p. 182.
92. *Ibid.*, p. 183.

lonie anglaise, qui a vite délaissé l'agriculture comme activité principale au profit du commerce, s'oppose à une colonie acadienne cantonnée dans l'agriculture et la traite des fourrures et qui, de plus, contrôle l'arrière-pays amérindien. La situation devient vite intenable. D'autant plus, nous dit Lanctot, que la psychologie économique des Néo-Anglais les amène à refuser de reconnaître le droit de première occupation des uns au profit de l'intérêt économique des autres.

Au sujet de la Déportation, la responsabilité revient selon lui, non seulement à la Nouvelle-Angleterre et à la Grande-Bretagne, mais aussi à la France qui a incité les Acadiens neutres à prendre parti pour elle sans leur offrir de protection en conséquence. Quant à la Déportation en elle-même, l'auteur s'en prend à son caractère d'inutile brutalité. « Et c'est là, écrit-il, le véritable crime de l'expulsion. [...] Rien ne justifiait la dispersion brutale en territoire ennemi d'une population inoffensive[93]. »

D'une façon plus générale, Lanctot rejette la thèse de Parkman concernant le triomphe du principe démocratique sur l'autocratisme pour expliquer la chute de l'Acadie et de la Nouvelle-France. Au contraire, soutient-il, l'autocratie française permet de comprendre pourquoi ces colonies françaises plus faibles ont pu contrôler la pêche et la traite des fourrures et résister si longtemps à un ennemi supérieur en nombre. En somme, la Conquête s'expliquerait plutôt par l'immense supériorité démographique des Anglo-Américains, par la différence des politiques métropolitaines et par la prépondérance incontestée de la flotte britannique.

* * *

Au cours des années 1960, la longue tradition de l'historiographie québécoise consacrée à l'Acadie décline rapidement pour diverses raisons. Le courant néo-nationaliste qui se développe au Québec, alimenté notamment par l'École historique de Montréal, en plus de contester les interprétations antérieures de l'historiographie nationaliste, ultramontaine ou loyaliste oriente ses champs d'intérêt du côté du régime anglais avec Michel Brunet et Maurice Séguin, bien que Guy Frégault s'intéresse pour sa part au régime français. De plus, à partir des années 1970, une troisième génération d'historiens professionnels, venant après celle de Groulx et celle de Frégault, s'intéresse davantage à l'histoire économique et sociale du Québec depuis la Confédération. On note alors une désaffection pour l'histoire du régime français, pour l'histoire

---

93. 2ᵉ partie, *ibid.*, p. 362-364.

politique et pour l'histoire des minorités françaises hors Québec. Par ailleurs, la fondation, en 1963, de l'Université de Moncton et la création d'un département d'histoire contribuent à professionnaliser le métier d'historien en Acadie. Il en résulte une tendance à l'autonomisation de l'historiographie acadienne par les universitaires acadiens, alors qu'entre 1860 et 1960 cette historiographie était produite, pour une très large part, par des historiens résidant au Québec ou en France[94].

L'historiographie acadienne qui précède les années 1960 et qui s'étend sur un siècle apparaît donc significative pour étudier, non seulement l'évolution de la pratique du métier d'historien dans sa dimension méthodologique, mais également le rôle qu'y joue l'interprétation. Dans son analyse de l'historiographie francophone traditionnelle au Canada, Fernand Ouellet considère que l'historiographie acadienne d'avant 1960 procède d'une même vision du monde, à la fois nationaliste, conservatrice et ultramontaine qu'il qualifie de «discours unique[95]». Il est certain que la nation, la langue et la religion constituent des communs dénominateurs de cette historiographie conservatrice (sauf chez Garneau) et que le paradigme de l'histoire économique et sociale est absent; ce qui n'empêche pas un Bernard ou un Rumilly de s'intéresser aux progrès économiques et institutionnels des Acadiens. Mais faut-il conclure à une uniformité totale de l'historiographie acadienne d'avant 1960? Notre analyse tend à démontrer le contraire. Il existe des nuances significatives qu'il importe de rappeler. D'abord les affinités et les inimitiés personnelles qui partagent entre eux les historiens français, canadiens-français et acadiens qui s'intéressent à l'Acadie. Mais bien davantage certains clivages, selon qu'on soit clerc ou laïc, ultramontain ou gallican, nationaliste militant de l'école de Groulx, nationaliste modéré dans la mouvance du Conseil de la vie française en Amérique, voire anglophile tel un Casgrain ou un Chapais, ou encore loyaliste comme un Placide Gaudet et une partie de l'élite acadienne du début du siècle. Le débat entre historiens concernant les responsabilités inhérentes à la Déportation est sans doute le point majeur de ces clivages, mais il en existe un autre plus subtil qui met en cause les rapports entre les élites québécoises et celles de l'Acadie autour de la question identitaire. Le Canada français était sans doute moins homogène qu'il n'y paraît à première vue.

---

94. Sur l'historiographie acadienne: Pierre Trépanier, «Clio en Acadie», *Acadiensis*, 11, 2 (1982): 95-103; Jacques-Paul Couturier, «Tendances actuelles de l'historiographie acadienne (1970-1985)», *Communications historiques/Historical Papers*, Ottawa, Société historique du Canada, 1987, p. 230-250.

95. Fernand Ouellet, «L'historiographie francophone traditionnelle au Canada», dans Joseph-Yvon Thériault, dir., *Francophonies minoritaires au Canada. L'état des lieux*, Moncton, Éditions d'Acadie, 1999, p. 125.

CHAPITRE 2

L'Acadie du Nouveau-Brunswick et le Québec (1880-1960) Froideur ou méfiance ?

Léon Thériault

Poser la question des relations entre l'Acadie et le Québec relève de la gageure même, et peut-être surtout, pour ce qui concerne cette fin de siècle. Comment en effet parler de relations entre un groupe doté de son territoire, de son gouvernement, de politiques propres, et un groupe dont aucun territoire ne lui est reconnu, qui n'a pas son gouvernement et qui n'a pas de ligne de pensée politique exclusive ? Qui plus est, les Acadiens se répartissent entre quatre provinces, chaque groupe disposant de moyens qui varient grandement d'une province à l'autre. Où se trouve l'Acadie ? C'est justement une question qui hante les esprits plus que jamais en Acadie. Depuis une dizaine d'années certains Acadiens veulent accréditer l'idée que l'Acadie se trouve là où se trouvent des Acadiens, que ce soit en France, en Louisiane, en Nouvelle-Angleterre, dans l'ouest du Canada, au Québec ou dans les provinces de l'Atlantique. C'est en tout cas la position des organisateurs du Congrès mondial acadien tenu dans le sud-est du Nouveau-Brunswick en 1994 et dont la deuxième édition a eu lieu en Louisiane en 1999[1].

Il n'y a pas que la question de territoire qui pose problème ; celle de l'appartenance au groupe suscite aussi bien des débats. Ainsi, bon nombre de citoyens du Madawaska, au Nouveau-Brunswick, ne se

---

1. Pour une critique du CMA, voir Greg Allain, « Le Congrès mondial acadien de 1994 : réseaux, conflits, réalisations », *Revue de l'Université de Moncton*, 30, 2 (1997) : 141-159.

considèrent pas acadiens, d'autant plus que pendant longtemps on a lié l'acadianité à la Déportation. Dans cette optique, seuls seraient acadiens ceux et celles dont les ancêtres habitaient le territoire avant 1755[2]. L'Acadie donc, autant et sinon davantage que le Québec, se demande encore ce qu'elle est, où sont ses membres et même qui sont ces derniers. D'où la difficulté de discourir sur l'Acadie, de quelque point de vue que ce soit. Il faut aussi retenir que le début de cette période, plus précisément de 1860 à 1912 environ, coïncide avec le moment où l'Acadie commence à exprimer sa conscience collective. C'est notamment l'époque des grandes « conventions nationales » où s'élaborent des programmes dans une foule de domaines, où on choisit les symboles nationaux de l'Acadie, où on tente, en somme, de définir l'Acadie. Pendant ce temps, le Québec retrouve son autonomie provinciale perdue en 1840 mais le rôle de l'État demeurera somme toute passablement modeste.

Il reste que l'Acadie du Nouveau-Brunswick, elle, est bien particulière : environ 85 % des Acadiens et Acadiennes des provinces de l'Atlantique y résident, ils forment environ le tiers de la population totale de la province. Son réseau d'outils culturels, sa force économique, la portée de ses interventions rendent unique ce territoire limitrophe du Québec. Il n'en a pourtant pas toujours été ainsi : pour les Acadiens d'avant 1880, et même longtemps après cette date, il n'y avait pas lieu de distinguer les Acadiens des quatre provinces de l'Est. Dans l'esprit des élites du temps, l'Acadie était surtout une sorte de territoire mental ; elles proposaient un « nationalisme sans nation » pour employer l'expression du sociologue Camille-Antoine Richard[3].

Nous voulons ici tenter de faire l'historique des relations entre l'Acadie du Nouveau-Brunswick et le Québec de 1880 à 1960, malgré les difficultés inhérentes au sujet. C'est aussi un terrain pratiquement en friche[4]. Pour notre propos, nous aurons surtout recours aux journaux

---

2. L'auteur de la présente étude pense plutôt qu'il faut considérer comme acadien du Nouveau-Brunswick tout francophone qui habite en permanence la province. Cette notion fait aussi une place aux immigrants de toute origine ethnique. Voir Léon Thériault, *La question du pouvoir en Acadie*, Moncton, Les Éditions d'Acadie, 1981, p. 54-62.

3. Camille-Antoine Richard, « Le discours idéologique des conventions nationales et les origines du nationalisme acadien. Réflexions sur la question nationale », *Les Cahiers*, Société historique acadienne, 17, 3 (juillet-septembre 1986) : 73-87.

4. Voir Léon Thériault, « Parallèles Acadie-Québec : de 1864 à nos jours », *Égalité. Revue acadienne d'analyse politique*, 33 (printemps 1993) : 103-123. Ce numéro de la revue était d'ailleurs consacré en entier aux relations entre l'Acadie et le Québec. On y trouve les actes d'un colloque tenu sur le sujet à l'Institut de Memramcook en octobre 1993.

de la période, journaux publiés pour l'essentiel dans les Maritimes. Nous nous intéresserons particulièrement à la perception qu'avaient les élites acadiennes des Québécois.

Ces relations, on le verra, tournaient surtout autour de l'initiative privée, plutôt que de l'État. Elles ne mettaient pas en cause des gouvernements, mais des hommes et des femmes soucieux de s'entraider, quoique ces relations fussent pratiquement à sens unique, l'Acadie recevant davantage du Québec. Il n'est d'ailleurs pas certain que les gens de l'époque inséraient cette collaboration dans un grand cadre idéologique ou politique qu'on pourrait appeler « les relations entre l'Acadie et le Québec ». Il n'existait pas alors de relations suivies : tout ou presque tout était d'ordre ponctuel. Aux yeux des Acadiens, les Québécois n'existaient pas encore comme tels : ceux-ci étaient ou bien des « Canadiens » ou des « Canadiens français ». C'est d'ailleurs probablement ainsi que se percevaient les Québécois de l'époque.

Du reste, les relations entre l'Acadie et le Québec ne remontent pas aux années 1880. Si déjà au début du XVIIIe siècle l'Acadie avait acquis une physionomie propre, le fait qu'elle répondait à une même métropole que le Canada[5], qu'elle était soumise aux mêmes pressions provenant de la Nouvelle-Angleterre, que ses structures religieuses émanaient du diocèse de Québec, tout cela faisait que l'Acadie et le Canada partageaient les mêmes intérêts stratégiques : le maintien et le développement d'une présence française forte sur ce continent. L'Acadie et le Québec devaient finalement tous deux passer sous contrôle anglais : « Déportation » et « Conquête » feraient désormais partie du vocabulaire respectif des uns et des autres. Le gouverneur de la Nouvelle-France, Vaudreuil, avait bien demandé, lors de la capitulation de 1760, d'arrêter le processus de la Déportation ; le général Amherst le lui avait refusé. Il reste que les centaines d'Acadiens et d'Acadiennes qui s'étaient réfugiés dans les environs de Québec et de Montréal, entre 1755 et 1763, ne seront pas intimidés. On peut même dire que ce sont ces Acadiens du Québec qui, les premiers, ont pu s'épanouir en français.

LE QUÉBEC PRÉSENT SURTOUT PAR SON CLERGÉ, HOMMES ET FEMMES (1860-1880)

Il faut préciser que dans les provinces maritimes la politique de l'administration anglaise n'incluait pas de projet collectif francophone.

---

5. « Canada » pris dans le sens de l'époque, c'est-à-dire la vallée du Saint-Laurent.

Tout, dorénavant, devait se dérouler dans le cadre d'une société de langue anglaise. La seule structure qui échappait à cette règle était l'institution ecclésiastique. Or l'essentiel du clergé catholique francophone œuvrant auprès des Acadiens, après la Déportation, et ce jusque vers 1860-1870 dans certaines régions, provenait du Québec[6]. En 1850, on ne comptait pas encore au Nouveau-Brunswick un seul prêtre de langue française originaire de cette province[7]. Les évêques québécois tenteront même à plusieurs reprises de favoriser la nomination de prêtres francophones à un siège épiscopal des Maritimes[8].

La force combinée du clergé irlandais et écossais en retardera la réalisation jusqu'en 1912. Outre ces prêtres québécois dans les paroisses acadiennes, il faut mentionner ces voyages que faisaient au Québec quelques Acadiens pour des raisons commerciales ou autres[9], la lecture de journaux québécois qui circulaient ici[10], la présence dans le nord-ouest de la province d'une forte concentration de Néo-Brunswickois d'origine québécoise. Il y aurait lieu aussi de verser au dossier des relations Acadie-Québec la fondation du collège Saint-Joseph (Memramcook, N.-B.) en 1864 par la congrégation de Sainte-Croix. Pendant longtemps, le personnel enseignant de la future université sera en majorité québécois. D'ailleurs, l'institution qui l'avait précédée, le séminaire Saint-Thomas fondé en 1854, avait aussi été fondée par un prêtre québécois, l'abbé F.-X. LaFrance, missionnaire et curé en Acadie depuis 1841[11]. Quant au premier journal acadien des provinces de l'Atlantique, le *Moniteur Acadien*, fondé à Shediac (N.-B.) en 1867, il avait pour fondateur un Québécois, Israël Landry, originaire de Saint-Jean-d'Iberville. Les premiers professionnels de la santé, dans le Nouveau-Brunswick français, furent aussi des Québécois. En 1868 arrivaient de Montréal les Religieuses hospitalières de Saint-Joseph (r.h.s.j.) pour prendre la gouverne de la léproserie de Tracadie. De cette léproserie naîtra

---

6. Mathurin Bourg, ordonné en 1772, avait été le premier prêtre acadien ayant œuvré aux Maritimes. Il faudra attendre 1835 pour le deuxième : Sylvain Éphrem Poirier, de l'île du Prince-Édouard. Outre les prêtres québécois, il faudrait noter la douzaine de prêtres réfractaires arrivés de France en Acadie entre 1799 et 1801.
7. Jean-Bernard Goguen, « Le clergé acadien du Nouveau-Brunswick (1850-1930) », *Les Cahiers*, Société historique acadienne, 15, 1 (1984) : 4-20.
8. Dans les Maritimes, le démembrement du diocèse de Québec avait commencé en 1817. En 1835, le diocèse de Charlottetown, dont faisait partie l'île du Prince-Édouard et le Nouveau-Brunswick et qui jusque-là constituait un évêché suffragant de celui de Québec, devenait complètement indépendant.
9. Jusqu'au milieu des années 1870 ces voyages se faisaient par goélettes, le chemin de fer *Intercolonial* n'entrant en fonction qu'en 1876.
10. C'est là un des aspects de l'histoire culturelle acadienne qui reste à étudier.
11. Sur les premières années du collège, voir Étienne Catta, *Le Révérend Père Camille Lefebvre (1831-1895) et la Renaissance acadienne*, 3 tomes, Pré-d'en-Haut, Maison Sainte-Croix, 1983.

le premier hôpital de langue française au Nouveau-Brunswick. D'ailleurs, la congrégation montréalaise des r.h.s.j. ouvrira plus tard deux autres hôpitaux dans le nord de la province : l'un à Saint-Basile (1881) l'autre à Campbellton (1888)[12].

Acadiens du Nouveau-Brunswick et Québécois étaient devenus membres d'un même État lors de l'union des colonies dans la Confédération en 1867. Nous savons peu de chose sur l'attitude des Acadiens vis-à-vis du projet fédéraliste[13]. Il ne semble pas, en tout cas, que la perspective d'une union plus solide avec une province à majorité française ait été perçue par les Acadiens. L'occasion de se prononcer sur le projet se présenta deux fois au Nouveau-Brunswick et à deux reprises les Acadiens votèrent pour des candidats anti-fédéralistes, sans qu'on puisse dire exactement pourquoi. Les curés « canadiens » en Acadie étaient divisés sur la question. Celui de Tracadie, l'abbé Ferdinand Gauvreau, approuvait le projet et voulait en convaincre ses paroissiens : « J'ai acclamé et j'acclame la dite Confédération comme le seul moyen d'y sauvegarder [au Bas-Canada] les Institutions ecclésiastiques, religieuses et d'éducation, ainsi que ET SURTOUT, leurs propriétés foncières. Tout cela sera garanti [...] par le retour du Parlement local que le B. Canada va enfin reprendre au moyen de la dite Confédération[14]. »

Ailleurs, à Barachois, le curé F.-X. LaFrance (fondateur du séminaire Saint-Thomas devenu le collège Saint-Joseph) était d'un avis tout différent : « Je souscris à ce conseil [qu'il faut être contre la Confédération] & je l'ai donné au peuple Acadien quand l'occasion s'est présentée, & je ne connais pas de pouvoir sur la terre qui puisse me le faire rétracter[15]. »

Comme arguments LaFrance faisait valoir la dette élevée du Canada-Uni, dette dont une partie importante serait assumée par le nouveau gouvernement central (donc par l'ensemble des provinces), la divergence des intérêts commerciaux entre le Canada-Uni et les Maritimes, enfin les menées de l'archevêque de Halifax en faveur de la Confédération[16]. Quant à Israël Landry, dont le journal devait paraître en

---

12. Léon Thériault, « Les Religieuses hospitalières de Saint-Joseph en Acadie », *Les Cahiers*, Société historique acadienne, 29, 3 (1998) : 143-163.

13. On cherchera en vain de l'information pertinente dans les journaux, le *Moniteur Acadien*, le premier journal acadien, ne paraissant qu'en juillet 1867.

14. « Lettre de Ferdinand Gauvreau à C. F. Cazeau, vicaire général », Tracadie (20 mars 1865). Archives de l'Archevêché de Québec, 311 CN NB, III, n° 162 (Consulté sur microfilm au Centre d'études acadiennes de l'Université de Moncton).

15. « Lettre de F.-X. LaFrance à Mgr l'archevêque de Québec », Barachois (25 février 1865). Archives de l'Archevêché de Québec, 311 CN NB, III, n° 107.

16. *Ibid.*

juillet 1867, il s'était présenté comme candidat profédéraliste dans le comté fédéral de Westmorland, comté où les Acadiens constituaient une minorité importante. Défait, il fera de la Confédération le sujet de son premier éditorial. Ton de résignation que le sien. Ton d'espoir aussi :

> Depuis lundi, 1er juillet, nous portons tous le même nom de Canadien, puisque nous sommes dans le pays proclamé par la reine comme partie du nouveau Dominion du Canada.
>
> La question de Confédération est maintenant hors de date. Il ne faut plus en parler, c'est inutile. [...] Est-ce pour le bien du pays ou pour sa ruine ? C'est ce qu'aucune personne ne peut dire. [...] Aujourd'hui il n'y a qu'une seule chose à faire pour nous ; c'est de nous résigner à notre sort et de tâcher d'en tirer le meilleur parti possible […].
>
> Une nouvelle phase de notre existence comme peuple acadien apparaît aujourd'hui, c'est celle de l'union intime qui devra exister entre le Canada-Français et l'Acadie-Française [...][17].

NOUS SOMMES DES ACADIENS, NON DES CANADIENS FRANÇAIS (1880-1920)

Le Québécois Landry souhaitait une « union plus intime » entre Canadiens français et Acadiens, vision d'autant plus plausible dans les années 1860 du fait que les Acadiens n'avaient pas encore précisé les contours de leur identité. Mais qu'entendait au juste le journaliste par « union intime » ? Ce devait être là le thème qui allait dorénavant nourrir bien des débats...

Cette identité acadienne propre, l'historien français Rameau de Saint-Père l'avait pourtant perçue une dizaine d'années auparavant. Dans son ouvrage *Acadiens et Canadiens*[18], Rameau parlait des Acadiens comme formant une « nationalité » ; il terminait par un appel aux Québécois : « Ce sera un jour illustre pour l'histoire du Canada[19] que celui où l'on verra ces frères aînés d'une race infortunée donner le signal de ce généreux réveil, assurer à jamais la nationalité des Acadiens, et les

---

17. *Le Moniteur Acadien* (8 juillet 1867) : 2.
18. Edmé Rameau de Saint-Père, *La France aux colonies : études sur le développement de la race française hors de l'Europe : les Français en Amérique ; Acadiens et Canadiens*, Paris, A. Jouby, 1859. L'ouvrage était divisé en deux parties, l'une traitant des Acadiens, la deuxième des Canadiens, avec pagination distincte pour chacune. Pour une étude sur Rameau, voir Lise et Pierre Trépanier, « Rameau de Saint-Père et le métier d'historien », *Revue d'histoire de l'Amérique française*, 33, 3 (1979) : 331-355.
19. Encore une fois, il s'agit ici du Canada tel qu'on l'entendait à l'époque, c'est-à-dire la vallée du Saint-Laurent, soit le Québec d'aujourd'hui.

La grande fête nationale à Québec le 24 juin 1880, organisée par la Société Saint-Jean-Baptiste.
Gravure d'Henri Julien.
Source : L'*Opinion publique*, 8 juillet 1880, p. 334.

Délégués acadiens à la Convention de juin 1880, à Québec.
Source : Centre d'études acadiennes, Université de Moncton.

tenant par la main, élever devant le monde ces fils des martyrs glorieux et oubliés[20]. »

« Nation acadienne » ? Tous ne l'entendaient pas de la même façon. En 1868, le journal montréalais de tendance libérale *Le Pays* publiait un article que reproduisait *Le Moniteur Acadien*[21] :

---

20. Rameau de Saint-Père, *op. cit.*, p. 120 de la partie *Les Acadiens*.
21. *Le Moniteur Acadien*, (21 août 1868) : 1.

Mais la nationalité acadienne! Qu'est-ce que c'est cela? Qu'ont fait les Acadiens pour prétendre à ce titre? Qu'ont-ils fait pour l'avancement, la prospérité de leur pays? [...] Au lieu de vouloir déloger les Anglais, de vous substituer à eux, de les refouler parce que leur présence est nuisible et désagréable, remerciez-les donc plutôt mille fois d'avoir tiré la malheureuse Acadie de la misère et de son isolement [...].

Non; quelque sympathie que nous ayons pour ce petit peuple [...] frère de lait du peuple canadien, nous ne pouvons pas cependant lui faire l'honneur de le croire une nationalité. [...] Pauvres hommes! On les amusera donc toujours avec des mots! On ne les fera jamais s'exalter que pour des fétiches.

Les Acadiens formaient-ils une « nation »? Pour le journal acadien, cela ne faisait pas de doute. Mais ce sera surtout à partir des années 1880 que les Acadiens entreprendront d'élaborer des projets d'envergure collective non sans qu'un coup de pouce n'ait été donné dans ce sens par les élites québécoises. En 1880, en effet, la Société Saint-Jean-Baptiste de Québec invitait les Acadiens à son grand congrès. Les responsables de la convention savaient flatter la sensibilité des Acadiens :

Vous viendrez, aussi, Acadiens courageux et fidèles, race indomptable que ni la guerre, ni la proscription n'ont pu courber ni détruire, rameau plein de sève, violemment arraché d'un grand arbre, mais qui renaît et reparaît au soleil de la liberté. Tous ensemble nous célébrerons la Saint-Jean-Baptiste par des réjouissances dont Québec gardera le souvenir[22].

Perce quand même dans cette invitation l'idée que les Acadiens devraient, à tout le moins, célébrer la même fête nationale que les « Canadiens », soit la Saint-Jean-Baptiste... Une centaine de délégués acadiens s'étaient rendus à cette grande rencontre et c'est là, à Québec, au sein d'une commission qui leur était réservée, que l'élite acadienne décida d'organiser l'année suivante une convention des Acadiens « pour s'occuper des intérêts généraux des Acadiens[23] ».

C'est ainsi que fut inaugurée la série de « conventions nationales » organisées par les Acadiens à partir de 1881. Les thèmes de ces conventions reflètent passablement bien l'idéologie québécoise de certains milieux: affaires religieuses, d'éducation, promotion de l'agriculture et de la colonisation, l'importance de la presse... Mais aussi fondation d'un

---

22. H.-J.-J.-B. Chouinard, *Fête des Canadiens-français célébrée à Québec en 1880...*, Québec, A. Côté, 1881, p. 104-105.
23. Ferdinand J. Robidoux, *Conventions nationales des Acadiens. Recueil des travaux et délibérations des six premières conventions.* Vol. 1 : *Memramcook, Miscouche, Pointe de l'Église, 1881, 1884, 1890*, Shediac, N.-B., Imprimerie du Moniteur Acadien, 1907, p. 1. À noter que seul le volume 1 fut publié.

organisme, la Société Nationale de l'Assomption[24], à qui incombait la responsabilité de mettre en œuvre les résolutions prises lors des conventions, et, bien sûr, le choix des symboles nationaux[25].

Dès la première convention, les Acadiens optaient pour une fête distincte de celle des Québécois, soit l'Assomption, célébrée le 15 août. Ce choix, à l'époque, n'eut pas l'heur de plaire à des Québécois établis ici depuis longtemps. Notamment, le fondateur du Collège Saint-Joseph, le père Lefebvre, avait tant souhaité que l'on se rabatte sur la Saint-Jean-Baptiste. Ne célébrait-on pas cette dernière toutes les années dans son collège ? Les paroisses environnantes ne faisaient-elles pas de même ? Des Acadiens étaient de son avis. Ainsi, pour le prêtre acadien Philéas Bourgeois, accepter de célébrer la Saint-Jean-Baptiste ne signifiait pas pour les Acadiens une absorption dans la société canadienne-française. Au contraire, « ils [les Canadiens] ne nous ont jamais dit que nous étions Canadiens », mais l'avantage d'une même fête nationale réside dans ce que « nous nous entendrons avec eux pour orienter notre marche au milieu des obstacles qui nous entourent[26] ». Pierre-Amand Landry, le président de la première convention, était aussi de cet avis, mais son style était moins défensif :

> Tout nous invite à resserrer notre union avec les autres parties du Canada Français, autant aujourd'hui que notre sort politique est intimement lié au leur par la confédération. L'élément français ne peut que gagner à serrer ses rangs, à s'entendre, à s'unir. Or quoi de plus propre à nous faire atteindre cette union si désirable que l'adoption d'une fête patronale commune, où tous nos cœurs, battant à l'unisson, viendraient se confondre dans une entente fraternelle et durable. N'oublions pas que nous devons beaucoup aux Canadiens [...][27].

La fête de Notre-Dame de l'Assomption, célébrée le 15 août, devait finalement recueillir les suffrages des délégués, ceux-ci estimant que les Acadiens formaient un peuple distinct des « Canadiens ». Pour le P.

---

24. Qui porte aujourd'hui le nom de Société Nationale de l'Acadie. Après 1957, elle s'était appelée la Société Nationale des Acadiens, pour se distinguer de la compagnie d'assurances l'Assomption.
25. L'étude de Camille-A. Richard sur les délibérations de la première convention demeure encore très utile : *L'idéologie de la première convention acadienne*, Thèse de maîtrise, Université Laval, 1960, xvi-124-xi p.
26. À noter que le P. Bourgeois, à l'époque, était professeur au collège du P. Lefebvre. On trouvera le texte de l'intervention du P. Bourgeois dans F. J. Robidoux, *op. cit.*, p. 50-54.
27. F. J. Robidoux, *op. cit.*, p. 65.

Lefebvre, ce fut un coup très dur, un coup tel qu'il « ne s'en releva plus jusqu'à la mort » selon une opinion largement répandue[28].

Voilà le trait fondamental qui devait colorer les relations entre Acadiens et Québécois jusqu'à nos jours : ceux-là insisteraient pour que leur « différence » soit reconnue et respectée. Il arriva souvent que les Acadiens se sentent incompris des Québécois. Quant à ceux-ci, ils percevaient bien le malaise : « Les Acadiens [sont] sous l'impression que les Canadiens les méprisent » rapportait *La Presse* à la veille de la fête nationale acadienne de 1900 mais, continuait le journal montréalais, « il est temps que la confiance s'établisse entre ces deux héritiers du même sang[29] ».

D'ailleurs, les attitudes des deux groupes se rejoignaient sur bien des plans. En politique fédérale par exemple, Acadiens et Québécois votaient à peu près de la même façon : pour le Parti conservateur au XIXe siècle, pour les libéraux à partir de l'avènement de Laurier en 1896. Certes, un épisode comme la guerre des Boers (1899-1901) ne donna pas lieu en Acadie du Nouveau-Brunswick à autant de débats passionnés qu'au Québec : l'Acadie n'a jamais eu son Henri Bourassa. Mais *L'Évangéline*, par exemple, tout en approuvant le soutien donné par le Canada à l'Angleterre, admettait que « nous n'y mettons pas d'enthousiasme ». Et comme pour expliquer cette réticence le journal ajoutait : « il n'y a rien de plus intolérable ici-bas que de se voir refuser par des gens qui ne valent pas mieux que nous les droits égaux, soit dans l'Église, soit dans l'État[30] ».

Du reste, Acadiens et Québécois, du moins les représentants de leurs élites respectives, continuaient à se rencontrer. Les célébrations entourant la fête de l'Assomption, comme d'ailleurs celles de la Saint-Jean-Baptiste, donnaient lieu à des échanges. On s'invitait les uns les autres. Ainsi, à la convention acadienne de 1900 tenue à Arichat (Nouvelle-Écosse), la « commission canadienne-française », mise sur pied pour les Québécois, vota en faveur d'un soutien aux Acadiens dans les domaines alors chaudement débattus, épiscopat et écoles notamment. Et l'abbé Arsenault, secrétaire de l'archevêque de Québec, concluait : « Un mot

---

28. « Canadiens et Acadiens », lettre anonyme signée « Patriote Toujours », *L'Évangéline* (16 septembre 1909) : 2. Voir aussi le même journal (4 novembre 1909) : 2, où un auteur souligne que le nombre important d'Acadiens au Québec est « une raison de demander une union plus étroite ».

29. « Les fêtes acadiennes », article de *La Presse* repris par le *Courrier des Provinces Maritimes* (16 août 1900) : 1.

30. « La guerre du Transvaal et les Acadiens », *L'Évangéline* (12 avril 1900) : 2. À noter que les Acadiens étaient alors en pleine campagne pour obtenir la nomination d'un premier évêque acadien.

sur les Français de Québec. Ils sont très sympathiques aux Acadiens et s'intéressent vivement à leur vie nationale. *S'ils ne l'ont pas fait toujours fait ouvertement, c'était dû à une discrétion qui s'imposait*[31] ».

C'est sans doute le Congrès de la langue française[32] tenu à Québec en 1912 qui permit le plus, au tournant du siècle, de nouer des liens entre les élites intellectuelles des deux nationalités. Convoqué par la Société du parler français au Canada, ce congrès s'adressait aux «Canadiens français» de la province de Québec, de l'Ontario, du Manitoba et de l'Ouest, de même qu'aux «Acadiens» des Maritimes et des États-Unis. Il avait pour objectif général «l'examen des questions qui concernent la conservation, la défense, l'enseignement, la culture et l'extension de la langue et de la littérature française au Canada et dans les milieux canadiens-français ou acadiens des États-Unis[33] ». Il ressort clairement, autant dans le programme du congrès que dans les diverses interventions des congressistes, que les Acadiens se perçoivent comme distincts des Canadiens français et que d'ailleurs on les considérait comme tels. En 1912, l'Acadie comptait peu d'intellectuels. Il reste qu'une vingtaine de rapports furent présentés sur la situation des Acadiens, touchant principalement l'enseignement et la langue française. Le sénateur acadien Pascal Poirier présida même une des sept séances générales, celle qui avait été organisée par la Section scientifique. Poirier n'y alla pas de main morte : il brossa un sombre tableau de la situation de l'enseignement tel qu'il existait à son époque, enseignement qui, selon lui, mettait les sciences et les techniques de côté et où «la religion prime tout». «Je crains même que nous n'ayons reculé depuis cinquante ans », ajoutait-il[34]. En somme, selon Poirier, les francophones n'étaient pas assez compétitifs au Canada, ce qui expliquait leur retard dans une foule de domaines, autant dans l'entreprise privée que dans la fonction publique. De tels propos furent reçus comme une douche froide, ainsi qu'en témoigne le compte rendu de la séance : « On reconnaît avec lui qu'il y a chez nous des manquements, [...] mais on regrette vraiment que l'orateur ne se montre pas mieux averti et surtout mieux inspiré, ne fasse pas de notre conscience un examen plus juste et d'une

31. « Nos frères du Canada », *L'Évangéline* (6 septembre 1900) : 3. C'est nous qui soulignons. On voit bien que les Québécois se demandent encore, en 1900, comment soutenir les Acadiens sans paraître s'imposer...
32. Pour les actes de cette rencontre, voir *Premier congrès de la langue française au Canada, Québec 24-30 juin 1912 : Mémoires*, Québec, Congrès, Québec, Action sociale, 1912, 2 vol. À noter qu'un deuxième congrès eut lieu en 1937.
33. *Ibid.*, vol. I, p. 8.
34. On trouvera le texte du discours de P. Poirier dans *ibid.*, vol. I, p. 277-282.

information plus exacte [...] et ne s'exerce pas à faire dans un autre esprit le compte et la critique de nos défauts[35]. »

La guerre de 1914-1918 offre une autre occasion où on peut comparer les attitudes respectives des Acadiens et des Québécois. En Acadie comme au Québec, une partie importante des élites appuya l'effort de guerre. Mgr Édouard LeBlanc, évêque de Saint-Jean (N.-B.), dès novembre 1914, encouragea tous les Néo-Brunswickois à s'enrôler : « Canadiens, nos destinées sont intimement liées aux destinées de la Grande-Bretagne ; ses intérêts sont les nôtres [...] nous vous demandons de ne pas permettre que la Grande-Bretagne, à laquelle nous devons nos libertés civiles et religieuses, nos lois justes, la protection et la prospérité, soit exposée à perdre son existence sans lever les bras pour la défendre[36]. »

Quant au sénateur Pascal Poirier, dans un long discours au Sénat en faveur de la conscription, lui aussi soutenait que l'Angleterre avait fait du Canada « un pays de liberté » et qu'elle avait « protégé nos premiers pas[37] ». Si le *Moniteur Acadien* était de cet avis, l'hebdomadaire *L'Évangéline* était peut-être plus proche de l'opinion prévalant au Québec lorsque son rédacteur Rufin Arsenault écrivait : « Nous n'avons pas été consultés quant à notre participation à cette guerre ; nous avons été plutôt entraînés que guidés par cette vague impérialiste. [...] Où est donc la garantie que nous agissons sagement en sacrifiant la fleur de la jeunesse acadienne à la défense de l'Empire[38] » ? Déplorant le sort fait aux écoles françaises de l'Ontario, le journal devenait cinglant : « Commencez par aller jouer la " Marseillaise " dans les écoles bilingues d'Ontario et ensuite vous pourriez jouer le " Rule Britannia " dans les campagnes de l'Angleterre[39] ». Au sujet des attaques alors dirigées contre la province de Québec, le journal écrivait qu'elles « n'en sont pas moins ressenties par les Acadiens[40] ». Comme alors au Québec, le journal dénonçait la mauvaise foi du Canada anglais en pointant du doigt l'abolition des écoles françaises de l'Ontario en 1912[41]. De temps à autre, *L'Évangéline* n'hésitait pas à citer les propos du nationaliste Henri

35. Voir le compte rendu de la séance du 26 juin 1912 dans *ibid.*, vol. I, p. 108-109. Quant à Mgr Bruchési, archevêque de Montréal, il ajouta : « Si j'étais son confesseur, je lui donnerais bien l'absolution, mais non sans lui faire certaines remontrances qui lui seraient utiles, et surtout je lui imposerais une pénitence », ce à quoi l'assemblée applaudit longuement.

36. « Discours de Mgr Édouard LeBlanc sur le recrutement et la guerre, assemblée publique, Saint-Jean, 17 novembre 1914 », *Le Moniteur Acadien* (26 novembre 1914) : 1.

37. *Débats du Sénat* (1er août 1917) : 395-403.

38. « Aujourd'hui », *L'Évangéline* (13 avril 1916) : 1.

39. « Notre attitude », *L'Évangéline* (27 avril 1916) : 1.

40. « Abus et conséquences », éditorial, *L'Évangéline* (28 novembre 1917) : 1.

41. Voir *L'Évangéline* des 10, 17 et 24 avril 1918.

Bourassa pour appuyer sa position éditoriale[42] ; l'hebdomadaire acadien y alla même de ses conseils aux jeunes hommes sur les moyens légaux à prendre pour s'exempter de la conscription[43]. Il faut bien dire toutefois que le ressentiment acadien à l'endroit de la politique conscriptionniste du gouvernement Borden ne connut pas la même ampleur qu'au Québec. Ici, il n'y eut pas d'émeutes. Il est quand même intéressant de noter que les candidats conscriptionnistes, lors des élections fédérales de 1917, furent défaits au Nouveau-Brunswick français comme ils le furent au Québec français.

ACADIENS, MAIS PEUT-ÊTRE AUSSI CANADIENS FRANÇAIS (1920-1960)

À partir des années 1920, une nouvelle génération dirige les destinées de l'Acadie du Nouveau-Brunswick. Cette nouvelle élite ne renouvelle cependant pas beaucoup les thèmes antérieurs. On marque tout de même des points en politique provinciale et fédérale : Pierre-Jean Véniot devient Premier ministre de la province en 1923, par exemple, pour devenir plus tard ministre des Postes à Ottawa. En général, les Acadiens de la province voudront davantage franciser l'appareil gouvernemental de leur province ; ils prendront aussi davantage position sur les débats mettant en cause le fédéralisme canadien.

Dans le domaine des relations Acadie-Québec, on continuera de part et d'autre à s'inviter aux fêtes nationales respectives, à échanger des « bons mots » à maintes occasions, sans que la « méfiance » des Acadiens ne disparaisse complètement. Des organismes à vocation nationaliste du Québec s'implanteront même au Nouveau-Brunswick.

Ainsi, l'*Association catholique de la jeunesse canadienne-française* (ACJC), fondée à Montréal en 1904 par l'abbé Lionel Groulx, a eu ses succursales au Nouveau-Brunswick. L'histoire de l'ACJC au N.-B. est cependant très mal connue. Dès 1915, un plaidoyer paraissait pourtant dans *L'Évangéline* dans le but d'intéresser la jeunesse acadienne à cet organisme, étant donné surtout les problèmes des écoles françaises de l'Ontario. L'auteur de l'article notait qu'en Nouvelle-Écosse le Collège Sainte-Anne était déjà doté d'un cercle de l'ACJC depuis un an. Il ajoutait : « Il

---

42. Voir par exemple l'éditorial du 13 juin 1917, p. 1. Le 17 octobre 1917, *L'Évangéline* reprenait un article de Guy Vanier, vice-président de l'ACJC, article qui dénonçait la conscription.
43. « Aux jeunes Acadiens de la première classe. En garde », *L'Évangéline* (7 novembre 1917) : 1.

y a un nombre de jeunes gens qui, unis entre eux d'abord, deviendraient par leur union en corps à la jeunesse de Québec, un puissant appui [...][44] ». C'est en 1931, à Edmundston, que fut fondé le premier cercle de l'ACJC au Nouveau-Brunswick. L'aumônier général de l'ACJC, le père J. Paré, s.j., avait été invité dans le diocèse de Chatham[45] par Mgr P.-A. Chiasson pour sensibiliser les jeunes et les adultes aux bienfaits du mouvement. Au début ce fut en effet au Madawaska que l'ACJC connut son plus grand rayonnement. L'hebdomadaire de la région, le *Madawaska*, y allait même d'une chronique régulière sur les nouvelles de l'organisation[46]. En 1932 s'ouvrait le premier congrès de l'ACJC au Nouveau-Brunswick, à Campbellton ; le deuxième congrès aura lieu à Edmundston l'année suivante. La colonisation et le bilinguisme au Canada, par exemple, comptaient au nombre des thèmes au deuxième congrès, mais il n'apparaît pas que les jeunes aient été fortement invités à débattre de l'avenir de l'Acadie ou de thèmes mettant en cause la place de la langue française dans la société. L'action des jeunes en tant que laïcs au sein de l'Église domine ici les préoccupations[47]. Selon la charte de l'ACJC pour le diocèse de Moncton[48], préparée en 1933[49], l'action des jeunes devait viser surtout l'action catholique comme telle ; il n'y est pas question d'objectifs d'ordre culturel. Pourtant, l'année suivante, lorsque la compagnie l'Assomption entreprendra une campagne pour franciser davantage les grands commerces de Moncton, on fera appel aux Acéjistes acadiens[50]. Somme toute, l'ACJC, au Nouveau-Brunswick, ne paraît pas avoir donné lieu à des échanges très suivis entre les jeunesses du Québec et de l'Acadie.

Une autre association qui œuvra en Acadie mais qui connut davantage de succès, c'est l'*Ordre des Commandeurs de Jacques-Cartier*, dont les

---

44. « L'Association de la jeunesse catholique en Acadie : un plaidoyer », lettre à *L'Évangéline* signée « Adjutor », (24 février 1915) : 4. D'après Alexandre-J. Savoie, c'est à 1931 que remonte le premier cercle de l'ACJC au Nouveau-Brunswick. Voir A.-J. Savoie, *Un demi-siècle d'histoire acadienne*, droits réservés, Imprimerie Gagné Ltée, Saint-Justin – Montréal, 1976, p. 138-139.
45. Siège épiscopal transféré à Bathurst en 1938.
46. Voir la chronique intitulée « Activités Acéjistes » publiée dans *Le Madawaska* en 1932 et 1933.
47. Lionel Groulx, fondateur de l'ACJC, déplorera cette orientation qui produisait, selon lui, des citoyens désincarnés.
48. « ACJC Diocèse de Moncton. Constitutions », Centre d'études acadiennes, Université de Moncton, fonds 15, p. 2-5.
49. La charte fut d'abord préparée pour le diocèse de Saint-Jean ; en 1936 ce diocèse était divisé pour l'érection de l'archidiocèse de Moncton.
50. « La Société l'Assomption et l'ACJC pour le français », lettre circulaire, datée du 26 avril 1934. CEA, Université de Moncton, fonds Henri-P. LeBlanc. Cette campagne devait se solder par un échec et provoquer un ressac de la part de la communauté anglophone de la province.

membres étaient liés par le secret. Fondée à Ottawa en 1927 par des fonctionnaires fédéraux (dont beaucoup de Québécois), l'association voulait rendre la fonction publique fédérale davantage ouverte aux francophones et visait en général à favoriser l'épanouissement de la langue française partout au pays. Il semble que ce soit l'aumônier général de l'ACJC au Québec, le père J. Paré, s.j., qui soit à l'origine de l'implantation de l'Ordre dans la province en 1933[51]. Au Nouveau-Brunswick, l'Ordre fut très tôt le lieu de rencontre des élites acadiennes pour discuter de problèmes de toutes sortes : langue française à la fonction publique et éducation notamment. Selon A.-J. Savoie, l'historien acadien de l'Ordre, l'OJC a été l'initiateur ou le propagandiste de mouvements aussi importants que l'Association acadienne d'éducation, les caisses populaires, les coopératives, le scoutisme[52]... Après avoir été dénoncé par Charles-Henri Dubé dans le *Maclean* (1963) et par Roger Cyr dans *La Patrie* (1964)[53] l'Ordre disparut en Acadie comme ailleurs ; il avait sans doute atteint des buts louables mais ce n'était pas ainsi que l'on pouvait servir la démocratie dans les années 1960. Il y avait tout de même eu en tout vingt-neuf commanderies de l'OJC au Nouveau-Brunswick[54].

Dans le domaine de la santé les Acadiens de la province continuaient à compter sur le Québec. En 1922, les Sœurs de la Providence de Montréal venaient fonder le premier hôpital français dans le sud-est, plus précisément à Moncton. Cet Hôtel-Dieu deviendra plus tard l'Hôpital Georges-L.-Dumont[55]. Dans le nord de la province, les Religieuses hospitalières de Saint-Joseph, congrégation alors fortement acadianisée, fondaient d'autres institutions : des sanatoriums à Bathurst (1932) et à

---

51. A.-J. Savoie, *Un siècle de revendications scolaires au Nouveau-Brunswick, 1871-1971*, vol. 1 : *Du français au compte-gouttes, 1871-1936*, chez l'auteur, Edmundston, 1978, p. 219. Sur les origines de l'Ordre au Nouveau-Brunswick voir le même auteur, *Un siècle de revendications scolaires au Nouveau-Brunswick, 1871-1971*, vol. 2 : *Les commandeurs de l'Ordre à l'œuvre (1934-1939)*, chez l'auteur, Edmundston, 1978. En 1931, l'OJC comptait déjà 23 commanderies actives, dont 12 au Québec, 9 en Ontario, 1 au Manitoba et 1 en Alberta.
52. A.-J. Savoie, *Un demi-siècle [...]*, vol. 2, p. 11.
53. C.-H. Dubé, « La vérité sur l'Ordre de Jacques-Cartier », *Magazine Maclean* (mai 1963) : 18-26 et 65-74. Les articles de R. Cyr sont parus sous le titre de *La Patente*, Éditions du Jour, Montréal, 1964, 127 p. Pour une histoire générale de l'OJC, voir G.-Raymond Laliberté, *Une Société secrète : l'Ordre de Jacques-Cartier*, Montréal, Hurtubise HMH, 1983, 395 p.
54. Marc Savoie, *La Patente au Nouveau-Brunswick*, s.d., 14 p. Manuscrit consulté au CEA.
55. Voir Claude Bourque, *Rêves de visionnaires : historique de l'Hôtel-Dieu/Hôpital Georges-L.-Dumont*, Moncton, Éditions d'Acadie, 1997, 295 p.

Saint-Basile (1946), des hôpitaux à Bathurst (1942), Edmundston (1944), Saint-Quentin (1947), Lamèque (1949, Caraquet (1963) et Grand-Sault (1964). Cela, sans compter les couvents de cette congrégation[56].

Les problèmes constitutionnels, on le sait, défrayèrent la chronique des années trente lors de la création de la Commission royale d'enquête Rowell-Sirois sur les relations entre le Dominion et les provinces. À toutes fins utiles, le gouvernement Duplessis boycotta cette commission dont les visées étaient, selon lui, trop centralisatrices. Les Acadiens des Maritimes présentèrent quant à eux un *Mémoire* à la Commission. Concernant surtout le Nouveau-Brunswick et centré sur les problèmes de l'éducation, le *Mémoire* dénonçait l'interprétation étroite qu'on donnait aux articles 93 et 133 de la Constitution canadienne. Il notait que la langue anglaise, au Québec, jouissait d'une « protection générale » ; pourquoi n'en était-il pas de même hors du Québec pour la langue française ? Il est intéressant de noter que ce *Mémoire* fut publié avec ceux des Canadiens français du Manitoba, de la Saskatchewan et de l'Alberta, par l'*Œuvre des Tracts*[57] dont le directeur était le jésuite québécois Papin Archambault. Le *Mémoire* était cependant muet sur les relations fédérales-provinciales comme telles, comme d'ailleurs sur la place que devrait occuper le Québec dans la fédération[58]. À la même époque, le gouvernement Dysart, du Nouveau-Brunswick, souhaitait plus de collaboration avec le Québec. Dysart écrivit même dans ce sens à Maurice Duplessis qui répondit, vaguement, que « la province de Québec serait heureuse de coopérer avec le Nouveau-Brunswick sur toute question d'intérêt mutuel à nos deux provinces ». Cet épisode ne semble pas avoir eu de suite[59].

Sur le plan des échanges concrets, la mode, au Québec, semble avoir été les voyages historico-touristiques dont le journal *Le Devoir* de Montréal avait le secret. Ce journal organisa en effet deux voyages en

---

56. Léon Thériault, « Les Religieuses hospitalières de Saint-Joseph en Acadie », *Les Cahiers*, Société historique acadienne, 29, 3 (1998) : 143-163.

57. *L'Œuvre des Tracts*, n° 228 (juin 1938), Montréal.

58. « Mémoires des minorités catholiques de langue française au Canada présentés à la Commission Rowell », *L'Œuvre des Tracts*, 228 (juin 1938), Montréal. On y trouve le texte de quatre Mémoires : celui des « Acadiens et Canadiens français des Maritimes » (p. 1-4), des Canadiens français du Manitoba, de la Saskatchewan et de l'Alberta.

59. « Le Nouveau-Brunswick voulait la collaboration du Québec », *L'Évangéline* (20 janvier 1938) : 3. On y trouve le texte de la correspondance alors échangée entre Dysart et Duplessis.

Acadie, l'un en 1924 l'autre en 1927[60]. Ces équipées faisaient du bruit. Mais le ténor du nationalisme québécois d'alors, l'abbé Lionel Groulx, se faisait plus circonspect. Lui aussi était venu en Acadie, en 1915[61]. Il avait même alors prononcé un discours de circonstance à Moncton le jour de la fête de l'Assomption. Mais l'ardeur de la jeunesse acadienne ne l'avait pas beaucoup impressionné ; et puis que de « méfiance » il remarquait ici et là :

> Au cours de mon voyage en 1915 en Acadie, et surtout devant les magnifiques prairies de la Grand'Prée, maintes fois j'avais éprouvé la douloureuse surprise de ne découvrir, dans l'esprit des jeunes Acadiens, ni l'espoir ni le désir de reconquérir un jour le patrimoine des ancêtres. L'idée, la charpente d'*Au Cap Blomidon* sont sorties de là[62].

> Or, à mesure que progressait notre voyage et que nous avancions au cœur du pays, quels n'étaient pas notre étonnement et notre surprise douloureuse ? Le peuple frère, impossible de nous le cacher, nous était un peuple hostile. Partout, sauf en deux ou trois endroits, sous la cordialité de l'accueil, se dissimulait mal une trop réelle méfiance. Le cœur y était, mais pas entier, et parfois même pas du tout[63].

Groulx explique ainsi cette « méfiance » : parmi les prêtres québécois envoyés en Acadie, certains « se sont moqués du particularisme acadien, de leurs mœurs, de leur langue. [...] Des congrès acadiens ont eu lieu ; on y a invité des orateurs canadiens-français. Ceux-ci, avec un sans-gêne et une maladresse insignes, ont repris la thèse des curés canadiens-français irlandisés. Ils ont reproché aux Acadiens leur « manie » de faire bande à part dans la famille franco-canadienne[64] ».

Une impulsion devait cependant être donnée aux relations Acadie-Québec par la fondation, en 1937, du *Conseil de la vie française en Amérique* (CVF)[65]. Le CVF lui-même est à l'origine de la fondation de l'*Association canadienne des éducateurs de langue française* (ACELF)[66]. Au sein

---

60. Voir *Souvenir du Devoir en Acadie, par trains spéciaux du Chemin de fer national du Canada, 17-23 août 1924*, Montréal, Le Devoir, 1924. *Souvenir : 2ᵉ voyage du Devoir, en Acadie, Nouveau-Brunswick, Île-du-Prince-Édouard, Cap-Breton, Nouvelle-Écosse, par trains spéciaux du Chemin de fer national canadien, du 7 au 16 août 1927*, Montréal, Le Devoir, 1927. On trouvera aussi dans *L'Évangéline* des comptes rendus de ces visites.
61. À noter que Groulx a publié un roman dont l'action se déroule en Acadie : *Au Cap Blomidon*, Montréal, Le Devoir, 1932. Il est aussi l'auteur d'une brochure sur la Déportation des Acadiens.
62. Lionel Groulx, *Mes Mémoires*, tome III, Montréal, Fides, 1972, p. 211.
63. *Ibid.*, tome I, p. 232.
64. *Ibid.*, tome III, p. 233.
65. Connu sous le nom de Comité de la survivance française jusqu'en 1956. Voir Paul-Émile Gosselin, *Le Conseil de la vie française*, Québec, Éditions Ferland, 1967, 168 p.
66. Organisme maintenant connu sous le nom d'Association canadienne d'éducation de langue française.

Dans l'esprit des voyages historico-touristiques de l'époque : le cardinal Rodrigue Villeneuve reçoit les Évangélines venant de Louisiane au palais cardinalice de Québec, le 21 août 1936.
Source : *Le Terroir*, sept. 1936.

de ces deux organismes, les Acadiens pouvaient frayer avec des francophones de tout le Canada (et même des États-Unis, pour ce qui est du CVF) et mettre au point des stratégies communes concernant la défense du fait français. Il ne semble pas cependant que le CVF ou l'ACELF ait eu un impact décisif sur les politiques linguistiques adoptées par la province du Nouveau-Brunswick. Il reste que le CVF servit de forum où pouvaient se rencontrer les représentants canadiens-français du pays. Il essaya aussi de mieux faire comprendre l'Acadie au Québec, par exemple en mettant sur pied une série de causeries à la radio traitant de sujets acadiens[67].

Au cours de la Deuxième Guerre mondiale, le débat entourant la participation du Canada ne manqua pas de défrayer la chronique en Acadie comme au Québec. Comme les Québécois, une majorité d'Acadiens néo-brunswickois refusa au gouvernement canadien, lors du référendum de 1942, la permission de revenir sur sa promesse de ne pas

---

67. Par exemple, le 3 juillet 1943, le docteur Albert Sormany, président général de la Société l'Assomption, traitait des relations Acadie-Québec. *L'Évangéline* (1er juillet 1943) : 3. Le gouvernement du Québec patronna aussi ces causeries ; par exemple, le 15 août 1932, le père Alexandre Dugré, s.j., traita de la fête des Acadiens sur les ondes du poste CKAC de Montréal. Voir *L'Évangéline* (19 août 1932) : 5. « Nous vous souhaitons ce que nous désirons pour nous, disait-il : la qualité, la quantité, le territoire ».

imposer la Conscription. Lorsque la Conscription devint réalité, en 1944, Léandre LeGresley, alors rédacteur en chef de *L'Évangéline*, fut d'avis que Mackenzie King « vient de faire une capitulation devant la campagne conscriptionniste qu'a menée l'élément anglo-saxon du pays[68] ».

C'est par ailleurs pendant la Deuxième Guerre mondiale que les Acadiens du Nouveau-Brunswick proposèrent aux Québécois de participer à une campagne financière pour faire de l'hebdomadaire *L'Évangéline* un quotidien. Cette campagne, lancée en 1943, se déroula dans les Maritimes, mais c'est au Québec qu'elle connut le plus de succès. Les responsables du projet y recueillant 105 000 $, ayant dépassé leur objectif d'environ 33 %. C'était 15 000 $ de plus que ce qu'avait rapporté la campagne dans les Maritimes. Au Québec, les appuis étaient venus de bien des horizons, notamment du Conseil de la vie française, des diverses sections de la Société Saint-Jean-Baptiste, des quotidiens, des chambres de commerce, de la Jeunesse ouvrière catholique et des diocèses. Grâce à cette infusion d'argent, *L'Évangéline* put devenir quotidien en 1949[69].

« Le Québec, la Confédération et nous » titraient les éditoriaux de *L'Évangéline* des 24 et 25 juin 1953. Le contexte de ces éditoriaux était les travaux de la Commission d'enquête Tremblay, au Québec. « Nous en sommes à nous demander si, un jour, n'existeront pas des relations beaucoup plus étroites entre les provinces de l'Atlantique et la grande province voisine », poursuivait l'éditorialiste, Euclide Daigle, notant les bonnes relations qui existaient alors entre les Acadiens et le Québec et admettant que « l'Acadie a davantage reçu qu'elle n'a donné ».

Selon lui, « l'autonomie provinciale n'a[vait] jamais été autant en danger depuis 1867 ». Les Acadiens se devaient de reconnaître le rôle primordial joué par le Québec dans la francophonie canadienne. Daigle considérait même possible la cassure du Canada ; dans ce cas, le Québec et l'Ontario « seraient les chefs de file ». Les Acadiens devaient se préparer à une telle éventualité et Daigle y allait d'un conseil qui a dû paraître étonnant à l'époque : « Que le Nouveau-Brunswick français choisisse dès maintenant ses candidats fédéraux comme s'ils devaient siéger à Québec[70] ».

---

68. *L'Évangéline* (30 novembre 1944) : 2.
69. Bernard Savoie, *L'Évolution du journal L'Évangéline de Moncton, N.B. : de l'hebdomadaire au quotidien (1940-1949)*, thèse de maîtrise ès arts (histoire), Université de Moncton, Moncton, 1990. Pour les chiffres mentionnés ci-haut, voir les pages 45 et 53.
70. *L'Évangéline* (24 juin 1953) : 3 ; *ibid.* (25 juin 1953) : 4.

En 1960, devant l'auditoire du XIIIe Congrès général des Acadiens, le père Clément Cormier, recteur de l'Université Saint-Joseph, expliquait pourquoi les « partisans de la théorie séparatiste [sic] ont dû insister sur les traits caractéristiques qui nous distinguent des autres Canadiens français ». Cela avait ses avantages mais aussi ses inconvénients, ajoutait-il à ce sujet :

> Le fait d'avoir tellement insisté sur les différences entre les Acadiens et *les autres Canadiens français*[71] a un peu faussé notre perspective en nous portant à oublier que nous avons tout de même beaucoup en commun [...]. Sans renoncer à nos particularismes [...], les Acadiens semblent aujourd'hui plus portés à élargir leurs horizons pour s'intégrer davantage dans la vie de tout le Canada français. [...] Et c'est heureux[72].

Lors de ce même congrès d'ailleurs, il était voté « que la Société Nationale des Acadiens participe à l'action des groupes canadiens-français du Québec sur le plan culturel[73] ». Le « Canada français » allait-il être à la rencontre, et quel « Canada français » ?

* * *

Nous venons de voir les éléments clés qui dominent les relations Acadie-Québec entre 1880 et 1960 : affirmation de la nationalité acadienne, mais souvent méfiance des Acadiens à l'endroit du Québec. Même en 1955, lors de la commémoration de la Déportation, l'éditorialiste de *L'Évangéline* se sentait obligé de revenir sur le sujet. Il en voulait à Pierre Laporte, du *Devoir*, qui, après avoir posé la question capitale : « Quel est le sentiment des Acadiens à l'égard de la province du Québec » ?, ajoutait : « on a cru remarquer durant les récentes fêtes acadiennes une certaine froideur de nos amis de là-bas envers leurs visiteurs québécois ». C'est « sans entrain » qu'Euclide Daigle répondit à la critique. Un peu penaud, Daigle disait qu'il fallait tenir compte que les fêtes du bicentenaire étaient la première manifestation du genre en Acadie et que l'on avait été simplement débordé. Le journaliste acadien ne croyait pas aux allégations de Laporte selon lesquelles « la propagande anti-québécoise faite à jets continus par les journaux de langue

---

71. Les italiques sont de nous, pour souligner que pour le P. Cormier les Acadiens sont aussi des Canadiens français.
72. Clément Cormier, c.s.c., « Les Acadiens en 1960. Besoin-perspectives », *XIIIe Congrès général des Acadiens*, Société Nationale des Acadiens, s.l., 1960, p. 38-39.
73. *L'Évangéline* (15 août 1960) : 8.

anglaise dans les Provinces Maritimes » était la raison de la « froideur » perçue en Acadie. Non, écrivait Daigle, mais « le courant d'opinion, en Acadie, serait plutôt que des positions comme celles prises par *Le Devoir*, à l'endroit de l'administration québécoise, sont de nature à nuire au prestige du Québec, cette province dont les Acadiens apprécient la générosité en hommes et en argent pour nos œuvres[74] ». Mais un auteur anonyme, quelques jours après, faisait savoir aux lecteurs de *L'Évangéline* qu'il fallait bien en convenir : « Il y a absence de cordialité entre Canadiens du Québec et Acadiens des provinces maritimes[75] ».

De tels discours concernant les perceptions des uns et des autres ne peuvent qu'étonner, tant nombreux et fructueux, après tout, avaient été les échanges concrets entre les deux groupes. Les Acadiens du Nouveau-Brunswick, en tout cas, avaient « beaucoup reçu du Québec » pour employer une expression consacrée. Dans ce qui précède, nous avons mentionné quelques-unes de ces réalisations. Rappelons que tout le système hospitalier de langue française de la province doit son existence à des religieuses venues du Québec. Le premier collège acadien avait été fondé par des prêtres québécois ; il se trouvait également des prêtres québécois dans les deux autres collèges du nord (Université du Sacré-Cœur à Bathurst et Université Saint-Louis à Edmundston). Les Ursulines, les Filles du Bon-Pasteur, les Rédemptoristes, les Capucins, la Congrégation Notre-Dame, les Frères de l'Instruction chrétienne, les Frères du Sacré-Cœur sont autant d'autres congrégations québécoises qui avaient ouvert des postes en Acadie du Nouveau-Brunswick. Des historiens québécois, notamment Henri-Raymond Casgrain, Antoine Bernard, Henri d'Arles, Robert Rumilly, pour ne mentionner que ceux-là, avaient écrit des œuvres majeures sur l'Acadie ; pour eux, l'Acadie formait une nation. À la même époque, des Acadiens faisaient carrière au Québec et expliquaient l'Acadie aux Québécois, tels Edmond D. Aucoin, dentiste à Montréal, fondateur de la *Revue acadienne*[76] et premier titulaire de la chaire d'histoire acadienne à l'Université de Montréal ; Edmond L. Aucoin, chef de la clinique de bronchoscopie à l'hôpital Notre-Dame ; le violoniste Arthur LeBlanc qui fit carrière à Montréal. Et combien d'autres ! Nous avons traité plus haut de

---

74. « En marge des propos sur la froideur acadienne », éditorial d'Euclide Daigle, *L'Évangéline* (2 septembre 1955) : 4. À l'époque, *Le Devoir* guerroyait en effet contre le régime Duplessis.
75. « Froideur acadienne : rapprochons-nous un peu... », auteur anonyme, *L'Évangéline* (14 septembre 1955) : 4.
76. Fondée en 1917, la *Revue acadienne* devait disparaître en 1918. Elle voulait rapprocher entre eux les Acadiens du Québec, et expliquer l'Acadie aux Québécois.

L'Évangéline, devenu quotidien en bonne partie grâce à l'appui du public québécois. Ajoutons l'expansion de la Société l'Assomption en Gaspésie en 1938, la création d'un Comité Acadie-Québec à Québec en 1924[77], l'appui de l'épiscopat québécois dans les multiples démarches entreprises par le clergé acadien pour obtenir des évêques acadiens[78], la présence quasi régulière d'orateurs Québécois à la fête nationale du 15 août comme d'ailleurs la présence d'Acadiens à celle du 24 juin...

On voit bien en effet que l'Acadie du Nouveau-Brunswick a «beaucoup reçu» du Québec. Pourquoi donc était-il encore question, au cours des années 1950, de méfiance et de froideur? L'historien reste perplexe. Se pourrait-il que certaines élites aient exagéré l'ampleur du phénomène? Tous en effet ne partageaient pas ce point de vue: Albert Sormany, Henri-P. LeBlanc, Mgr Norbert Robichaud, Calixte Savoie, Euclide Daigle, le docteur Léon Richard, pour ne mentionner que ceux-là, s'entendaient bien avec les Québécois. Mais si le constat de méfiance est vrai, d'où provenait cette méfiance? Faut-il en rechercher l'origine dans la situation de minoritaires des uns et dans celle de majoritaires des autres? Qui nous le dira?

Entre 1880 et 1960, l'Acadie du Nouveau-Brunswick avait surtout compté sur l'initiative privée pour régler ses problèmes. Et elle avait reçu un fort appui des Québécois et des Québécoises. Au fil du temps, les Acadiens en étaient venus à se considérer comme partie prenante de la francophonie pancanadienne. Mais ils n'avaient pas eu à se prononcer souvent sur les doléances du Québec vis-à-vis du gouvernement fédéral. D'ailleurs, par quel instrument politique acadien auraient-ils pu s'exprimer sur ces questions? Et puis de toute façon le Québec ne mettait pas en cause le lien fédéral. Une notion capitale se développe cependant autour de 1950-1960: celle d'une Acadie qui doit s'appuyer sur le gouvernement fédéral, celui-ci perçu comme le garant des «minorités». Comment réagirait l'Acadie du Nouveau-Brunswick si le Québec en venait à vouloir récupérer l'essentiel de ses pouvoirs auprès d'Ottawa?

---

77. Il s'agissait du Cercle d'Aulnay dont le but était « le rapprochement entre les Acadiens et les Canadiens-français ». Il était formé principalement des étudiants acadiens à l'Université Laval. Voir *L'Évangéline* (20 mars 1924): 1. Il serait intéressant d'en savoir davantage sur ce cercle.

78. Léon Thériault, « L'acadianisation des structures ecclésiastiques aux Maritimes, 1758-1953 », dans Jean Daigle, dir., *Les Acadie des Maritimes. Études thématiques*, Moncton, Centre d'études acadiennes, Université de Moncton, 1993, p. 431-466.

CHAPITRE 3

L'Église, l'État et l'élite du Québec en Acadie néo-écossaise, 1880-1960 : « Réconforter les minorités par un Québec fort »

Neil J. Boucher

L'année 1880 marquait un tournant dans l'évolution des rapports entre l'Acadie et le Québec, lorsque les organisateurs de la Saint-Jean-Baptiste invitaient les francophones des provinces maritimes à se joindre à eux pour célébrer leur fête nationale. Un des délégués acadiens, Pierre-Amand Landry, invité à se prononcer au nom de ses compatriotes, livrait un message plutôt amer envers ses hôtes en accusant le Québec d'une « ignorance presque absolue » de l'Acadie, née d'un « oubli presque complet » des francophones vivant dans les Maritimes. L'orateur terminait cependant son discours sur un ton plus optimiste en affirmant : « Nous allons remporter avec nous dans la belle Acadie toutes vos sympathies, votre support moral et l'assurance de votre appui réel et actif[1] ». Malheureusement, vingt ans plus tard, ce patriote était encore de l'opinion que les Acadiens n'avaient pas reçu « un seul denier du Canada pour fonder ou maintenir l'œuvre de notre régénération », car de son avis les Québécois étaient « trop occupés de leurs grands intérêts [...] pour s'occuper de nous[2] ».

Ce rôle réel et actif qu'a joué ou que devait jouer le Québec auprès des minorités francophones du Canada a souvent suscité de

---

1. Discours reproduit dans *L'Évangéline* (2 juin 1921) : 2.
2. P. A. Landry, « Manuscrit sur les Acadiens », 24 août 1901, p. 4.4-11, Centre d'études acadiennes, Université de Moncton [dorénavant CEA].

De la tradition à la modernité : vieilles acadiennes de la Nouvelle-Écosse.
Source : Émile Lauvrière, *La Tragédie d'un peuple*, t. 2, Paris, 1924, p. 560.

vigoureux débats au sein de la société acadienne, et c'est plutôt la colli-
sion des points de vue et non la concordance des opinions qui a animé
les échanges. Déjà en 1881, lors de la première convention nationale
des Acadiens à Memramcook, les opinions divergentes des Acadiens à
l'endroit du Québec se faisaient sentir au moment où les congressistes
eurent à débattre le choix d'une fête nationale. Même si certains mili-
taient en faveur du 24 juin « pour nous réunir [...] à nos frères les Canadiens [et] orienter notre démarche au milieu des obstacles qui nous
entourent[3] », d'autres estimaient « qu'à moins de vouloir confondre notre

---

3. « Père Philias Bourgeois », dans Ferdinand Robidoux, dir., *Conventions Nationales
des Acadiens*, vol. I, Shediac, Imprimerie du Moniteur Acadien, 1907, p. 52.

De la tradition à la modernité : jeunes acadiennes du Cap-Breton.
Source : Émile Lauvrière, *La Tragédie d'un peuple*, t. 2, Paris, 1924, p. 564.

nationalité dans la leur [lire québécoise] il est urgent pour les Acadiens de se choisir une fête particulière[4] ». Près d'un demi-siècle plus tard, un débat d'étudiants au « Collège[5] » Sainte-Anne en 1924 témoignait de l'ardeur toujours vivante de la discussion. Au mois d'avril de la même année, le Cercle Saint-Thomas de l'Université avait organisé une séance autour de la question « Les Acadiens doivent-ils s'unir aux Canadiens français » ? Ceux qui argumentaient en faveur de l'unification

---

4. « Mgr Marcel François Richard », dans *ibid.*, p. 62.
5. Grâce à son programme de cours classique français, Sainte-Anne portait le nom « collège » en dépit du fait que son statut universitaire lui fut attribué dans sa charte de 1892. L'institution retournait à l'appellation « université » en 1977, et c'est ce vocable que nous allons utiliser aux fins de cet article.

invoquaient le poids démographique du Québec comme la meilleure garantie contre l'anglicisation et la « protestantisation » toujours menaçantes. Les partisans du « non » avançaient que « les Canadiens français ne nous ont jamais connus et nous méconnaissent encore », ce qui portait à croire que « l'espérance en Québec tuerait [nos] nobles énergies nationales[6] ».

Devant ces divergences d'opinions, comment le Québec allait-il réagir envers ses cousins acadiens ? Le Québec allait-il jouer un rôle de grand frère pour épauler les membres de la famille francophone moins avantagés, et ce, dans le but d'amorcer un vrai « partenariat de survivance » ? Ou ce partenariat allait-il se limiter à des gestes affectueux posés par le grand frère qui ne savait trop comment s'y prendre vu l'évolution distincte des deux communautés ? Dans le présent article, nous nous proposons de répondre à cette question telle qu'elle s'applique à la Nouvelle-Écosse entre 1880 et 1960. Le sujet sera exploité sous trois volets principaux, soit la religion, l'éducation et les œuvres et manifestations patriotiques. Mais il faudrait d'abord et avant tout esquisser les points saillants de la présence acadienne dans cette province depuis 1764 afin de mieux situer les lecteurs qui ne connaissent pas cette minorité francophone de l'est du Canada.

Lorsque le traité de Paris mit fin à la guerre de Sept ans en 1763 et proclama la suprématie britannique sur presque tous les territoires colonisés de l'Amérique du Nord, la grande majorité des Acadiens étaient en exil ou en prison, tous victimes de la Déportation de 1755. Les conquêtes britanniques ayant exclu toute menace française, on a permis aux Acadiens de retourner en Nouvelle-Écosse. Mais ces derniers ne purent s'installer sur les terres qu'ils occupaient neuf ans auparavant dans la vallée de l'Annapolis, car des colons anglo-américains s'y étaient installés entre-temps. Les Acadiens durent donc se contenter de terres incultes le long des côtes et obéir, sous les ordres des instances britanniques, à un modèle de colonisation caractérisé par l'éparpillement et mis en place dans le but exprès de maintenir le groupe dans un état d'assujettissement. C'est pourquoi la population acadienne de la Nouvelle-Écosse est encore aujourd'hui essaimée entre Pubnico dans le sud-ouest et Chéticamp au nord-est et que cette dispersion géographique entraîne évidemment pour les Acadiens de nombreux obstacles sur le plan de la consolidation des ressources.

Pour les Acadiens revenant d'exil, la vie n'était certes pas facile, surtout en ce qui a trait à leur survivance en tant que groupe

---

6. *Le Trait d'Union* (1er mai 1924) : 6.

ethnique. À leur isolement s'ajoutait leur statut minoritaire, qui deviendra de plus en plus évident après l'arrivée de vagues d'immigrants d'Europe après les guerres napoléoniennes et jusqu'au milieu du XIXe siècle. Entre 1815 et 1851, plus de 50 000 immigrants anglais, écossais et irlandais arrivèrent sur les côtes de la Nouvelle-Écosse, ce qui contribua à accroître davantage l'élément non francophone de la province[7]. Il n'est donc pas étonnant de constater qu'au premier recensement fédéral en 1871 les Acadiens ne représentaient que 8,5 % de la population totale de la Nouvelle-Écosse[8] ; au tournant du siècle, ce chiffre s'élevait à 10,2 %[9] seulement, pour ensuite monter à 11,5 %[10] au milieu du siècle. Ce portrait démographique défavorable aux Acadiens assurait que ces derniers seraient à l'écart de tout développement au sein de leur province et qu'ils devaient se contenter de ce que les instances décisionnelles, le plus souvent des anglo-protestants, jugeraient bon à leur endroit.

Une série de lois discriminatoires virent le jour, assurant que les Acadiens se débarrasseraient difficilement de leur statut de citoyens de seconde zone. Exclus des urnes jusqu'en 1789, les Acadiens de la Nouvelle-Écosse ne purent avoir de représentant à l'Assemblée législative avant que ne soient abolies les politiques anticatholiques en 1827. Des lois préjudiciables aux catholiques et régissant le mariage, la constitution des institutions et le transfert des biens immobiliers entre catholiques faisaient en sorte que les Acadiens étaient dénigrés à bien des égards par une aristocratie anglicane enracinée à Halifax et déterminée à promulguer son hégémonie sur tous les groupes qui ne se conformaient pas à son idéologie politico-religieuse. Et quand la colonie adopta un système d'éducation subventionné par les deniers publics en 1864, les Acadiens et la langue française furent complètement passés sous silence pour faire place à un programme unilingue anglais axé sur la valorisation de l'empire britannique et de ses institutions[11]. Malgré quelques concessions accordées au cours de la période de notre étude, le système d'éducation public en Nouvelle-Écosse ne répondait aucunement aux besoins linguistiques et culturels de sa clientèle acadienne.

Devant une telle marginalisation, l'Acadie de la Nouvelle-Écosse allait-t-elle prendre en main son propre destin sans un appui quelconque

---

7. D. Campbell et R. MacLean, *Beyond the Atlantic Road : A Study of the Nova Scotia Scots*, Toronto, McClelland and Stewart Limited, 1974, p. 22-23.
8. *Recensement du Canada*, vol. I, Ottawa, I. B. Taylor, 1873, p. 332-333.
9. *Quatrième recensement du Canada, 1901*, vol. I, Ottawa, S. E. Dawson, 1902, p. 296-297.
10. *Neuvième recensement du Canada*, vol. I, Ottawa, Edmond Cloutier, 1953, p. 34-1.
11. Voir George Rawlyk et Ruth Hafter, *Acadian Education in Nova Scotia – An Historical Survey to 1965*, Ottawa, Information Canada, 1970, p. 12-24.

de l'extérieur? Déjà le Québec avait fait preuve de bonne volonté sous forme d'un apport religieux pour les Acadiens de la Nouvelle-Écosse même après que la province se fut détachée de la juridiction épiscopale de Québec en 1817. Et lorsqu'une bourgeoisie intellectuelle acadienne, tant laïque que cléricale, surgira au tournant du siècle, elle sera de l'avis que la survie du groupe serait assurée dans une large mesure moyennant une concertation avec des francophones moins exposés aux forces assimilatrices. C'est encore vers le Québec qu'on va se tourner pour que s'ajoute à la collaboration religieuse déjà amorcée un appui dans les domaines de l'éducation et des œuvres patriotiques. Dans les pages qui suivent, nous analyserons la réaction du Québec devant cette requête pour prêter main-forte.

L'ÉGLISE

La déclaration du père Charles Aucoin de Chéticamp selon laquelle « religieusement nous [Acadiens de la Nouvelle-Écosse] sommes des Québécois car tout dans nos pratiques religieuses est pétri de la culture religieuse québécoise » est une déclaration généralisée mais non sans un certain fondement. Il n'y a aucun doute qu'à la fin du XIXe siècle et pendant la première moitié du XXe, les Acadiens de la Nouvelle-Écosse subissaient l'influence d'un clergé d'origine québécoise, d'une part, et des sociétés d'action catholique fondées au Québec, d'autre part. Une analyse de la publication *Le Canada Ecclésiastique* confirme que, à certains moments dans l'histoire religieuse des Acadiens de cette province, jusqu'à 35 % des membres du clergé des paroisses acadiennes venaient du Québec et qu'au début du XXe siècle cette proportion atteignait, voire dépassait, l'ensemble des curés acadiens (voir les graphiques 1 et 2)[12]. Certains facteurs, tant du côté de la Nouvelle-Écosse que du côté du Québec, expliquent cette situation.

Lorsque le vicariat apostolique de la Nouvelle-Écosse fut créé en 1817, le Québec abandonna la direction religieuse de cette partie du diocèse. L'arrivée de catholiques d'origine écossaise et irlandaise sur les côtes de la province fit en sorte que l'infrastructure catholique au niveau de l'épiscopat et au niveau du clergé paroissial tombait dans les mains d'un personnel non francophone. L'absence d'une institution

---

12. Les calculs utilisés pour illustrer ces graphiques proviennent de la revue annuelle *Le Canada Ecclésiastique* et aussi de J.-B. Allaire, *Dictionnaire biographique du clergé canadien-français*, vol. II, St-Hyacinthe, Imprimerie de « La Tribune », 1908.

Graphique 3.1
Nombre de prêtres d'origine acadienne et québécoise
dans les deux diocèses de la Nouvelle-Écosse, 1890-1960

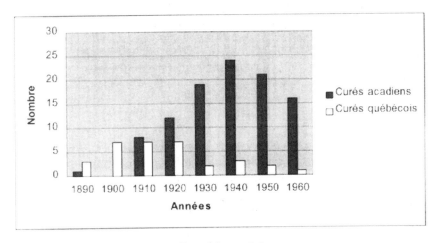

Graphique 3.2
Nombre de prêtres d'origine québécoise
dans les deux diocèses de la Nouvelle-Écosse, 1890-1960

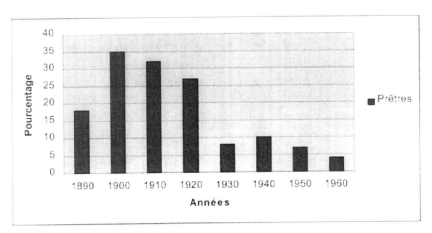

d'enseignement supérieur destinée aux Acadiens assurait qu'un clergé d'origine acadienne serait chose du futur. Dans une telle conjoncture, les Acadiens se virent desservis par un clergé anglophone qui n'était pas toujours attentif aux particularités culturelles du groupe. Certains des curés mutés dans des paroisses acadiennes étaient unilingues, ce qui rendait très difficile, voire impossible, l'exercice du culte pour les paroissiens. Encore au début du XXe siècle, les Acadiens de la paroisse de Springhill (comté de Cumberland) se plaignaient d'une pareille situation au métropolitain et lui demandaient d'envoyer un émissaire pour corriger l'anomalie. « *There are French speaking people here who cannot understand one word of the English language in confession* », affirmaient-ils. De quels enseignements religieux pouvaient-ils profiter vu qu'ils étaient « *forced to sit and listen to a sermon 30 minutes or sometimes 45 minutes without understanding one word*[13] » ?

Pour leur part, plusieurs membres du clergé de langue anglaise étaient peu enthousiastes de se voir affecter aux paroisses acadiennes. Dans la plupart des cas[14], la langue et la mentalité des paroissiens engendraient des conflits avec ces pasteurs plus à l'aise avec des paroissiens anglophones. Une conviction de base chez certains curés anglophones selon laquelle l'avenir du catholicisme en Nouvelle-Écosse, comme à la grandeur des Maritimes, était un catholicisme « en anglais » contribuait à la réticence d'œuvrer en milieu francophone. De plus, le caractère isolé et rural des paroisses acadiennes, ainsi que la marginalité de ses habitants, rendait ces lieux peu attrayants aux yeux du clergé anglophone.

Face à cette situation, les évêques des deux diocèses en Nouvelle-Écosse acceptaient, avec prudence plutôt qu'à bras ouverts, des candidats d'origine québécoise pour desservir leur population acadienne. Le Québec était en mesure de répondre à la demande. On estime qu'à la fin du XIXᵉ siècle au-delà de 50 % des diplômés des collèges classiques de la province de Québec optaient pour le sacerdoce et qu'au début du XXᵉ deux cents séminaristes étaient inscrits à Québec et à Montréal[15]. Mais, en plus de ces statistiques impressionnantes en ce qui concerne les effectifs cléricaux nécessaires pour secourir les francophones en milieu minoritaire, il existait également une ferme volonté au sein de l'Église de Québec. En effet, l'Église québécoise se sentait plus ou moins obligée de secourir ces milliers de franco-catholiques dispersés partout à l'extérieur du Québec, voire aux États-Unis. Comme le maintiennent Hamelin et Gagnon, « les évêques du Québec se définis-

---

13. « Paroissiens de Springhill à Monseigneur McCarthy, le 17 avril 1911 », *Fonds McCarthy*, vol. III, n° 200, Archives de l'Archevêché de Halifax [dorénavant AAH]. Pour un aperçu de la dichotomie entre langue et culte, voir Gérald C. Boudreau, « Doléances et indolences cléricales envers un peuple délaissé », *Les Cahiers de la Société historique acadienne*, 23, 3 et 4 (1992) : 117-134.
14. L'abbé Alphonse Parker aurait été une exception à cette règle. D'origine irlandaise, il a néanmoins œuvré au bien-être des Acadiens en Nouvelle-Écosse, surtout auprès de ceux au sud-ouest de la province. Il fut un des instigateurs de la campagne pour fonder l'Université Sainte-Anne.
15. Pierre Savard, *Aspects du catholicisme canadien-français au XIXᵉ siècle*, Montréal, Fides, 1980, p. 39.

sent comme les pasteurs d'un peuple qui, semblable aux Israélites, enjambe les frontières de nombreuses entités politiques[16]».

Certains des curés du Québec venus en Nouvelle-Écosse ont marqué de façon considérable la région qu'ils ont desservie, et ce, tant sur le plan temporel que sur le plan spirituel. Vu l'absence d'un leadership laïque engagé, les Acadiens avaient souvent recours à ces prêtres québécois afin que ces derniers jouent le rôle de chef de file, comme ce fut le cas du père Fiset à Chéticamp.

Originaire de L'Ancienne-Lorette, dans le comté de Québec, Pierre Fiset reçut l'onction sacerdotale en 1864 des mains de Mgr McKinnon, évêque du diocèse d'Antigonish, qui avait «importé» le jeune Fiset l'année d'avant pour qu'il enseigne au collège diocésain de Saint-François-Xavier. Affecté à la paroisse de Chéticamp en 1875, il y passa 34 années de sa vie en contribuant largement au développement communautaire. Insatisfait d'œuvrer uniquement sur le plan religieux, le curé milita en faveur du bien-être économique de ses paroissiens afin qu'ils puissent mieux prendre leurs affaires en main et conséquemment se libérer du joug des entrepreneurs étrangers[17]. Outre qu'il était propriétaire d'un moulin à farine, le père Fiset était président et fondateur de la «Great Northern Mining», compagnie qui exploitait le plâtre et employait plusieurs Chéticantains. Pour livrer son produit au marché montréalais, il s'était acheté un navire de 5 000 tonnes. Afin de ne pas négliger la culture du sol, le père Fiset acheta toute l'île de Chéticamp et y installa un commerce agricole important. À son décès en 1908, il légua – outre ses commerces, ses magasins et ses quais – 400 arpents de terre à ses deux nièces et 5 000 $ au Collège Saint-François-Xavier pour l'instruction des membres de sa famille. Il était, d'après le père Anselme Chiasson, un «meneur et un brasseur d'affaires[18]».

À l'autre extrémité de la province, soit dans les comtés de Digby et de Yarmouth, les Acadiens ont également connu des curés d'origine québécoise qui ont laissé leurs traces, et ce, au-delà des attentes

16. Jean Hamelin et Nicole Gagnon, *Historie du catholicisme québécois – le XXe siècle*, tome I, 1898-1940, Montréal, Boréal Express, 1984, p. 55.
17. Dans la deuxième moitié du XIXe siècle, des entrepreneurs des îles anglo-normandes de la Manche viendront s'installer à différents endroits le long du golfe du Saint-Laurent pour exercer un monopole sur la pêche côtière et pour s'emparer en quelque sorte du destin économique de plusieurs communautés acadiennes. À Chéticamp, ce fut la famille jersiaise Robin qui s'y installait. Pour un aperçu de cette famille et de son comportement dans les régions acadiennes, voir Nicolas Landry, « Aspects socio-économiques des régions côtières de la Péninsule acadienne (Nouveau-Brunswick) 1850-1900 », thèse de maîtrise, Université de Moncton, 1982.
18. Père Anselme Chiasson, Chéticamp, *Histoire et Traditions acadiennes*, Moncton, Les Éditions des Aboiteaux, 1972, p. 148.

spirituelles. À la baie Sainte-Marie, plus précisément dans la paroisse de Meteghan, le père Alphonse-Benoît Côté, originaire de Saint-Pierre, au Québec, passera les 26 dernières années de sa vie sacerdotale au service des Acadiens de ce hameau. Convaincu que la coopération offrait une porte de sortie à la détresse économique, il fonda une beurrerie appelée la « Société d'Industrie Laitière de Meteghan » dans le but de promouvoir la production locale de beurre et de crème. Pour sa part, le père J.-Émile Hamelin, originaire de Deschambault et curé aux Buttes-Amirault dans le comté de Yarmouth, faisait des démarches auprès des instances gouvernementales pour que ses paroissiens insulaires aient facilement accès à l'église par l'entremise d'un pont. C'est grâce à ses efforts que le pont du Sault-Indien, le plus long de toute la province à l'époque, fut ouvert en 1909 ; il demeure encore aujourd'hui la voie de communication principale qui relie l'île Surette et l'île Morris à la terre ferme.

Si certains prêtres originaires du Québec ont marqué de façon considérable la vie communautaire de leurs paroissiens, il en a été de même pour quelques membres de leurs familles amenés en Acadie néo-écossaise par ces curés. Le premier médecin de Chéticamp fut le docteur Napoléon Fiset, frère du curé de la paroisse qui l'avait convaincu d'établir son cabinet de médecine générale dans ce coin. Ce dernier sera remplacé en 1897 par un autre membre de la famille, soit le docteur Louis Fiset, neveu du curé. L'abbé Côté de Meteghan avait fait de même en invitant deux de ses neveux du Québec à l'aider dans l'organisation et la gestion de sa coopérative. Pour sa part, le père Hamelin avait invité sa sœur Julie à venir s'installer chez lui. Elle épousera un Acadien de la région, et de cette union vont naître des enfants destinés à jouer un rôle important dans la société acadienne du milieu du XXe siècle, surtout en ce qui concerne le sacerdoce et la médecine[19].

C'est également pendant cette période que viendront s'installer dans les communautés acadiennes de la Nouvelle-Écosse des sociétés d'action catholique d'origine québécoise. La première fut la « Société des Artisans canadiens-français », qui fit son entrée dans les Maritimes en 1902[20]. Fondée en 1870[21] par Louis Archambault, entre autres, la Société était à la fois mutuelle et « foncièrement catholique s'appuyant en tout

---

19. Plusieurs des documents relatifs à cette famille se trouvent dans le « Fonds Dr Amédée Melanson et Julie Hamelin » conservé dans les Archives du Centre acadien de l'Université Sainte-Anne [dorénavant ACA].
20. L'Évangéline (24 mars 1904) : 3.
21. Voir Raymond Boucher, « L'Assurance mutuelle et la Société des Artisans canadiens-français », Mémoire de licence, École supérieure de Commerce de Québec, 1944.

sur la religion[22]». Les avantages qu'elle offrait à ses membres étaient donc d'ordre matériel et moral. C'est pendant la cure du père Fiset à Chéticamp, du père Côté à Meteghan et du père Hamelin aux Buttes-Amirault que des succursales «des Artisans» virent le jour. Une fois établies, ces succursales inciteront d'autres communautés acadiennes – telles que Arichat, Rivière-Bourgeois, Rivière-aux-Saumons et Wedgeport – à les suivre. La venue, de temps à autre, des dirigeants de la Société (évidemment des gens du Québec) était cause de grandes célébrations dans les îlots acadiens de la Nouvelle-Écosse, incitant des cérémonies religieuses importantes ainsi que des régals somptueux à la salle paroissiale.

Une deuxième société, l'Association canadienne de la jeunesse catholique (ACJC), viendra également s'installer parmi les Acadiens néo-écossais au début du XXe siècle. Initialement un mouvement d'étudiants, l'ACJC va se transformer en un réseau de cercles d'études collégiaux et paroissiaux voué à la «conservation des droits [et à] la défense de la religion catholique et de la langue française au Canada[23]». Il est fort probable que le premier cercle à voir le jour en Nouvelle-Écosse fut celui fondé par le père Georges à l'Université Sainte-Anne en 1914. Malheureusement, il ne durera que deux ans mais sera ranimé en 1925 par un groupe de 13 anciens de l'Université. En 1931, ce cercle «Acadie» fut promu au rang de comité régional de l'ACJC. Peu après, d'autres cercles d'études virent le jour, ce qui irritait Mgr O'Donnell, métropolitain de Halifax, qui voulait s'assurer que «*no organisers from Quebec would be received in this Diocese [...] to destroy the peace[24]*». Le père Paré, aumônier général de l'ACJC, fut donc chassé du diocèse par l'archevêque, qui procéda par la suite à la dissolution des cercles lorsque des prêtres du diocèse prirent leur retraite. Ce fut, pour le leadership acadien naissant, nul autre que des «attaques méchantes [...] anti-françaises et anti-catholiques», sorte de coup mortel mené par «un vrai Mgr Fallon[25]». À vrai dire, ce n'était qu'un présage de la lutte qui allait s'amplifier entre la hiérarchie irlandaise et les Acadiens à partir du moment où ces

---

22. Il est intéressant de noter que cela s'est produit trois ans avant que la Société Mutuelle l'Assomption s'installe parmi les Acadiens des Maritimes.
23. Alphonse de la Rochelle à Willie Belliveau, le 2 novembre 1925, MG 8 bl-d12, ACA.
24. Mgr O'Donnell au Délégué apostolique Cassulo, le 22 juillet 1933, Fonds O'Donnell, vol. III, n° 194, AAH.
25. J.-Émile LeBlanc au père Paré le 18 juillet 1933, MG 8, b1-d12, ACA. L'auteur fait référence à Monseigneur Michael Fallon, évêque francophobe et Ordinaire du diocèse de London en Ontario de 1910 à 1931.

derniers allaient revendiquer, au milieu du siècle, leur propre diocèse, avec siège épiscopal à Yarmouth[26].

À la fin de 1946, le bulletin des anciens de l'Université Sainte-Anne annonçait que l'institution comptait parmi ses diplômés 6 évêques, 65 médecins et dentistes, 15 avocats, 6 agronomes, 5 inspecteurs d'écoles et 160 prêtres[27]. Elle avait non seulement créé une classe profession-nelle, mais elle était à l'origine de la naissance d'un clergé autochtone. C'est ainsi que s'explique la diminution du nombre de prêtres d'ori-gine québécoise au cours de la première moitié du XXe siècle. Les pères Eudistes, qui avaient fondé l'institution en 1890, établissaient à Halifax cinq ans plus tard leur séminaire où était assurée la formation des prêtres, tant séculiers qu'ordinaires, à un rythme inégalé en Acadie de la Nouvelle-Écosse. La baisse des uns se faisait donc parallèlement à la croissance des autres. Par contre, ce n'est pas dire que les rapports en-tre les Acadiens de la Nouvelle-Écosse et le Québec étaient sur le point de cesser sur tous les plans. En effet, toute une relation va s'amorcer autour du volet de l'éducation.

L'ÉDUCATION

Si l'Université Sainte-Anne offrait des possibilités pour le dévelop-pement intellectuel des Acadiens, ses efforts s'arrêtaient après le cours classique. Pour les diplômés qui voulaient poursuivre leurs études dans d'autres domaines que le sacerdoce, il fallait se rendre à l'extérieur de la province. C'est vers le Québec que se sont tournés les Acadiens dési-reux de se spécialiser en médecine, en médecine dentaire ou en agrono-mie. Leur nombre toujours croissant dans les universités du Québec donnera lieu à la fondation de l'Association des étudiants acadiens en 1944, et dès la fin de 1955 l'Association publiera une chronique assez régulière sous la rubrique « Entre nous » dans *Le Petit Courrier* de la Nouvelle-Écosse. À l'Université Laval, les étudiants néo-écossais joue-ront un rôle de premier plan dans l'organisation et le maintien de leur association vouée à « travailler à la noble et grande cause qu'est la re-naissance acadienne[28] ». À l'Université de Montréal, Julius Comeau, de Meteghan, étudiant à la Faculté de médecine dentaire, sera le président fondateur de l'association acadienne de cette institution. Sans conteste,

---

26. Micheline Laliberté, « Un exemple de la triologie langue, nationalisme et religion : la création du diocèse de Yarmouth », dans Gérald C. Boudreau, dir., *Une dialecti-que du pouvoir en Acadie : Église et autorité*, Montréal, Fides, 1991, p. 67-104.
27. *Bulletin de la Société amicale de Sainte-Anne*, 2 (1er décembre 1946).
28. *Le Petit Courrier* (30 mars 1939).

ces jeunes hommes furent marqués par leur séjour au Québec, et à leur retour au sein de leurs communautés acadiennes, les retombées de cette expérience se feront ressentir au moment où ils seront appelés à devenir les meneurs de la vie nationale et patriotique.

Ce contact entre élèves acadiens et québécois se fera également en terre acadienne, car c'est à l'Université Sainte-Anne que viendront s'inscrire des jeunes du Québec, surtout à partir de la Deuxième Guerre mondiale jusqu'à la laïcisation de l'institution en 1971. Pour les trois décennies allant de 1939 à 1969, les collégiens du Québec représentaient 4 %, 33 % et 46 % respectivement de l'ensemble de la population estudiantine à Sainte-Anne. Entre 1959 et 1969, il y eut des années où le nombre d'élèves du Québec dépassait le nombre d'étudiants venant d'ailleurs[29]. Pourquoi ? Premièrement, les Eudistes iront s'installer au Québec et feront du recrutement dans les milieux où il n'y avait pas d'institutions d'enseignement supérieur, comme dans la Beauce et aux îles de la Madeleine. Et tout porte à croire que ces jeunes se sont plu à Sainte-Anne. Le nombre assez restreint d'élèves créait un esprit de famille au sein du groupe et certains, comme Jean Hubert, futur rédacteur du quotidien acadien *L'Évangéline*, seront « une gloire du titre d'ancien élève de cette institution[30] ». Deuxièmement, Sainte-Anne se taillait une assez bonne réputation au Québec par l'entremise de ses diplômés qui fréquentaient les universités de cette province. Comment se fait-il, par exemple, que les jeunes Acadiens de la baie Sainte-Marie figuraient parmi les premiers de classe à la Faculté de médecine de l'Université Laval ? De fait, le vice-recteur de cette université, Mgr Parent, était descendu à Pointe-de-l'Église à l'été de 1953 pour savoir comment Sainte-Anne arrivait à produire des élèves de si haut calibre[31].

Si les grandes universités du Québec répondaient à un certain besoin de la jeunesse acadienne, en revanche ce n'était pas tous les adolescents qui pouvaient en profiter. Les Acadiennes se voyaient exclues d'une formation au-delà de l'école publique, car non seulement leur présence était interdite dans les universités, mais les couvents dans les villages acadiens de la Nouvelle-Écosse étaient dirigés par les *Sisters of Charity* et considérés par le leadership acadien comme des foyers d'assimilation. Un des chefs de file, François G. J. Comeau, tenta de remédier à la situation en envoyant des Acadiennes dans les écoles ménagères régionales du Québec dans le but de les préparer à « devenir plus tard des épouses pour nos jeunes gradués du Collège Sainte-Anne et

---

29. Liste d'origine des élèves : 1890-1973, MG 1, b10-d82, ACA.
30. Jean Hubert au Père Wilfrid Haché, le 10 janvier 1944, MG 1, b17-d121, ACA.
31. Les Annales du Collège Sainte-Anne, MG 1, b38-d283, ACA.

[ainsi] empêcher des mariages mixtes[32] ». Il était à espérer que ces filles reviendraient dans leurs villages respectifs « avec une bonne formation française et religieuse [et] une nouvelle fierté nationale[33] ». Pour sa part, le ministère de l'Instruction publique du Québec était réceptif à l'idée, car selon le visiteur-propagandiste des écoles ménagères, le père Albert Tessier, cette démarche s'inscrivait bien dans les « devoirs de la province-mère du Québec qui [avait] la mission de peupler le Canada de cœurs français[34] ».

La formule était assez simple. Pour chaque boursière le gouvernement du Québec versait une somme de 50 $ à un couvent où l'enseignement était dispensé. Dans la mesure du possible, et les cas étaient plutôt rares, les parents de la candidate déboursaient des fonds pour l'entretien de leur fille ; le plus souvent c'étaient les couvents eux-mêmes qui absorbaient le reste des coûts. Pour leur part, les postulantes devaient répondre à certaines exigences de base : avoir atteint l'âge de 17 ans, avoir terminé leur 10e année, être catholique pratiquante et avoir en main une attestation de bon caractère signée par le curé de la paroisse. Rien de trop difficile à l'époque.

C'est en septembre 1941 que les six premières Acadiennes de la Nouvelle-Écosse entrèrent dans les écoles ménagères régionales du Québec[35]. Par la suite, le nombre se fera toujours croissant, atteignant parfois 25 boursières par année dans les diverses écoles. Certaines pouvaient se trouver à Montréal ou à Québec, tandis que d'autres fréquentaient les écoles ménagères de Nicolet, de Rimouski, de Saint-Georges de Beauce, de Sainte-Ursule et de Cap-de-la-Madeleine. Outre qu'elles recevaient une formation religieuse et française, les jeunes demoiselles étaient inscrites à des cours d'arts culinaires, d'éducation familiale et de tenue de la maison. Et selon les directrices de certaines de ces écoles, les Acadiennes de la Nouvelle-Écosse s'adaptent bien et font honneur à l'Acadie « par leur bon esprit, leur conduite exemplaire, leur application soutenue au travail et leur reconnaissance envers l'institution qui les reçoit[36] ».

Trois ans seulement après le départ des premières candidates, le nombre de boursières était suffisamment élevé pour permettre à ces dernières de former leur propre association. Ce fut la grande fête lorsque 22 de ces filles se réunissent à Meteghan River, sous la présidence

32. François Comeau à Alphonse Comeau, le 17 août 1942, MG 2, b12-d41, ACA.
33. Rapport de la Vie française en Nouvelle-Écosse, 194, MG 2, b11-d36, ACA.
34. Père Albert Tessier à François Corneau, le 20 août 1943, MG 2, b12-d42, ACA.
35. *Le Petit Courrier* (4 septembre 1941) : 1.
36. Sœur Marie-Cléophas à François Comeau, le 10 août 1944, MG 2, b12-d41, ACA.

d'honneur de leur grand promoteur, François G. J. Comeau, pour lancer l'initiative, dont le but était « de maintenir l'esprit ménager, domestique et familial des couvents où ont puisé leurs études les jeunes boursières de l'Acadie[37] ». À cette inauguration, Monique Bureau, la visiteuse adjointe des écoles ménagères régionales, était présente, et dans l'émoi du moment elle affirmait aux 120 convives du dîner-causerie que la représentation de la Nouvelle-Écosse dans les écoles ménagères était « particulièrement remarquable, tant en nombre qu'en qualité ». Elle vantait « l'unanimité dans la louange[38] » chez les diverses écoles à l'endroit des Acadiennes, que l'on se faisait toujours un plaisir de recevoir. Discours panégyrique sans doute !

L'Association demeura active pendant un certain temps, mais le fait que la majorité des boursières se soient mariées ou se soient installées ailleurs a freiné l'élan des années initiales. Le décès de François G. J. Comeau en 1945 n'a certainement pas joué en la faveur de l'organisation et un certain progrès « sur les lieux » quant à l'éducation des femmes a contribué à réduire chaque année le nombre de nouvelles recrues. En 1949, les religieuses de la Congrégation de Notre-Dame-du-Sacré-Cœur fondaient leur collège, le Collège Notre-Dame d'Acadie à Moncton. Les sciences domestiques y étaient enseignées. Quelque dix ans plus tard, l'Université Sainte-Anne modifiait sa politique d'admission de manière à permettre aux femmes de s'y inscrire. Ces deux institutions offraient maintenant de nouveaux débouchés dans le domaine de l'enseignement supérieur en français. Comme ce fut le cas pour le clergé, la « dépendance » à l'égard du Québec diminuait parallèlement à la croissance d'une infrastructure locale.

LES ŒUVRES ET LES MANIFESTATIONS PATRIOTIQUES

Le bilan des rapports entre le Québec et les Acadiens de la Nouvelle-Écosse ne pourrait être complet sans que ne soit présenté le rôle de l'élite intellectuelle et nationaliste du Québec dans la promotion de la culture française auprès de cette population minoritaire. Parfois, les liens se faisaient sous forme de voyages de la part d'individus ou de groupes venus dans la province pour mieux connaître leurs cousins éloignés et les épauler dans leur lutte pour la survivance comme dans leurs célébrations patriotiques. Parfois, le rapprochement prenait une forme

---

37. *Le Petit Courrier* (24 août 1944) : 2.
38. Monique Bureau, Adresse à l'Association des Boursières acadiennes, le 15 août 1944, MG 2, b12-d41, ACA.

plus structurée et durable ; ce fut le cas des comités permanents voués à l'éveil de la conscience collective du peuple. Peu importe les modalités, le but était, selon un curé du Québec, de régler le compte « d'une dette mal payée[39] ».

Il est tout à fait normal que des historiens du Québec se soient intéressés à l'Acadie. La traduction du poème *Évangéline* par Pamphile Lemay en 1865 et la parution la même année du roman-feuilleton *Jacques et Marie* sous la plume de Napoléon Bourassa n'ont pu faire autrement que d'aiguillonner l'intérêt des intellectuels pour l'Acadie. C'est l'historien Henri-Raymond Casgrain qui, quelques années plus tard, se rendra en cette Acadie qui le passionne depuis longtemps. À l'été de 1887, il entreprendra un voyage d'envergure qui lui permettra de rencontrer le plus d'Acadiens possible et de se renseigner sur les luttes et les misères endurées par ces proscrits d'autrefois. Le tout aboutira, en 1889, à une publication intitulée *Un pèlerinage au pays d'Évangéline*. Lionel Groulx, pour sa part, entreprendra en 1915 son « pèlerinage » accompagné du père Rodrigue Villeneuve, futur primat de l'Église catholique canadienne.

Même si ces deux historiens s'étaient proposés de faire des voyages partout en Acadie, il n'y a aucun doute que le point saillant de leurs tournées sera leur visite en Nouvelle-Écosse, plus précisément à Grand-Pré. Vivement intéressés à la tragédie dont avaient été victimes les Acadiens en 1755, les deux auteurs viendront à Grand-Pré pour « suivre le chemin qu'avaient parcouru les exilés jusqu'au lieu de l'embarquement[40] » et pour entendre « le sanglot de détresse de ces malheureux, arrachés brutalement à leurs pays [et] emportés vers des rives inconnues[41] ». Les publications et les conférences qui feront suite aux voyages des deux chroniqueurs vont servir à rehausser l'intérêt du Québec dans les affaires acadiennes. C'est peut-être pourquoi l'élite s'est peu après organisée pour venir visiter l'Acadie en masse.

À peu près à la même époque, *Le Devoir* va se lancer dans un projet de rapprochement avec les communautés francophones à l'extérieur du Québec sous forme de voyages. Organisé dans le but de transporter « un morceau de la province de Québec [...] en terre étrangère[42] », le

---

39. Père E. Filiatrault, « Lettre au rédacteur », *Le Devoir* (12 juin 1924) : 1.
40. Henri-Raymond Casgrain, *Un pèlerinage au pays d'Évangéline*, Paris, Librairie Léopold Cerf, 1889, p. 148.
41. L'abbé Lionel Groulx, *L'Histoire acadienne*, Montréal, Les Éditions de la Société Saint-Jean-Baptiste, 1917, p. 24.
42. *Le Devoir* (9 juillet 1927) : 1.

« Service des voyages » du *Devoir* amorcera conséquemment un programme d'excursions vers l'Ontario, l'Ouest canadien, sans oublier l'Acadie. C'est donc à l'été de 1924 que s'organisera le premier « voyage du rapprochement acado-canadien ». Voyage de six jours, deux convois de 11 wagons remplis de représentants de l'élite québécoise, le tout avait l'air d'une mission qui allait porter les excursionnistes à redécouvrir les membres égarés de la « famille ». Ils étaient tous convaincus que l'exercice « marquera[it] [...] une importante étape, peut-être un tournant capital dans l'histoire des Canado-Acadiens[43] ». En effet, les évaluations faites à la suite des voyages étaient toujours très positives. Pour sa part, un des voyageurs, Louis Dupère, était même convaincu que la tournée avait « donné aux Acadiens de nouveaux motifs de fierté » et leur avait fait voir « qu'il y a autre chose dans le Québec que des politiciens[44] ».

Comme ce fut dans le cas des voyageurs solitaires, c'est Grand-Pré qui devint le point marquant pour les représentants du *Devoir*. Lors du voyage de 1924, d'importantes cérémonies, couronnées par la célébration d'une grand-messe et le dévoilement d'une croix commémorative marquant l'endroit de l'embarquement des Acadiens, eurent lieu sur le site. *L'Évangéline* lançait un appel particulier aux Acadiens de la baie Sainte-Marie, les suppliant de venir « rencontrer sur ce terrain historique, nos frères du Québec[45] ». Il faut avouer que pour les Acadiens la présence de Bourassa lui-même donnait un éclat tout à fait particulier aux cérémonies émouvantes. Trois ans plus tard, un deuxième convoi du Québec se rendra au « lieu sacré » pour revivre la Déportation et pour « se sentir ému jusqu'au fond de l'âme[46] ». C'est lors de cette deuxième excursion que le rédacteur du *Devoir*, Omer Héroux, justifiera le bien-fondé de tels déplacements :

> Tous ces voyages ont déterminé aussi un plus intime contact entre les divers groupes français du Canada. Le grand obstacle à notre collaboration féconde, c'est la distance, mère de l'ignorance et, parfois, des malentendus [...]. Grâce à ces contacts des projets se réaliseront dont l'aboutissement eût été jadis impossible. Nous comprenons mieux notre solidarité profonde et la diversité des cadres où nous devons travailler ; nous apercevons plus nettement aussi les conditions de notre collaboration future[47].

En ce qui concerne les retombées à long terme, plus durable encore que les voyages de rapprochement sera l'engagement en Acadie

---

43. *Ibid.* (11 août 1924) : 1.
44. Louis Dupère, « Le carnet d'un voyageur », *ibid.* (30 septembre 1924) : 1.
45. *L'Évangéline* (24 juillet 1924) : 1.
46. *Le Devoir* (8 août 1927) : 1.
47. *Ibid.*

néo-écossaise du Comité permanent de la Survivance française en Amérique.

Né du deuxième Congrès de la langue française tenu à Québec en 1937, le Comité permanent de la Survivance française en Amérique se percevait en quelque sorte comme «l'état-major[48]» des francophones en Amérique. Organisme parapluie, le Comité voyait à ce que «dans ses rangs se rencontrent, collaborent des hommes qui ont avec les principaux groupes français d'Amérique d'intimes relations, qui peuvent y apporter l'écho de tous leurs soucis[49]». Pour mieux connaître et donc mieux apprécier les soucis des composantes francophones en Amérique, l'organisation voyait à ce que chaque région dispose d'une ou de plusieurs personnes-ressources chargées de tenir le Comité à jour sur les questions d'ordre national. Pour la Nouvelle-Écosse, François G. J. Comeau sera le premier élu, mais après son décès deux inspecteurs d'écoles, Alphonse Comeau et Louis d'Entremont, assumeront conjointement la tâche. Les rapports annuels que ces représentants préparaient pour le Comité forment un bilan détaillé des luttes que menaient les Acadiens néo-écossais pour sauvegarder leur langue et leur culture. Dans le but de contrebalancer les éléments considérés comme menaçants à la survie des communautés minoritaires, le Comité amorça une série de projets spéciaux dont le plus diffusé était le programme de la «Semaine de la fierté nationale».

Prévues normalement au printemps, les activités en marge de l'événement étaient multiples mais s'articulaient toujours autour d'un thème précis. La première étape consistait évidemment à sensibiliser le public, ce qui se faisait normalement par l'entremise des journaux français locaux. Pour sa part, *Le Petit Courrier* de la Nouvelle-Écosse reproduisait fidèlement la propagande entourant cette semaine et voyait à ce que ses lecteurs soient au courant des événements organisés en marge de la fête. L'hebdomadaire ne négligeait pas d'encourager les gens à se procurer le calendrier que publiait chaque année le Comité sur le thème de la semaine de la fierté. Accroché au mur, le calendrier servirait ainsi à longueur d'année pour rappeler à la maisonnée ses racines françaises.

Pour les directeurs du Comité permanent de la Survivance française ainsi que pour le leadership acadien en Nouvelle-Écosse, l'éducation était considérée non seulement comme la meilleure garantie de sauvegarde de la culture, mais aussi comme le moyen par lequel le «goût» du fait français pouvait s'éveiller dans les communautés

---

48. *Le Petit Courrier* (17 octobre 1940) : 1.
49. *Ibid.* (12 décembre 1940) : 7.

acadiennes exposées aux forces assimilatrices. Le docteur J.-Émile LeBlanc de Pubnico demanda donc au Comité de lui fournir des films français, des cartes géographiques françaises, des numéros de la revue *L'Enseignement primaire* et d'autres « instruments de propagande française[50] » à utiliser en milieu acadien. Mais c'est sur l'éducation proprement dite que l'on mettait un accent particulier.

Dans ce but, il fut décidé que la procédure la plus fructueuse serait de former des éducateurs. Dès le début des années 1940, des cours de pédagogie destinés aux enseignants des écoles publiques furent organisés par le Comité et offerts pendant l'été à l'Université Sainte-Anne. Le bureau du Comité permanent se chargeait de trouver au Québec des pédagogues qui seraient disposés à venir partager leur connaissance de la matière avec les Acadiens de la Nouvelle-Écosse. Paul Hubert, inspecteur des écoles de Rimouski, sera souvent le candidat. Il est à noter qu'à l'époque les enseignants acadiens n'avaient reçu aucune formation pédagogique en français. Ceux et celles qui avaient obtenu leur brevet avaient passé par le *Provincial Normal School* à Truro, où l'enseignement était dispensé en anglais. Les cours d'été à Sainte-Anne représentaient donc un débouché important qui pouvait avoir des retombées positives auprès des étudiants.

Un autre projet du Comité permanent de la Survivance française en Amérique fut les campagnes de souscription menées au Québec dans le but de venir en aide aux minorités francophones dispersées à travers le Canada et les États-Unis. Les Acadiens de la Nouvelle-Écosse n'en seront pas exemptés. Devenu le « Conseil de la vie française en Amérique » depuis 1952, l'ancien Comité permanent va s'associer avec la « Fédération des Sociétés Saint-Jean-Baptiste du Québec » pour organiser des collectes annuelles dans les diverses paroisses du Québec et d'ailleurs au Canada. Par après, les fonds recueillis étaient versés directement aux œuvres vouées à la promotion de la vie française dans leurs coins respectifs. L'Université Sainte-Anne recevra 1 500 $ en 1956[51], mais c'est *Le Petit Courrier* qui en sortira gagnant en obtenant au moins quatre dons de 500 $ entre 1957 et 1961, ce qui représentait, selon le rédacteur Désiré d'Éon, « un bon geste de générosité de la part de nos amis du Québec[52] ».

* * *

---

50. Procès-verbal de la réunion du bureau du Comité permanent, le 15 octobre 1943, MG 2, b11-d36, ACA.
51. *Le Petit Courrier* (22 novembre 1956) : 1.
52. *Ibid.* (26 janvier 1961) : 1.

D'après ce qui précède, il est évident que divers secteurs de la société du Québec ont entretenu des rapports avec la minorité acadienne en Nouvelle-Écosse à la fin du XIXe siècle et pendant la première moitié du XXe. C'est l'Église québécoise qui fut la première composante à amorcer des liens dans ce sens, mais le Québec « étatique » et le Québec nationaliste tenteront des percées par la suite. L'attachement du Québec envers ses « cousins » néo-écossais s'inscrit dans le cadre de deux constats bien évidents à l'époque. Premièrement, le Québec s'était donné la mission officieuse de « main secourable » à l'endroit des regroupements francophones de l'Amérique du Nord à l'extérieur de ses frontières. Les leaders laïques, sans doute motivés par l'élan nationaliste de la période, étaient d'accord pour ranimer les minorités souvent menacées par les forces anglicisantes. De cette manière, l'empreinte du Québec serait élargie, fortifiant sa position sur la scène nationale. L'abbé Albert Tessor de Trois-Rivières résumait bien l'idéologie courante lorsqu'il parlait « de défendre et de réconforter les minorités par un Québec fort[53] ». Deuxièmement, la population francophone de la Nouvelle-Écosse constituait un champ d'action mûr pour le genre d'apport que pouvait fournir le Québec. Assujettis pendant plusieurs années à la domination politique, économique et socioculturelle du groupe majoritaire, les Acadiens de la Nouvelle-Écosse étaient démunis d'institutions qui auraient pu favoriser leur prise de conscience collective. Même l'Église catholique, à laquelle ils confiaient beaucoup de leurs espoirs, était entre les mains d'étrangers. Lorsqu'une élite locale verra le jour au début du XXe siècle, elle constatera qu'un appui du Québec ne pourra faire autrement que de permettre à la Nouvelle-Écosse d'avoir sa place au soleil. Le Québec était perçu comme « la citadelle et nous, états et provinces de l'extérieur, nous sommes ses bastions inséparables et indispensables[54] ». En effet, c'est François G. J. Comeau qui rassura la Société Saint-Jean-Baptiste « [qu']avec le puissant et généraux concours du Québec nous sauverons notre situation trop longtemps contestée par l'élément antagoniste[55] ».

Il reste à savoir jusqu'à quel point ce « concours du Québec » a aidé les Acadiens de la Nouvelle-Écosse dans leur lutte pour la survivance ethnoculturelle. Pour certains – comme les nationalistes François G. J. Comeau, le docteur J. Émile LeBlanc et d'autres – cet appui fut sans conteste précieux ; pour d'autres, ce ne fut pas assez. L'inspecteur des

---

53. Procès-verbal de la réunion du Comité permanent, 27 et 28 septembre 1941, MG 2, b11-d36, ACA.
54. *Le Petit Courrier* (2 avril 1953) : 4.
55. François Comeau à Alphonse de la Rochelle, le 28 décembre 1939, MG2, b.11-d35, ACA.

écoles de Rimouski, Paul Hubert, qui lui-même passa quelques étés à Sainte-Anne en tant que professeur de pédagogie, sera plutôt de l'avis que le Québec n'avait fait que « quelques petites choses » envers les Acadiens de la Nouvelle-Écosse. Dans un discours livré à Sainte-Anne à l'occasion d'un grand ralliement de la fierté nationale en juillet 1943, Hubert soulignera que la province du Québec était encore ignorante de la cause des francophones des Maritimes, car « si elle connaissait les Acadiens elle voudrait en faire beaucoup plus[56] » pour eux.

Il va sans dire que les prêtres, les éducateurs et les délégations envoyés en Acadie de la Nouvelle-Écosse, ainsi que les dons sous forme de bourses et de subventions, témoignent d'une certaine volonté de collaboration de la part du Québec mais ne témoignent pas nécessairement d'un engagement officiel de partenariat. Le rôle du Québec dans le projet de redressement de la minorité néo-écossaise ne prendra nullement l'ampleur du rôle joué par le Québec auprès des minorités francophones en Ontario et au Manitoba. L'éducation sert de bon exemple. Même si le système d'éducation en Nouvelle-Écosse encourageait l'assimilation des Acadiens, et ce dès son implantation en 1864[57], ce phénomène n'a jamais suscité la même réaction au Québec que ne l'ont fait la question des écoles confessionnelles au Manitoba[58] et le Règlement 17 en Ontario[59].

Par contre, si le Québec a voulu intervenir davantage dans les luttes franco-ontariennes et franco-manitobaines, et ce en dépit du fait que les enjeux de la survivance étaient souvent les mêmes chez toutes les minorités francophones, il est assez facile d'en déceler les raisons. Outre le faible poids démographique des Acadiens néo-écossais comparativement aux minorités d'autres régions, le Québec pouvait difficilement éprouver les mêmes sentiments d'appartenance envers tous les regroupements francophones du Canada. C'est au Québec que sera recrutée la vaste proportion des colons francophones de l'Ontario et de l'Ouest, ce qui explique le rapport naturel entre les deux unités. La même affinité ne pouvait exister avec les francophones des Maritimes. Rayer certaines attitudes que trois siècles d'évolution distincte avaient engendrées entre Acadiens et Québécois s'avérait assez difficile. Cette difficulté était parfois évidente, comme le constatera l'abbé Groulx lors de son voyage.

---

56. *La Voix d'Évangéline* (5 août 1943) : 5.
57. George Rawlyk et Ruth Hafter, *Acadian Education in Nova Scotia : an Historical Survey to 1965*.
58. Voir H. Blair Heatby, *Laurier and a Liberal Quebec : A Study in Political Management*, Toronto, McClelland and Stewart, 1973.
59. Voir Robert Choquette, *Langue et religion : histoire des conflits anglo-français en Ontario*, Ottawa, Éditions de l'Université d'Ottawa, 1977.

Dans ses mémoires, l'historien du Québec note que « le peuple frère [lire acadien], impossible de nous le cacher, nous était un peuple hostile » et manifestait « une trop réelle méfiance[60] ». Il en trouve la cause chez les deux groupes. D'une part, il accusait les Québécois de s'être « souvent moqués du particularisme acadien » et d'avoir « reproché aux Acadiens leur "manie" de faire bande à part dans la famille franco-canadienne[61] ». Il reprochait aux Acadiens leur « complexe d'infériorité devant le grand frère qu'on sent ou qu'on se figure de culture plus avancée[62] ». L'interprétation de Groulx a certainement ses mérites, et si nous acceptons que les divers paliers de la société québécoise n'ont pas assez fait pour le « peuple frère » en Nouvelle-Écosse, les circonstances de l'histoire ont peut-être fait en sorte qu'ils ne pouvaient simplement pas.

Par contre, on aurait tort de conclure que les efforts de secours du Québec n'ont pas laissé leur marque sur la minorité acadienne de la Nouvelle-Écosse. Même si une volonté de régénération nationale existait déjà chez les chefs de file acadiens de la province, les ressources nécessaires pour favoriser et soutenir une prise de conscience collective parmi la population n'étaient pas toujours disponibles. L'appui matériel et moral du Québec est donc venu s'ajouter à une volonté déjà existante sur place, ce qui va mieux préparer les Acadiens de la Nouvelle-Écosse à affronter les défis de survivance linguistique et culturelle que va leur lancer la deuxième moitié du XXe siècle.

---

60. Lionel Groulx, *Mes Mémoires*, vol. I, Montréal, Fides, 1970, p. 232.
61. *Ibid.*, p. 233.
62. *Ibid.*, p. 234.

DEUXIÈME PARTIE

Le Québec et l'Acadie dans un contexte de modernité

Le Québec et la question québécoise dans les quotidiens du Nouveau-Brunswick 1960-1998

Gérard Beaulieu

L'élection de Louis J. Robichaud comme premier ministre du Nouveau-Brunswick en 1960 et son programme de réforme ont donné à la collectivité acadienne de la province de nouveaux moyens d'affirmation et d'ouverture au monde et à la modernité. La fondation de l'Université de Moncton, entre autres, a fourni à la jeunesse acadienne des possibilités nouvelles d'épanouissement. La créativité des artistes s'est exprimée dans les arts visuels, le roman, la poésie, le théâtre, alors que des maisons d'édition et de production locales mettaient ces œuvres à la disposition du public. La recherche en histoire et dans les sciences sociales a développé un nouveau sens de l'identité acadienne. Parallèlement, les Acadiens participent au renouveau de l'économie, que ce soit dans la pêche ou l'agriculture, dans le secteur des services ou de l'industrie manufacturière. Leur statut de minoritaires ne les empêche pas de revendiquer leur place avec une vigueur nouvelle. Par ailleurs l'arrivée de Pierre Elliott Trudeau au pouvoir à Ottawa, et sa politique de bilinguisme, est apparue aux Acadiens comme une possibilité nouvelle d'affirmation comme individus et comme groupe.

Pendant les quatre décennies qui se sont écoulées depuis 1960, la société acadienne a développé une nouvelle perception de son identité et de ses intérêts, qui ne pouvait qu'entraîner des modifications dans son attitude à l'égard du Québec, foyer principal du Canada français traditionnel. Des changements étaient d'autant plus inévitables que le Québec était lui-même le théâtre de transformations importantes. Quels sont les nouveaux paramètres de leurs relations ? Jusqu'à quel point le nouveau nationalisme acadien qui s'exprime est-il prêt à faire front commun avec le nationalisme québécois ou au contraire à prendre ses distances et même à le critiquer sévèrement pour défendre ses propres intérêts ? Quel rôle peut-on attribuer à une certaine méconnaissance, à des préjugés ou à une sensibilité excessive aux gestes d'affirmation du « grand frère » québécois dans les relations entre les deux groupes ? On sait que la disparité de dimensions et de ressources entre les parties ne facilite pas les rapports. Elle peut facilement engendrer paternalisme et suffisance chez l'une, complexe d'infériorité ou jalousie chez l'autre. Pourtant, il est indéniable que l'Acadie a des intérêts dans l'affirmation du Québec. Comment a-t-elle tenté d'exploiter cette communauté d'intérêt ? Pourrait-on utiliser les termes complicité et opposition pour décrire l'ensemble des relations entre les deux sociétés ? Enfin, quelle fut la position des éditorialistes acadiens à l'égard des politiques du gouvernement fédéral, troisième partenaire, dans les questions du bilinguisme et de l'unité nationale ?

LES SOURCES DE CETTE ÉTUDE

Nous étudierons les éditoriaux des trois quotidiens qui se sont succédé dans la société acadienne du Nouveau-Brunswick pendant la période étudiée. L'*Évangéline* a fourni les éditoriaux entre 1960 à 1982. L'importance de ce quotidien et le rôle qu'il a joué en Acadie ont été maintes fois soulignés et ont fait l'objet récemment d'un ouvrage collectif[1]. Sa fermeture, en septembre 1982, a laissé les Acadiens sans quotidien provincial pendant quatre ans. En août 1986, un nouveau quotidien provincial, *Le Matin*, a pu être lancé à Moncton grâce à l'appui financier du gouvernement du Nouveau-Brunswick et du gouvernement fédéral[2]. Ce journal n'a pas eu le temps, avant de disparaître en juin 1988, de reprendre toute la clientèle de L'*Évangéline*, d'autant plus qu'il dut faire face à la concurrence de L'*Acadie Nouvelle*, fondé dès juin 1984 à Caraquet, dans la péninsule acadienne, comme quotidien

1. Gérard Beaulieu, dir., L'*Évangéline, 1897-1982. Entre l'élite et le peuple*, Moncton, Les Éditions d'Acadie – La Chaire d'études acadiennes, 1997, 404 p.
2. Les deux gouvernements avaient versé respectivement 2 et 4 millions à un fonds en fiducie dont les intérêts devaient servir exclusivement à défrayer les coûts de distribution d'un quotidien provincial. Après la disparition du *Matin*, le fonds fut mis à la disposition de L'*Acadie Nouvelle* pour lui permettre de devenir le nouveau quotidien provincial.

régional. La disparition du *Matin* en juin 1988 a permis à *L'Acadie Nouvelle* de devenir quotidien provincial, mais dans l'esprit de beaucoup de Néo-Brunswickois, ceux du Sud notamment, le nouveau quotidien n'a pas remplacé *L'Évangéline*.

Plusieurs raisons ont motivé le choix des éditoriaux[3] pour cette étude. D'abord, les éditorialistes sont généralement bien informés des idées qui ont cours dans leur milieu. D'autre part, leur rôle est d'éclairer les lecteurs sur les questions de l'actualité et de proposer des interprétations et des idées qui font avancer les débats. À cause de la tribune dont ils disposent, leurs opinions ont un certain poids. Sont-elles pour autant représentatives de celles du milieu? Probablement pas totalement, en autant qu'elles les devancent et il n'est même pas certain que le milieu va les suivre dans la direction qu'elles indiquent. Cela dépend de la crédibilité personnelle des rédacteurs et de la façon dont ils sont perçus. Notre étude présentera brièvement une évaluation quantitative de la place occupée par le Québec et la question québécoise[4] dans les trois quotidiens. Ensuite, en suivant la chronologie, nous examinerons l'opinion des éditorialistes des trois quotidiens sur les thèmes et les événements suivants: l'attitude générale à l'égard du Québec, la question linguistique, le mouvement séparatiste, l'élection du gouvernement péquiste en 1976, le référendum de 1980, les négociations constitutionnelles et le rapatriement de la Constitution, l'Accord du lac Meech, l'élection de 1994 qui porta au pouvoir un gouvernement péquiste, le référendum de 1995 et la suite.

Tableau 4.1
Le nombre d'éditoriaux sur le Québec et la question québécoise
dans les trois quotidiens acadiens entre 1960 et 1998

Quotidien	années	sur le Québec	sur la quest. québécoise
L'Évangéline	1960-1970	153 (10/an)	66 (43%)
L'Évangéline	1971-1982	144 (12/an)	71 (49%)
Le Matin	1986-1988	39 (20/an)	36 (92%)
L'Acadie Nouvelle	1984-1998	122 (9/an)	66 (54%)

---

3. Nous incluons également un certain nombre de textes empruntés ailleurs et présentés dans *L'Évangéline* en lieu et place des éditoriaux puisque le choix de ces textes relève d'une décision éditoriale.
4. Nous entendons par question québécoise le mouvement séparatiste et toutes les manifestations du nationalisme québécois sur les plans politique, constitutionnel, linguistique et culturel.

L'Évangéline a publié 297 éditoriaux, ou textes tenant lieu d'éditoriaux, sur le Québec entre 1960 et 1982, dont 185 sont des textes signés[5]. Les éditorialistes qui ont signé le plus d'éditoriaux sur le sujet sont dans l'ordre : Bernard Poirier, Paul-Émile Richard, René D'Anjou, Claude Bourque, Jacques Filteau et Jean Hubert ; D'Anjou, Filteau et Hubert sont des Québécois d'origine. Sur les 112 textes non signés, 82 sont reproduits de la Presse canadienne et de quelque quarante journaux canadiens, les plus fréquemment utilisés étant l'*Ottawa Citizen* et la *Montreal Gazette*. Trente textes n'ont aucune indication de provenance mais 17, publiés en 1970 et 1971, ont vraisemblablement été rédigés par les membres du comité éditorial de *L'Évangéline* dont les textes n'étaient pas signés[6].

Pour *L'Évangéline*, la proportion des éditoriaux portant spécifiquement sur la question québécoise telle que définie plus haut ne varie pas beaucoup pour l'ensemble de la période. Pendant la première période, la nouveauté des revendications nationalistes et du mouvement séparatiste, y compris la crise d'octobre 1970 provoquée par le FLQ, explique cet intérêt. Pendant la deuxième période, ce sont les tentatives de révision constitutionnelle, les lois linguistiques, l'élection de gouvernements péquistes et le référendum qui ont surtout attiré l'attention des éditorialistes du journal.

Pendant ses 23 mois d'existence, *Le Matin* a consacré une plus large part de ses éditoriaux au Québec et plus spécifiquement à la question québécoise. Le Québec a moins retenu l'attention de *L'Acadie Nouvelle* puisque la question québécoise constitue 54 % de ses éditoriaux sur le Québec.

LE QUÉBEC ET LA QUESTION QUÉBÉCOISE
DANS *L'ÉVANGÉLINE* : 1960-1982

Les éditorialistes reconnaissent que, malgré les contacts qui n'ont jamais cessé entre les deux parties, les Acadiens connaissent assez peu le Québec. C'est même une des tâches que l'un d'entre eux, Jean Hubert, Québécois d'origine acadienne, assigne à *L'Évangéline* : mieux faire connaître le Québec aux Acadiens pour contrer la propagande hostile

---

5. Parmi les textes signés, 25 sont des reproductions d'éditoriaux de journaux québécois, surtout du *Devoir* et de *La Presse*.
6. Ce comité éditorial, sous la direction du père Anselme Chiasson, comprenait notamment Alexandre Boudreau et le père Clément Cormier. Le comité fut dissous en 1971 après l'embauche de Claude Bourque comme rédacteur en chef de *L'Évangéline*.

véhiculée sur le Québec par la presse anglophone[7]. On déplore également la grande distance psychologique entre Acadiens et Québécois[8]. La Saint-Jean-Baptiste est souvent l'occasion pour les éditorialistes de souligner la communauté de langue et d'intérêt culturel entre le Québec et l'Acadie[9]. On mentionne également à l'occasion la générosité du Québec à l'égard de *L'Évangéline* et des autres causes acadiennes[10]. Les éditorialistes se réjouissent, en 1969, de la signature de l'Accord de coopération Québec–Nouveau-Brunswick[11] que l'on rapproche de celui que le Québec vient de signer avec la Louisiane et de celui qu'il a signé un peu plus tôt avec l'Ontario.

Le séparatisme

Dès 1961, un éditorialiste de *L'Évangéline* parle des séparatistes québécois mais pour faire ressortir l'autre sorte de séparatisme, celui des anglophones qui affichent un certain mépris pour les francophones québécois et canadiens et qui sont aussi dangereux pour l'unité canadienne[12]. Après les manifestations bruyantes des nationalistes québécois lors de la visite de la reine à l'automne 1964, un autre éditorialiste, Bernard Poirier, se félicite de l'assurance que donne Jean Lesage aux Canadiens que le Québec ne quittera pas le Canada. Pourtant, Poirier pense que « le traitement que reçoit le Canada français justifierait la séparation du Québec et même du Canada français tout entier si cela était possible géographiquement[13]. Quelque temps plus tard, le même éditorialiste fait écho à un appel du premier ministre Louis Robichaud aux Québécois de ne pas s'isoler égoïstement en renonçant à leurs responsabilités à l'égard des minorités françaises du Canada. Poirier croit cependant que l'agitation séparatiste au Québec sera bénéfique à long terme parce qu'elle alertera le Canada anglais sur le traitement réservé

7. Jean Hubert, *L'Évangéline au service de l'Acadie. Exposé de l'aspect rédactionnel de notre œuvre de presse en Acadie*, Moncton, Centre d'études acadiennes, Université de Moncton, février 1962, p. 9 et 22. Texte dactylographié de 44 pages, plus des annexes.
8. René D'Anjou, 21 fév. 1964 ; René D'Anjou, 15 avril 1965 ; s.a., 3 et 24 juin 1967.
9. Émery LeBlanc, « Avec nos frères », *L'Évangéline* (24 juin 1960) ; « Nos frères du Québec » (28 juin 1963) ; Jean Hubert, « Nous du Canada français » (8 avril 1961) ; « Cessons de faire groupe à part » (25 juin 1962) ; Bernard Poirier, « La Saint-Jean-Baptiste » (24 juin 1964) ; « La fête des Canadiens français ».
10. Émery LeBlanc (9 fév. 1961) ; Bernard Poirier (19 mai 1965) ; Bernard Poirier (27 juil. 1965) ; Bernard Poirier (14 oct. 1965).
11. L'accord « de coopération et d'échanges en matière d'éducation, de culture et de communication », fut signé le 18 décembre 1969 entre le premier ministre Jean-Jacques Bertrand du Québec et Louis J. Robichaud du Nouveau-Brunswick.
12. Jean Hubert, *L'Évangéline* (20 juin 1961).
13. Bernard Poirier, *L'Évangéline* (23 nov. 1964).

aux minorités françaises partout au pays, alors que le traitement par le Québec de sa minorité anglophone est exemplaire. L'éditorialiste affirme que l'appel de Robichaud en faveur de la collaboration et de l'unité nationale aurait dû être lancé ailleurs au Canada anglais ou ici même au Nouveau-Brunswick, plutôt qu'au Québec[14]. Un autre éditorialiste croit à la volonté du Canada anglais de travailler à rectifier les erreurs du passé et fait appel à la collaboration du Québec[15]. Quelques mois plus tard, le même éditorialiste déplore l'utilisation de l'épithète séparatiste pour qualifier ceux qui tentent de trouver des solutions d'accommodement pour le Québec[16]. En rappelant les commentaires suscités par l'affirmation de Jean Lesage que le Québec est trop petit et trop faible économiquement pour devenir un État indépendant, Bernard Poirier rappelle qu'un bon nombre d'Acadiens et de francophones du pays pensent comme Lesage[17].

L'année 1967 qui marqua le centenaire de la Confédération va donner lieu à plusieurs manifestations qui seront des occasions pour le Québec de manifester son insatisfaction face au *statu quo* national. Bernard Poirier déplore la décision du gouvernement de Daniel Johnson père de bouder les cérémonies marquant l'arrivée de l'année du Centenaire[18]. Le « Vive le Québec libre » de de Gaulle, en juillet 1967, est interprété par l'éditorialiste d'origine québécoise Jacques Filteau[19] de façon à en minimiser la portée. Il écrit, ce qui apparaît peu vraisemblable, que la phrase n'avait pas, dans l'esprit de de Gaulle, le sens que lui ont donné les séparatistes québécois et blâme le premier ministre Robichaud de ne pas avoir assisté au souper offert par la France à l'Expo 67 pour marquer sa désapprobation[20]. Bernard Poirier revient plus tard sur la question pour affirmer, assez curieusement, que cette déclaration de de Gaulle a contribué à unir le Canada. Il rappelle cependant que ce sont les minorités françaises du Canada plutôt que le Québec qui ont surtout besoin de l'appui de la France et des pays francophones[21].

Après avoir expliqué le projet de René Lévesque de souveraineté accompagnée d'une association avec le Canada, Filteau voudrait que

---

14. Bernard Poirier, *L'Évangéline* (18 déc. 1964).
15. René D'Anjou, *L'Évangéline* (2 mai 1964).
16. René D'Anjou, *L'Évangéline* (25 nov. 1964).
17. Bernard Poirier, *L'Évangéline* (7 mai 1966).
18. Bernard Poirier, *L'Évangéline* (4 jan. 1967).
19. Il est nommé rédacteur en chef en janvier 1966, poste qu'il cumulera avec celui de directeur du journal en janvier 1968.
20. Jacques Filteau, *L'Évangéline* (26 juil. 1967).
21. Bernard Poirier, « La minorité française peut sauver le Canada », *L'Évangéline* (4 août 1967).

l'on examine, comme alternative, une union entre le Québec et l'Ontario qui créerait une unité forte sur le plan économique et permettrait de régler la question de la langue en faisant de l'Ontario un territoire anglais et du Québec un territoire français où pourraient s'installer ceux qui veulent vivre en français[22]. Il est évident que cette solution n'avait aucune chance d'être acceptée tant par les nationalistes québécois que par les autres parties en cause.

C'est un ancien éditorialiste qui avait quitté *L'Évangéline* depuis quatre années, plutôt que les éditorialistes québécois arrivés quelques mois auparavant, qui signa un éditorial pour souligner l'importance pour l'Acadie de la tenue à Montréal des États généraux du Canada français en octobre 1967. L'éditorialiste insiste sur la représentativité du Canada français tout entier, peuple et élite, à ces assises et croit que ces délibérations pourront produire un impact politique sans précédent[23]. Effectivement, cette rencontre est considérée comme marquant l'éclatement du Canada français traditionnel, mais c'est rétrospectivement qu'un événement de ce genre a pris toute sa signification[24].

L'enlèvement du diplomate britannique James Cross et du ministre Pierre Laporte, puis l'assassinat de ce dernier ont provoqué, en Acadie comme ailleurs, des réactions d'indignation mais dans les deux éditoriaux consacrés à la crise, l'éditorialiste anonyme de *L'Évangéline*, étonnamment, ne lie pas l'affaire au séparatisme québécois mais à un complot communiste pour s'emparer du pouvoir au Québec et au Canada[25].

La période 1971-1982 marque l'apogée de *L'Évangéline* en ce qui concerne le tirage – qui passe de 8 000 en 1970 à 17 000 en 1980 – et aussi la qualité du journal. De 1971 à 1980, deux éditorialistes, Claude Bourque[26] et Paul-Émile Richard[27] vont signer la plupart des éditoriaux. Ces deux Acadiens qui avaient reçu une formation en journalisme en France connaissaient bien la réalité acadienne et savaient traduire dans

22. Jacques Filteau, *L'Évangéline* (29 sept. 1967).
23. Euclide Daigle, « L'Acadie a tout à gagner des états généraux », *L'Évangéline* (17 juin 1967).
24. Voir Marcel Martel, *Le deuil d'un pays imaginé*, Ottawa, Les Presses de l'Université d'Ottawa, 1997, 203 p. (Coll. « Amérique française ») ; Acte du colloque « Les états généraux du Canada Français, trente ans après », Centre de recherche en civilisation canadienne-française, Université d'Ottawa, 1998.
25. *L'Évangéline* (13 et 19 octobre 1970).
26. Claude Bourque arrive à *L'Évangéline* comme rédacteur en chef en 1971 et en sera le directeur de 1977 à 1980.
27. Paul-Émile Richard sera éditorialiste à partir de 1975, puis rédacteur en chef de 1977 à 1980.

leurs éditoriaux des opinions que partageaient, ou du moins respectaient, une bonne partie de leurs compatriotes. Le départ de Claude Bourque, à la suite de différends avec le comité exécutif du conseil d'administration de l'entreprise, bientôt suivi de celui de Paul-Émile Richard et d'autres chefs de secteurs, appauvrit l'équipe du journal, que leurs successeurs ne parvinrent pas à reconstituer à un niveau comparable.

Le projet de réforme constitutionnelle

Ayant émis une certaine inquiétude au sujet de la charte de Victoria en 1971, en ce qui concerne les Acadiens, Claude Bourque se montre compréhensif à l'égard du refus du premier ministre Bourassa de ratifier le document. Il ne l'interprète pas comme un refus définitif et espère que des négociations entre le Québec et le fédéral permettront de régler le différend[28]. Il voit par contre des dangers à l'unité canadienne en provenance de la Colombie-Britannique dont le premier ministre W. A. C. Bennett conteste devant les tribunaux les paiements de péréquation par le gouvernement fédéral aux provinces les plus pauvres[29].

Les lois linguistiques au Québec

Claude Bourque reconnaît que les lois linguistiques du Québec provoquent des réactions négatives au Canada anglais qui n'aident pas les minorités francophones. Cependant, il demande aux Acadiens d'être prudents avant de critiquer des politiques québécoises, ces critiques étant utilisées par les anglophones pour mousser les sentiments anti-Québec[30]. Il qualifie « d'hystérie nationale » la réaction des anglophones du Canada volant au secours de la minorité anglaise du Québec qui veulent en appeler de la loi 22 devant la Cour suprême[31].

Les relations Québec-Acadie

Trois ans après sa signature, l'Accord de coopération Québec – Nouveau-Brunswick n'avait produit que très peu de résultats concrets. Claude Bourque en attribue la cause à l'absence de mécanisme perma-

---

28. Claude Bourque, *L'Évangéline* (24 juin 1971).
29. Claude Bourque, *L'Évangéline* (16 fév. 1972).
30. Claude Bourque, *L'Évangéline* (13 mars 1974).
31. Claude Bourque, *L'Évangéline* (9 sept 1975).

nent[32] et au climat de méfiance des fonctionnaires du Nouveau-Brunswick à l'égard du Québec. La même plainte sera reprise trois ans plus tard par le même éditorialiste. Il est vrai que pendant ces six premières années la somme globale dépensée n'était que de 966 000 $, soit une moyenne annuelle de 161 000 $[33]. C'est effectivement minime pour un accord de coopération entre deux provinces. En 1980, à l'occasion de l'ouverture du Bureau du Québec aux Maritimes qu'il accueille avec enthousiasme, Paul-Émile Richard se montre plus optimiste[34]. Il dresse un bilan plutôt positif de la coopération au moins dans le domaine de l'éducation et de la culture : nombre de places garanties pour les Acadiens dans les universités et dans des programmes spécialisés du Québec, et enfin financement de tournées d'artistes acadiens et québécois dans la province voisine.

Les Acadiens et le gouvernement du Parti québécois

Dans un éditorial du 15 novembre 1976, le jour même des élections, alors que l'arrivée du Parti québécois au pouvoir semble probable, Paul-Émile Richard, qui qualifie l'événement d'historique, s'interroge sur les raisons de cette victoire surprenante qui s'annonce. Il affirme : « C'est probablement la lutte collective des Québécois (de tous les partis politiques) en faveur des revendications légitimes des gens de l'air du Québec pour le bilinguisme dans les communications air-sol[35] qui a été le facteur le plus important de la politisation des Québécois ». Il conclut, pour le moins prématurément, que ce sont les anglophones qui ont « préparé, ou en tout cas précipité, l'indépendance du Québec[36] ». Il rappelle : « Pour nous, Acadiens, l'idée de la séparation du Québec nous plonge dans une insécurité profonde. Quel serait le Canada sans le Québec et où se situerait la minorité française » ? Au lendemain de la victoire effective du PQ, il tente de rassurer les lecteurs que l'indépendance du Québec n'est pas pour demain et que pour le moment, il ne s'agit que d'une élection provinciale. Richard affirme que les Acadiens sont tiraillés entre la joie et l'inquiétude. La joie de voir que les Québécois ont enfin triomphé de leur peur collective, et un sentiment d'inquiétude face à ce

---

32. Claude Bourque, *L'Évangéline* (25 juil.) et (6 déc. 1972).
33. Compilation faite à partir du document *Le Québec et le Nouveau-Brunswick, 25 ans de coopération*, SAIC-DBCF, octobre 1994.
34. Paul-Émile Richard, *L'Évangéline* (3 mars 1980). En 1978-1979, la contribution annuelle du Québec était de 435 000 $.
35. La crise était toute récente ayant éclaté au début du printemps et ne s'était résorbée qu'en juillet 1976.
36. Paul-Émile Richard, *L'Évangéline* (15 nov. 1976).

qui pourrait être un mouvement irréversible vers l'indépendance. Il exhorte le gouvernement fédéral à améliorer son soutien aux minorités francophones et à faire preuve de souplesse à l'égard du gouvernement du Québec, quelle que soit son orientation politique. Il espère un fédéralisme décentralisé[37], mais il serait surprenant que le terme recouvre la même réalité que ce que réclament les Québécois. L'adresse du premier ministre Trudeau à la nation quelques jours après l'élection du Parti québécois lui fournit l'occasion de revenir sur le sujet. Richard loue son attitude sereine et conciliante, son appel aux bons sentiments des Canadiens en faveur de l'unité canadienne, mais profite de l'occasion pour le blâmer de son intransigeance passée[38].

La déclaration de René Lévesque faite devant les étudiants de l'Université du Nouveau-Brunswick selon laquelle les Acadiens sont une cause perdue suscite une rebuffade de la Société nationale des Acadiens et de l'éditorialiste Claude Bourque qui reproche à René Lévesque de se servir des minorités pour mousser ses intérêts politiques comme ce dernier en accuse fréquemment le gouvernement fédéral. Au moment où les Acadiens sont en voie d'améliorer leur situation économique et font preuve d'un regain de vigueur sur le plan culturel, les commentaires de M. Lévesque lui semblent odieux[39].

Les Acadiens et les autres minorités dans le débat Québec-gouvernement fédéral

Les minorités francophones savent que le regain d'attention dont elles bénéficient de la part du gouvernement fédéral est lié aux revendications du Québec et même si elles doutent de la pureté des intentions du fédéral, elles ont bien l'intention d'en profiter. Les éditorialistes de *L'Évangéline* traduisent bien cette ambivalence. En 1977, lorsque débutent les négociations constitutionnelles, Claude Bourque, à la suite de Denis Losier, secrétaire général de la Société des Acadiens du Nouveau-Brunswick, revendique une place pour le million de francophones hors Québec à la table des discussions constitutionnelles entre Ottawa et les provinces[40]. Il serait inconvenant, dit-il, d'attendre que les documents soient finalisés avant de permettre aux minorités de se prononcer. Il déplore que le document *Les héritiers de Lord Durham* publié

---

37. Paul-Émile Richard, *L'Évangéline* (18 nov. 1976).
38. Paul-Émile Richard, *L'Évangéline* (26 nov. 1976).
39. Claude Bourque, *L'Évangéline* (27 nov. 1972).
40. Claude Bourque, *L'Évangéline* (4 août 1977).

par la Fédération des francophones hors Québec (FFHQ) ait déclenché une guerre froide avec le Secrétariat d'État fédéral qui a perçu le document comme un appui au gouvernement péquiste. Il exhorte la FFHQ à cesser ses attaques stériles contre le fédéral qui peut être un allié précieux, et demande à ses dirigeants un leadership à la hauteur des meilleurs intérêts des gens qu'ils sont censés représenter.

Commentant l'échec de la conférence constitutionnelle où seulement trois premiers ministres provinciaux, soit Hatfield du Nouveau-Brunswick, Davis de l'Ontario et Blakeney de la Saskatchewan, avaient appuyé la garantie dans la Constitution des droits linguistiques des minorités de langues officielles, Paul-Émile Richard relève amèrement que le Québec, allié naturel des minorités, s'est rangé dans le camp des premiers ministres provinciaux anglophones insensibles aux besoins de leur minorité. Dans cette affaire, dit-il, le Québec a abandonné le rôle de défenseur des minorités francophones qu'il revendiquait jusque-là[41].

Le référendum de 1980

Après la prise de position de la Société des Acadiens du Nouveau-Brunswick (SANB) en faveur du oui dans la campagne référendaire, un oui qualifié selon la Société, Paul-Émile Richard critique la logique de cet appui, puisque le président de cet organisme avait auparavant affirmé que c'était la position constitutionnelle de Claude Ryan, le leader du camp du non qui répondait le mieux aux aspirations des Acadiens. Il conteste même la pertinence de cette intervention de la SANB dans les affaires internes du Québec. Il se pose avec raison la question à savoir si cette position de la SANB reflète bien l'opinion des Acadiens. Par la même occasion, il avoue croire lui-même à l'autodétermination éventuelle des Québécois, sans approuver pour autant la souveraineté du Québec[42]. À quelques jours du référendum québécois, Paul-Émile Richard expose ce qu'est, selon lui, la position des Acadiens sur la question. Malgré la prise de position de la SANB, les Acadiens, selon lui, ne s'intéressent pas beaucoup à ce qui se passe au Québec et reprochent même aux médias de les importuner avec cette question. Ceci dit, il rappelle que les Acadiens sont très majoritairement fédéralistes et favorisent le non. Richard redoute cependant la réaction de calme assurance du Canada anglais advenant la victoire du non. Quant à lui, son

---

41. Paul-Émile Richard, *L'Évangéline* (1er nov. 1978).
42. Paul-Émile Richard, *L'Évangéline* (25 mars 1980).

La une de *L'Évangéline*, mercredi 21 mai 1980.

non au projet du PQ ne signifie pas un oui au *statu quo*[43]. Après le référendum, Richard interprète la victoire du non comme une dernière chance donnée par les Québécois au Canada, et un oui à un fédéralisme renouvelé comme l'a promis Trudeau.

Le rapatriement de la Constitution

Pour débloquer l'impasse constitutionnelle après que huit des dix provinces eurent refusé son projet de rapatriement de la Constitution, le gouvernement fédéral avait demandé l'avis de la Cour suprême. Celle-ci reconnut que le projet de rapatriement unilatéral était légal quoique contraire aux conventions établies. À la suite de cette interprétation, le gouvernement Trudeau avait manifesté une ouverture pour la reprise des négociations avec les provinces, ouverture que les provinces du bloc des huit semblaient prêtes à accepter. Mais il n'en était pas ainsi du gouvernement de René Lévesque qui convoqua précipitamment l'Assemblée nationale pour débattre une motion condamnant le gouvernement fédéral, motion que ne pouvait refuser d'appuyer le Parti libéral de Claude Ryan. L'éditorialiste Nelson Landry critique l'attitude de René Lévesque[44] dans cette affaire.

Après la signature de l'entente entre le fédéral et les autres provinces, à l'exception du Québec, entente qui a donné lieu au mythe de la nuit des longs couteaux propagé par les nationalistes québécois, Nelson Landry se réjouit du rapatriement qui allait enfin permettre au Canada d'accéder « au titre de nation réellement indépendante », tout en reconnaissant que le dossier constitutionnel n'est pas réglé pour autant[45]. Landry voit bien le bénéfice que le gouvernement Lévesque va tenter de retirer pour son projet politique de l'isolement du Québec par le fédéral et les provinces anglophones mais il ne comprend pas les objections de René Lévesque à certaines clauses de l'Entente, comme la réciprocité dans le domaine de l'éducation qu'il avait offerte lui-même lors de la conférence de St. Andrews quelques années auparavant. Quant à la formule d'amendement, l'éditorialiste affirme que c'est celle que réclamait le groupe des huit dont M. Lévesque faisait partie.

Les éditorialistes de *L'Évangéline* ont donc continué au cours des années 1960 et 1970 de souhaiter la continuation des relations qui existaient avec le Québec à l'époque du Canada français. Ils ont cependant

---

43. Paul-Émile Richard, *L'Évangéline* (15 mai 1980).
44. Nelson Landry, *L'Évangéline* (2 octobre 1981).
45. Nelson Landry, *L'Évangéline* (9 novembre 1981).

compris assez rapidement, sans nécessairement l'accepter, le désir du Québec de se dissocier de la francophonie canadienne pour affirmer ses intérêts propres. Ils étaient bien placés pour comprendre et sympathiser avec la lutte menée par les Québécois pour protéger la langue et la culture françaises. Ils ont appuyé les lois linguistiques du Québec, tout en étant conscients qu'elles entraînaient un ressac pour les autres minorités. Ils sont intervenus pour dénoncer le chantage en provenance du Canada anglais et l'attitude du premier ministre de la province, Richard Hatfield, qui tentait de faire passer la minorité anglophone du Québec pour une victime, alors que le traitement dont elle bénéficie fait l'envie des minorités francophones de partout au Canada.

LES ÉDITORIALISTES DU *MATIN* ET LE QUÉBEC

Pendant la courte existence de ce quotidien, le rédacteur en chef, Rino Morin Rossignol a signé la plupart des textes concernant la question québécoise[46]. Quelques autres ont été signés par Rodrigue Chiasson, journaliste régulier au *Matin*, et Gérard Étienne, professeur de journalisme à l'Université de Moncton dont les textes étaient occasionnellement publiés en éditorial.

La première question traitée dans le quotidien *Le Matin* dans le domaine qui nous intéresse ici a été le projet de modification de la loi 101 par le gouvernement Bourassa. S'improvisant défenseur des Québécois et critique de leur gouvernement, Rino Morin Rossignol accuse le régime Bourassa de mettre en danger la paix sociale au Québec[47]. Cette intervention serait justifiée, selon lui, parce que les Acadiens ont tout intérêt à ce qu'il n'y ait pas de recul du français au Québec. Il rappelle que ce n'est ni René Lévesque ni le PQ qui ont inventé le nationalisme qui existe depuis longtemps dans la société québécoise[48]. Morin Rossignol reprend l'épithète technocratique, fréquemment appliquée au style d'administration de M. Bourassa à qui il reproche de manquer de vision et de négliger les aspirations profondes des Québécois concernant la défense et la promotion de leur identité[49].

---

46. Originaire du Madawaska, M. Morin Rossignol avait été à l'emploi du ministre conservateur Jean-Maurice Simard et du gouvernement Richard Hatfield avant d'occuper son emploi au *Matin*. Son affinité politique avec le Parti conservateur n'est peut-être pas étrangère à certaines de ses prises de position comme éditorialiste.
47. Rino Morin Rossignol, *Le Matin* (17 déc. 1986).
48. Rino Morin Rossignol, *Le Matin* (20 jan.1988).
49. Rino Morin Rossignol, *Le Matin* (29 janvier 1987).

LES NÉGOCIATIONS ET L'ACCORD DU LAC MEECH

Le premier ministre Brian Mulroney, dans ses efforts pour amener le Québec à signer le document constitutionnel de 1982, avait réussi à obtenir de ses homologues provinciaux, au printemps 1987, un texte qui devait être ratifié par chacune des législatures des provinces dans un délai précis. Alors que les représentants des peuples autochtones avaient été admis, avec raison, à participer aux négociations avec les gouvernements des provinces et des territoires, les minorités anglophones du Québec et francophones d'ailleurs en avaient été exclues. Les minorités dénonçaient à la fois leur exclusion des négociations et l'entente qui en avait résulté. *Le Matin* publia des éditoriaux de Gérard Étienne qui soulignent le flou de la reconnaissance du fait français et de la francophonie hors Québec dans cet accord. Dans un éditorial coiffé du titre « La trahison du Québec », dont il est difficile de dire si le Québec est l'auteur ou la victime de la trahison, ou alternativement l'un et l'autre, ce même éditorialiste affirme : « Nous n'aurions jamais pensé que le premier ministre du Québec et son équipe allaient pousser si loin leur égoïsme en nous excluant des propositions garantissant leurs droits et privilèges dans l'acte constitutionnel du pays[50] ». Il affirme que même pour le Québec, l'acceptation de l'Accord actuel est « une capitulation après tant d'années de luttes pour s'affirmer comme peuple majoritaire sur un territoire cinq fois plus grand que la France[51] ». Après la signature du texte définitif par le premier ministre fédéral et tous les premiers ministres provinciaux, Rino Morin Rossignol se réjouit de cette belle unanimité et de l'adhésion du Québec à la loi constitutionnelle de 1982. Mais il déplore que les francophones de l'extérieur du Québec soient encore une fois laissés pour compte, ce qui ne l'empêche toutefois pas de militer vigoureusement pour la ratification de l'entente. Il s'accroche au mince espoir que pourrait représenter la tenue future d'une conférence constitutionnelle exclusivement consacrée aux droits linguistiques des francophones hors Québec[52].

Les démarches réussies du premier ministre Bourassa pour obtenir l'appui des organismes représentant les francophones, la FFHQ et la SANB, amènent Rodrigue Chiasson, beaucoup moins sympathique que Morin Rossignol au nationalisme québécois, à dénoncer ouvertement à la fois ce qu'il considère comme un chantage de Bourassa : « Pas de Québec dans le Canada si l'Accord ne passe pas », et la compromission

---

50. Gérard Étienne, *Le Matin* (4 mai 1987).
51. *Ibid.*
52. Rino Morin Rossignol, *Le Matin* (5 juin 1987).

• 6   LE MATIN lundi 23 novembre 1987

Adélin Blanchard *éditeur, directeur général*   Michel Sartin *directeur de l'éditorial*   Cyrille D'Amour *directeur du tirage*

Les idées du matin

Le désaccord Meech

LE MATIN publiait, jeudi et vendredi de la semaine dernière, un article en deux parties signé par le président de la SANB, Me Michel Doucet.

En conclusion de son exposé, Me Doucet exprime un vœu : « J'espère que les quelques commentaires que je viens de faire vont éclaircir ma position par rapport à l'Entente constitutionnelle et qu'ils n'embrouilleront pas plus la situation ».

Non pas, Me Doucet, que ces précisions embrouillent davantage la situation, mais qu'elles ne font nullement avancer le débat.

Si nous comprenons bien, la SANB veut des modifications à l'Accord du lac Meech, mais sans mettre celui-ci en péril, sans « contester l'élément de *société distincte* que l'accord garantit à la province du Québec. » Car « le Québec n'est pas la seule société distincte du Canada. L'Acadie a aussi une langue bien vivante... » La SANB propose des « moyens alternatifs de modifier la Constitution afin d'éviter deux situations extrêmes que je considère totalement inacceptables, soit la signature comme telle de l'accord sans obtenir de changements ou le rejet de l'accord sans obtenir de changements ». Et ces changements seraient apportés « soit à l'intérieur de l'accord, soit par d'autres moyens, pour la collectivité acadienne. »

Le passage pertinent du texte, quant aux moyens à prendre, indique qu'il faut « inclure à l'Entente constitutionnelle du 3 juin 1987 une clause reconnaissant l'égalité des collectivités linguistiques du Nouveau-Brunswick et un engagement de notre province à en faire la promotion. » Si on ne pouvait pas obtenir une telle clause, ce qui exigerait que l'accord soit modifié et comporterait le danger que le Québec refuse de signer, et bien notre gouvernement provincial pourrait s'engager « unilatéralement à modifier la Constitution canadienne pour y inclure une définition du Nouveau-Brunswick qui reconnaîtrait cette égalité et cette obligation de promotion. »

Bon. Il semblerait que le premier moyen soit, aux yeux de la SANB, le moins plausible, le plus périlleux ou le moins souhaitable, compte tenu du fait que son prédisant affirme qu'il ne veut aucunement « saboter » l'accord et qu'une telle modification compromettrait la clause de « société distincte » pour le Québec. La voie « unilatérale », nous croyons Me Doucet sur parole, « pourrait se faire en application de l'article 43 de la *Constitution canadienne de 1982*, sur simple résolution de l'Assemblée législative du Nouveau-Brunswick, approuvée par le Parlement canadien. » Celle-ci, croyons-nous comprendre, serait la mesure la plus prudente envisagée par la SANB, eu égard à

la déclaration de son président au MATIN à l'occasion de la visite du premier ministre québécois à Moncton, le 8 novembre. C'est en cette occasion et à ce sujet qu'il affirmait : « Ce qu'on demande peut se faire sans l'accord en péril ».

Le discours de la SANB sur la question n'a donc pas avancé, estimons-nous, depuis cette date. Cette démarche « unilatérale » aurait une faiblesse fondamentale en autant que l'alinéa 4 de l'article 2 de l'Accord du lac Meech signifie que la province pourrait aussi bien abroger une telle mesure à autre moment. Bien qu'une telle éventualité, au Nouveau-Brunswick, serait difficile à envisager si la mesure était prise, on en voit néanmoins la faiblesse.

Et puis, en fin de compte, il n'y a pas que la question linguistique. La SANB, estimons-nous, n'a pas que les droits linguistiques à défendre. Que dit-elle de la protection et, oui, de la promotion fédérale, à ce titre d'abord, puis quant aux autres aspects de la vie des Acadiens dans la confédération ? Car l'Accord du lac Meech représente, en plus, un affaiblissement du gouvernement central. N'y a-t-il pas lieu de se demander où l'abandon aux provinces de certaines aires de juridiction fédérales (droit de dépenser, immigration) laisserait la collectivité acadienne ? En plus, l'affaiblissement de la Charte des droits et des libertés, la subordination aux provinces d'une partie du pouvoir législatif fédéral (le Sénat) et de son pouvoir judiciaire (la Cour suprême) ne sont-elles pas des questions qu'un Accord Meech inchangé entérinerait et qui intéressent aussi les Acadiens ?

Les Acadiens, croyons-nous, pourraient se réjouir que le Québec rejoigne de plain-pied « la famille canadienne ». Mais à ces termes ? Là-dessus, permettez-nous de signifier notre désaccord sur l'accord.

Rodrigue Chiasson

Le désaccord Meech, page éditoriale du *Matin*, le 23 novembre 1987.

de ces deux organismes voués à la défense des droits des minorités. Il va jusqu'à dire que la «société distincte» n'est qu'une arme inventée «pour brimer les minorités francophones (et autres) hors Québec et anglophones (et autres) au Québec [...] pour mettre le couvercle sur les minorités pullulantes, linguistiques, autochtones, multiculturelles et autres[53]». Il traite «d'activistes parapolitiques» les dirigeants de la FFHQ et de la SANB qui n'étaient pas de taille face à Robert Bourassa, un politicien plutôt malin. Contrairement à ce que d'aucuns prétendaient, il reconnaît au nouveau premier ministre du Nouveau-Brunswick, Frank McKenna, qui s'est engagé à remettre en question l'Accord, la légitimité pour parler au nom de tous les citoyens de la province «pour les questions nationales à incidence provinciale». Beaucoup plus, en tous cas, que la SANB et la FFHQ, «ces groupes d'intérêt... dont on peut se demander quels intérêts ils représentent[54]». Chiasson est sceptique, face aux suggestions du président de la SANB pour solutionner la question linguistique des Acadiens sans risquer de faire avorter l'Accord, et il exprime son opposition à l'affaiblissent de la Charte des droits et des libertés et du rôle du gouvernement fédéral. Il soutient que le retour du Québec dans la famille canadienne ne doit pas se faire à n'importe quel prix pour les minorités et pour le pays.

L'appui à l'Accord annoncé par la FFHQ et la SANB avait provoqué des réactions d'opposition en Acadie et chez d'autres minorités ailleurs au pays au point que ces organismes songeaient à réévaluer leur position. Une de ces réactions était celle de maître Michel Bastarache[55], juriste ayant plaidé pour des droits scolaires de minorités francophones devant la Cour suprême contre des gouvernements provinciaux appuyés par le Québec.

Le texte de l'intervention de maître Bastarache est publié dans *Le Matin* en page éditoriale, sous la rubrique «Point de vue[56]». Il y affirme que, de façon générale, les Acadiens peuvent accepter le discours de M. Bourassa sur le plan des principes et des intentions mais rappelle que le texte constitutionnel est un texte juridique qui sera interprété sans les discours qui en expliquent les intentions. Le texte de l'Accord lui semble défectueux et il serait dangereux, selon lui, de l'accepter sous sa forme actuelle avec un simple espoir de le modifier dans une prochaine ronde de négociations. «Même si nous voulons faire confiance

---

53. Rodrigue Chiasson, *Le Matin* (10 novembre 1987).
54. *Ibid.*
55. Maître Bastarache, ancien doyen de la faculté de droit de l'Université de Moncton, a été nommé en 1998 juge à la Cour suprême du Canada.
56. «Que demande M. Bourassa aux Acadiens», *Le Matin* (13 novembre 1987).

au Québec, il ne faut pas perdre de vue le fait que les intérêts du Québec ne sont pas nécessairement les mêmes que ceux des minorités francophones hors Québec et qu'en fait ces deux parties se sont déjà opposées dans l'interprétation des garanties constitutionnelles en matière linguistique[57]. »

Il analyse les éléments spécifiques du texte qu'il considère insatisfaisants et termine en disant :

> Si M. Bourassa est solidaire des Acadiens, c'est à lui de leur tendre la main. C'est lui qui a l'initiative du dossier constitutionnel aujourd'hui. L'Accord peut être modifié pour répondre aux craintes des Acadiens sans que les conditions d'adhésion du Québec ne soient mises en cause et sans qu'il soit nécessaire d'introduire de nouveaux éléments au dossier... Une minorité ne peut pas facilement accepter d'être mise devant le fait accompli : n'oublions pas qu'elle n'a pas été en mesure de commenter le texte juridique qu'on lui demande aujourd'hui d'accepter sans y toucher[58].

Ce n'est pas l'avis de Rino Morin Rossignol qui met le premier ministre McKenna en garde contre les risques de faire échouer l'Accord du lac Meech. Se cherchant des appuis pour dénigrer les efforts de M. McKenna pour rouvrir l'Accord[59], Rino Morin Rossignol cite un éditorial récent de Michel Roy dans *La Presse*, dans lequel il aurait qualifié McKenna de « félon de Fredericton ». Or l'éditorial en question, celui du 19 mars 1988, a pour titre : « Le maître de Fredericton ». Roy parle du discours arrogant de ce « jeune et fier leader, du haut de ses 40 ans et de ses six années d'expérience politique ». Il tente de découvrir les raisons de son opposition à l'Accord :

> Qu'y a-t-il donc à l'intérieur de ce noyau d'obstination ? Une méconnaissance de la véritable situation constitutionnelle et politique au Canada ;... l'influence des Acadiens et de la Fédération des francophones hors Québec qui souhaitent obtenir davantage ; l'intervention des libéraux de l'école Trudeau... ; les mises en garde des organisateurs libéraux fédéraux électoralistes qui adjurent M. McKenna de faire échec à l'Accord pour priver Brian Mulroney d'un trophée lors des prochaines élections[60].

Malgré cette forte condamnation de la démarche de M. McKenna, nulle part, Roy n'utilise le terme « félon ». On peut même être surpris que Morin Rossignol ne dénonce pas, à son tour, le ton arrogant et paternaliste de l'éditorialiste de *La Presse* qui demande aux minorités

---

57. *Ibid.*
58. *Ibid.*
59. Rino Morin Rossignol, *Le Matin* (24 mars 1988).
60. Michel Roy, *La Presse* (19 mars 1988).

d'attendre à « une deuxième ou une troisième ronde de négociations constitutionnelle [sic] » pour obtenir, possiblement, la satisfaction de leurs revendications. Il ne relève pas non plus la condamnation, par Roy, des Acadiens et les autres minorités francophones qui « comme poussés par un instinct suicidaire, sont prêts à tout faire sauter parce qu'ils réclament davantage ». Cet excès de langage de Michel Roy et l'attitude de Morin Rossignol qui cite faussement un document en disent long sur l'exaspération des promoteurs de l'Accord, exaspération qui n'est probablement pas étrangère à l'opposition de plus en plus grande qui s'est développée en divers milieux à l'égard de ce document. Si un consensus est à ce point fragile qu'on ne peut y toucher pour tenter de l'améliorer sans faire tout écrouler, quel résultat peut-on attendre de sa mise en œuvre ?

Morin Rossignol fait également siens les propos de M. Bourassa qui parle des opposants à l'Accord comme des ennemis du Québec :

> Robert Bourassa sait bien que les adversaires du lac Meech sont surtout des promoteurs du *statu quo* ; des manipulateurs de constitution qui utilisent les francophones hors Québec. Car ces derniers ne semblent pas avoir pris conscience que si le Québec n'obtient pas les moyens de préserver le foyer de la francophonie, il n'y aura plus, dans cinquante ans, de francophonie hors Québec[61].

Il appuie totalement M. Bourassa à cette occasion parce que ce dernier a besoin de cette garantie constitutionnelle pour calmer les souverainistes québécois comme les anti-souverainistes.

Les éditorialistes du *Matin* qui se sont prononcés sur la question québécoise l'ont fait d'une façon beaucoup plus forte que ceux de *L'Évangéline*. Dans certains textes, Rino Morin Rossignol prend à partie le gouvernement Bourassa et se fait le juge des meilleurs intérêts des Québécois. Quelques-uns des éditoriaux de Gérard Étienne sont de véritables diatribes. Quant à Rodrigue Chiasson, il est aussi fortement opposé à l'Accord Meech que Morin Rossignol y est favorable.

LES ÉDITORIALISTES DE *L'ACADIE NOUVELLE* : 1984-1998

Des 66 éditoriaux publiés par *L'Acadie Nouvelle* liés à la question québécoise, 29 ont paru en 1995, 19 en 1996 et 11 en 1997-1998. C'est dire qu'il y en a eu seulement sept pendant les dix premières années de

---

61. Rino Morin Rossignol, *Le Matin* (3 mai 1988).

la période. Michel Doucet a signé à lui seul la moitié de ces éditoriaux, les autres étant répartis entre huit autres personnes[62].

L'Accord du lac Meech

Le débat autour de l'Accord du lac Meech est aussi présent dans *L'Acadie Nouvelle*. Dans un premier éditorial Nelson Landry, qui est passé de *L'Évangéline* au nouveau quotidien, appuie la position du président de la FFHQ qui craint pour la survie des minorités francophones au pays advenant la signature telle quelle de l'entente signée le 3 juin 1985[63]. Aussi, c'est sans grands regrets qu'il signale la mort de l'Accord quelques années plus tard tout en reconnaissant que cet échec aura des conséquences pour l'Acadie[64]. Tout autre est le plaidoyer passionné de son collègue Jean-Marie Nadeau, ancien militant du Parti acadien, qui voudrait que la SANB fasse la promotion énergique de la ratification de l'Accord. Ses arguments sont que « Meech a été spécialement conçu pour rapatrier le Québec dans la Confédération ». Par ailleurs, il traite durement les opposants de l'Accord, les Clyde Wells, Carstair, Chrétien et Filmon et le premier ministre McKenna, « disciple de Trudeau[65] ».

Les relations de l'Acadie et des minorités avec le Québec

Nelson Landry considère les sommets de la francophonie comme une tribune internationale importante pour le développement culturel des Acadiens. Aussi interprète-t-il comme de la paranoïa la réaction négative de Pierre-Marc Johnson qui qualifie de « geste hostile », à l'égard du Québec, l'octroi au Nouveau-Brunswick du même statut que le Québec au sein de la délégation canadienne à ces sommets. Il rappelle que les « francophones du Nouveau-Brunswick sont égaux et ont les mêmes droits que ceux du Québec[66] ». De son côté, Éric Goguen déplore que les séparatistes québécois sont indifférents au sort des minorités advenant la séparation du Québec[67]. En effet, c'est ce que démontre un sondage fait auprès des Québécois qui rapporte que 30 % d'entre

---

62. Il s'agit de Claude Boucher (14), Nelson Landry (9), Hermel Vienneau (5), Alcide LeBlanc (2), Jean-Marie Nadeau, Henri Motte, Léopold Poirier, Eric Goguen, (1) chacun.
63. Nelson Landry, *L'Acadie Nouvelle* (7 août 1985).
64. Nelson Landry, *L'Acadie Nouvelle* (4 jan. 1991).
65. Jean-Marie Nadeau, *L'Acadie Nouvelle* (14 nov. 1989).
66. Nelson Landry, *L'Acadie Nouvelle* (16 déc. 1995).
67. Éric Goguen, *L'Acadie Nouvelle* (28 juin 1991).

eux se disent indifférents au sort des minorités. À cette occasion, l'éditorialiste Alcide LeBlanc rappelle les propos offensants de René Lévesque et de l'écrivain Yves Beauchemin[68]. Plus tard, la politique du gouvernement péquiste à l'égard des communautés francophones préparée par la ministre Louise Beaudoin au printemps 1995 reçoit un accueil très positif de la part de l'éditorialiste Claude Boucher[69]. Il souligne que plutôt que de tomber dans le piège du paternalisme et du colonialisme, le Québec tente d'établir des relations normales par l'établissement de partenariats. De plus, il se réjouit du rôle accru des bureaux du Québec dans les régions, et l'établissement de tables de concertations qui permettront, pense-t-il, d'éviter les erreurs du passé. De même, l'élargissement de l'Entente entre le Québec et le Nouveau-Brunswick aux communications et aux affaires devrait être bénéfique.

L'Acadie, le gouvernement fédéral et le Québec

Depuis la politique de bilinguisme du gouvernement Trudeau, le fédéral était vu comme l'allié naturel et le défenseur des minorités. C'est pourquoi celles-ci s'opposaient à l'affaiblissement de gouvernement fédéral au profit des provinces surtout en matière de droits linguistiques et culturels et aux demandes répétées de décentralisation de la part du Québec. Les minorités reprochaient souvent, au contraire, au fédéral de ne pas en faire assez pour les minorités francophones ou encore de partager de façon inéquitable les sommes attribuées aux minorités linguistiques. Ainsi, Michel Doucet dénonce le fait que les anglophones du Québec, selon des chiffres révélés par la Fédération des parents francophones, auraient reçu 47,7 % des 2,32 milliards de dollars versés par Ottawa. Les francophones des autres provinces en auraient reçu 28,3 %, le reste allant aux programmes d'enseignement des langues secondes. En tout, depuis 1970, les anglophones du Québec auraient bénéficié de 64 % des fonds contre seulement 36 % pour les francophones des autres provinces[70]. Ainsi, quand les Galganov ou les autres anglophones tentent de faire passer les anglophones du Québec comme des parias de la fédération, il y a de quoi se moquer de leur mauvaise foi ou de leur ignorance, écrit-il. De même les déclarations intempestives d'une députée libérale de Vancouver-Est, comparant

---

68. René Lévesque aurait parlé des Franco-Ontariens comme des « canards morts » et Beauchemin a traité les minorités francophones de « cadavres chauds ».
69. Claude Boucher, *L'Acadie Nouvelle* (3 avril 1995).
70. Michel Doucet, *L'Acadie Nouvelle* (21 oct. 1996).

Lucien Bouchard à Hitler sont relevées et dénoncées comme il se doit[71]. On dénonce également les tableaux trop roses de la situation des minorités francophones ou du bilinguisme trouvés dans les rapports du commissaire aux langues officielles[72] ou les commentaires rassurants, non conformes à la réalité, de la ministre du Patrimoine, Sheila Copps, concernant l'assimilation des minorités francophones[73].

Il est par contre assez surprenant de lire sous la plume de Nelson Landry un éditorial intitulé « Le fédéralisme centralisé est néfaste pour l'Acadie ». Contredisant Me Michel Bastarache qui venait de déclarer, dans une conférence aux étudiants du département de science politique de l'Université de Moncton, que l'avenir de l'Acadie passait entre autres par le fédéralisme centralisé, Landry écrit : « Ce n'est pas tant l'indépendance du Québec qui menace l'avenir de l'Acadie que la centralisation du pouvoir à Ottawa, entre les mains du Canada anglais[74] ». Son raisonnement est le suivant : alors que le fédéral vient d'écarter l'Acadie des négociations constitutionnelles – preuve que pour Ottawa, l'Acadie est un joueur négligeable –, une fois le Québec parti, Ottawa, massivement anglophone, n'aura que faire de l'Acadie et des minorités francophones. « L'Acadie doit posséder ses propres outils et ses propres pouvoirs pour assurer son avenir et s'épanouir ». Cependant, il ne précise pas quelle structure en Acadie pourrait gérer ces outils et quels sont les pouvoirs hypothétiques qu'il réclame.

Les élections de 1994 au Québec

En raison des enjeux et des sondages qui prédisaient une victoire du Parti québécois de Jacques Parizeau, *L'Acadie Nouvelle* a consacré cinq éditoriaux à cette élection. La veille du débat des chefs, Doucet le qualifie du « Débat de la dernière chance[75] », et le lendemain, Claude Boucher parle d'un match nul. Après la victoire du PQ aux élections, Boucher demande au reste du Canada de ne pas perdre la tête, parce que la défaite des libéraux est le résultat de neuf ans d'usure et d'erreurs. Selon lui, la balle est maintenant dans le camp fédéraliste. Le premier ministre Chrétien doit maintenant faire au Québec une proposition acceptable et les responsables de l'échec de l'Accord du lac Meech et de Charlottetown devraient faire leur examen de conscience[76].

---

71. Michel Doucet, *L'Acadie Nouvelle* (1er août 1996).
72. Nelson Landry, *L'Acadie Nouvelle* (27 mars 1991).
73. Michel Doucet, *L'Acadie Nouvelle* (25 nov. 1996).
74. Nelson Landry, *L'Acadie Nouvelle* (8 avril 1992).
75. Michel Doucet, *L'Acadie Nouvelle* (29 août 1994).
76. Claude Boucher, *L'Acadie Nouvelle* (13 sept. 1994).

Le référendum québécois de 1995

La victoire du PQ aux élections comportait la tenue presque inévitable d'un nouveau référendum. Celui-ci est préparé par le dépôt de la Loi sur la souveraineté en décembre 1994. Dans un éditorial anonyme intitulé « Les fédéralistes s'enfargent », l'éditorialiste de *L'Acadie Nouvelle* déclare que les réactions à cette loi de la part de Sheila Copps, porte-parole du gouvernement fédéral, de Jean Charest, leader du Parti conservateur en Chambre et Daniel Johnson, fils, chef de l'opposition à l'Assemblée nationale, ne sont pas de bon augure. Il se réjouit, par contre, de la réaction des premiers ministres Bob Rae de l'Ontario et Frank McKenna qui veulent intervenir dans le débat référendaire[77]. Tout au long de la campagne référendaire qui se poursuit jusqu'au 30 octobre, *L'Acadie Nouvelle* consacre 16 éditoriaux à ce sujet. Tour à tour Michel Doucet, Nelson Landry et Claude Boucher en commentent les péripéties et incidents. Par exemple, Michel Doucet approuve le refus de la Fédération des communautés francophones et acadiennes (FCFA) de s'inscrire dans le camp du non[78], à cause, entre autres, de la proposition de Lucien Bouchard d'une union économique et même de certaines institutions politiques avec le Canada qui pour lui n'est qu'une manœuvre pour masquer les vrais enjeux du référendum[79]. À la suite du rapport de la Commission nationale sur l'avenir du Québec qui préconise la souveraineté avec une association économique avec le Canada : partage de la monnaie, du passeport, d'institutions politiques et maintien des liens économiques, Doucet ironise : « C'est un peu comme le grand fils qui réclame l'autonomie vis-à-vis de ses parents mais qui se retrouve avec une chambre au sous-sol, l'accès au garde-manger, à la voiture (sous conditions) et à toutes les commodités et le confort de la maison. Quelle autonomie[80] » ! D'autre part, il ridiculise l'initiative d'une députée libérale du Nouveau-Brunswick de faire une chanson à chanter dans une tournée au Québec pour convaincre les Québécois de voter non. « À un moment aussi grave de leur histoire, ils [les Québécois] n'ont pas besoin des autres pour leur dire comment penser... Ils se passeraient bien aussi de se faire chanter la pomme[81] ». Il considère également comme inutile le voyage au Québec de ministres acadiens du N.-B. Par contre, il dénonce comme du chantage à l'encontre des Québécois les

---

77. Anonyme, *L'Acadie Nouvelle* (7 déc. 1994).
78. Michel Doucet, *L'Acadie Nouvelle* (20 jan. 1995).
79. Michel Doucet, *L'Acadie Nouvelle* (10 avril 1995).
80. Michel Doucet, *L'Acadie Nouvelle* (20 avril 1995).
81. Michel Doucet, *L'Acadie Nouvelle* (3 oct. 1995).

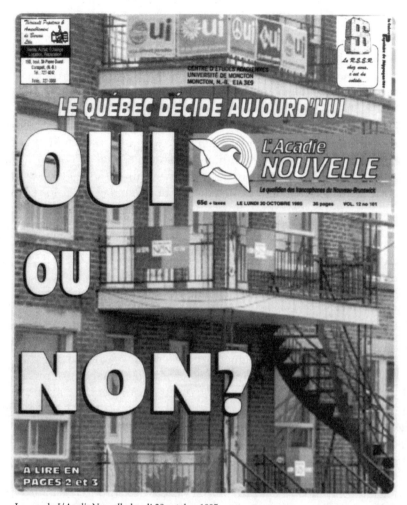

La une de *L'Acadie Nouvelle*, lundi 30 octobre 1995.

déclarations simplement factuelles[82] des premiers ministres Mike Harris et Frank McKenna et les dénonce comme de l'ingérence dans les affaires québécoises comme si ce référendum n'avait aucune incidence sur les citoyens des autres provinces canadiennes. Claude Boucher surtout utilise un langage très direct, parfois même virulent, à l'encontre des forces fédéralistes anglophones ou francophones. Le ministre fédéral des Finances, Paul Martin, est appelé « Jo-Jo Martin » et traité de bonhomme sept heures pour sa déclaration apparemment farfelue ou

---

82. Michel Doucet, *L'Acadie Nouvelle* (17 oct. 1995). Cette déclaration disait simplement qu'un Québec souverain devra faire son deuil des avantages que lui confère la structure actuelle.

du moins nullement démontrée, qu'un oui au référendum ferait perdre un million d'emplois au Québec[83]. Dans un éditorial où il reconnaît pourtant que « les vues de M. McKenna dans le dossier de l'unité nationale sont au diapason avec l'ensemble de son électorat », il parle de ses vues sectaires à l'égard de M. Parizeau[84]. Occasionnellement, ce sont des gestes ou des déclarations de certaines personnalités nationalistes du Québec qui sont dénoncées[85]. Daniel Johnson lui-même est rabroué sans ménagement pour avoir déclaré que les communautés francophones et acadiennes du Canada n'existeraient pas sans le Québec, que les Acadiens doivent leur salut au Québec. Boucher qualifie de condescendant et d'un « paternalisme néo-colonial indécent » le ton de Johnson et l'invite à consulter l'histoire[86].

Alors qu'en mars il avait écrit : « La raison est fédéraliste[87] », à l'approche de la date du vote, Landry écrit que « c'est le cœur qui votera[88] », affirmant que ni le camp du oui ni le camp du non n'ont pu démontrer que le Québec serait gagnant en votant oui ou non. Il termine en disant : « Si c'est le cœur qui répond à la question, le oui risque de l'emporter avec une avance d'une dizaine de points. Si c'est la tête qui répond, le vote sera serré et pourrait aller d'un côté comme de l'autre ». Pour Claude Boucher, les propositions de dernière minute pour satisfaire le Québec sont, selon la formule, trop peu trop tard. Il avertit que, même si le non l'emporte, il y aura un autre référendum : « Dans cinq, dix ou quinze ans, le peuple québécois se donnera un pays. Ce n'est qu'une question de temps[89] ». Le jour même du référendum, le 30 octobre, Claude Boucher rappelle que c'est le 30 octobre 1760 qu'a eu lieu la reddition des troupes françaises et acadiennes à Restigouche, site de la dernière bataille entre armées françaises et armées anglaises sur le territoire canadien. Advenant une victoire du oui, le 30 octobre 1995 deviendra lui aussi une date historique. Il écrit que le bilinguisme ce « rempart érigé par le Canada pour contrer les "séparatisses" est un échec et les résultats serrés de ce référendum le prouveront. Pour les Acadiens et les francophones hors Québec, le bilinguisme c'est la lente agonie d'un peuple[90] ». Ce discours de Boucher traduit bien la position

83. Claude Boucher, *L'Acadie Nouvelle* (19 octobre 1985).
84. Claude Boucher, *L'Acadie Nouvelle* (12 juin 1995).
85. Claude Boucher *L'Acadie Nouvelle* (19 octobre 1995). Il s'agit de la députée bloquiste Suzanne Tremblay qui s'en est pris à la journaliste Joyce Napier parce qu'elle parle le français avec un accent.
86. Claude Boucher, *L'Acadie Nouvelle* (3 fév. 1995).
87. Nelson Landry, *L'Acadie Nouvelle* (6 mars 1995).
88. Nelson Landry, *L'Acadie Nouvelle* (26 octobre 1995).
89. Claude Boucher, *L'Acadie Nouvelle* (27 octobre 1995).
90. Claude Boucher, *L'Acadie Nouvelle* (30 octobre 1995).

ambiguë des Acadiens face au bilinguisme. Ils y sont favorables lors-qu'ils sont en situation de faiblesse et que le bilinguisme représente un progrès. Mais ils le dénoncent fortement lorsqu'il représente une limi-tation à l'unilinguisme francophone. Attitudes peut-être compréhen-sibles mais d'une logique difficilement acceptable. Au lendemain de la mince victoire du non, Boucher écrit justement que rien n'est réglé et préconise un retour rapide à des négociations sérieuses pour satisfaire les demandes du Québec[91].

L'après-référendum

Après le référendum, Boucher continue de se moquer des initiati-ves prises par le gouvernement fédéral pour tenter de satisfaire les de-mandes du Québec. Il traite « d'insignifiance » le rapport du Comité parlementaire sur l'unité nationale[92] et de « Ligue du vieux poêle » le colloque « Constitution 2000 » qui réunit à Montréal des personnalités du Québec et des autres provinces pour trouver des solutions au pro-blème constitutionnel canadien[93]. Auparavant, il avait écrit un éditorial plein de sympathie pour la tâche de Lucien Bouchard qui devait com-poser avec les compressions budgétaires imposées par le gouvernement fédéral au Québec[94].

Par la suite, Claude Boucher quitte le journal et c'est Michel Doucet qui écrira 15 des 17 éditoriaux consacrés à la question québécoise, les deux autres étant signés par le nouveau rédacteur en chef, Hermel Vienneau. Commentant les poursuites intentées par le directeur des élections au Québec contre des individus et des organismes qui ont financé les voyages pour assister au ralliement fédéraliste de Montréal à quelques jours du référendum, Doucet se range à l'opinion des souverainistes qui allèguent qu'il s'agit d'ingérence indue dans la cam-pagne. Encore une fois, il dénonce le peu de gestes concrets que le Ca-nada est prêt à poser pour satisfaire le Québec[95]. La création du Bureau d'information du Canada lui fournit une autre occasion pour dénoncer l'improvisation du fédéral[96]. Par ailleurs, Doucet se range de l'avis du leader du Bloc québécois, Michel Gauthier, qui ne voit dans le recours à la Cour suprême qu'une autre tactique du dit plan B fédéral qui sera

---

91. Claude Boucher, *L'Acadie Nouvelle* (31 octobre, 1995).
92. Claude Boucher, *L'Acadie Nouvelle* (3 janvier 1996).
93. Claude Boucher, *L'Acadie Nouvelle* (12 mars 1996).
94. Claude Boucher, *L'Acadie Nouvelle* (29 janvier 1996).
95. Michel Doucet, *L'Acadie Nouvelle* (15 mai 1996).
96. Michel Doucet, *L'Acadie Nouvelle* (11 juill. 1996).

interprété au Québec comme une provocation[97]. Par ailleurs, Doucet ne comprend pas l'indignation soulevée au Canada anglais par le « Vive le Québec libre » de de Gaulle en 1967 et s'étonne de l'agitation qui règne en certains milieux à la nouvelle que la France s'apprêterait à émettre un timbre pour commémorer l'événement. Il parle de « paranoïaques séniles » et « d'anglophones insécures[98] ». Tout autre est le langage de Doucet quelques mois plus tard lorsqu'il juge déplacé l'appui donné par Frank McKenna au Committee for Canada : « M. McKenna n'est pas sans savoir que les susceptibilités sont à fleur de peau... et que toute déclaration de ce genre ne peut que compliquer davantage les relations[99] ». Pour lui, il convient donc de ménager les susceptibilités des uns mais il est de bon ton de se moquer de celles des autres. Un peu plus tard, commentant un sondage indiquant une baisse de l'appui à la souveraineté au Québec, Doucet en profite pour fustiger un commentateur de la CBC qui se serait moqué de Bouchard[100]. Doucet attribue une bonne partie des difficultés de Daniel Johnson, chef du PLQ, à l'attitude hostile du Parti libéral du Canada à son égard[101]. Plus tard, il ironise sur le halo dont on entoure Jean Charest que l'on accueille comme le sauveur de la cause fédéraliste. En désignant Charest de « copain d'Elsie Wayne », l'ancienne mairesse de Saint-Jean impopulaire auprès des francophones, il fait preuve d'hostilité à son égard. Il prédit correctement cependant la désillusion à venir[102].

Hermel Vienneau, alors directeur de *L'Acadie Nouvelle*, est plus nuancé dans ses prises de position sur la question québécoise[103]. Mais alors que la plupart des commentateurs, souverainistes ou fédéralistes, reconnaissent l'importance et la portée de la décision de la Cour suprême en août 1998 sur le droit du Québec à déclarer unilatéralement son indépendance, Vienneau traite celle-ci de façon cavalière :

> Le jugement de la Cour suprême aurait d'ailleurs pu être écrit par une classe de Droit constitutionnel 1000 de par sa simplicité et son contenu tout à fait prévisible.

> Pour nous francophones hors-Québec, cette décision (tout comme le renvoi d'ailleurs) nous laisse indifférents car elle ne changera en rien l'impasse constitutionnelle. Elle ne fait que confirmer la suprématie du droit constitutionnel et du droit international sur une loi référendaire provin-

---

97. Michel Doucet, *L'Acadie Nouvelle* (4 oct. 1996).
98. Michel Doucet, *L'Acadie Nouvelle* (15 mars 1997).
99. Michel Doucet, *L'Acadie Nouvelle* (8 août 1997).
100. Michel Doucet, *L'Acadie Nouvelle* (22 sept. 1997).
101. Michel Doucet, *L'Acadie Nouvelle* (4 mars 1998).
102. Michel Doucet, *L'Acadie Nouvelle* (27 mars 1998).
103. Hermel Vienneau, *L'Acadie Nouvelle* (15 fév. 1997).

ciale, et de contribuer [sic] au durcissement de la position du Québec dans le dossier constitutionnel[104].

Les élections québécoises du 30 novembre 1998 n'ont pas soulevé beaucoup d'intérêt de la part des éditorialistes de *L'Acadie Nouvelle* qui n'ont sûrement pas pris au sérieux les propos alarmistes de Jean Charest sur les conséquences graves et irréversibles d'une victoire du Parti québécois.

*   *   *

L'analyse des éditoriaux des trois quotidiens acadiens du Nouveau-Brunswick a permis de constater que le Québec et la question québécoise y ont été présents tout au long des quatre décennies touchées. Présents, mais sûrement pas obsédants hormis la saga de l'Accord du lac Meech et le référendum de 1995. Une constante se dégage des éditoriaux de Bernard Poirier, Claude Bourque, Paul-Émile Richard et Michel Doucet. Bien enracinés dans le milieu et conscients qu'il est nécessaire de lutter contre l'envahissement de la langue et de la culture anglaise, ils sont très sympathiques à la situation du Québec qui s'apparente, à certains égards, à celle de l'Acadie. Ils reconnaissent l'importance de la présence et de la force du Québec au sein de la Confédération canadienne pour le maintien et le développement de la langue et de la culture françaises. Les différences d'attitude des divers éditorialistes face à la question québécoise sont influencées par leur personnalité et leur allégeance politique, de même que par leur origine acadienne ou québécoise. Les différences entre les journaux, *L'Évangéline* et *L'Acadie Nouvelle* par exemple, viennent d'abord de l'évolution du dossier et des mentalités. On peut néanmoins en attribuer une partie au lieu de publication des journaux : *L'Évangéline*, à Moncton, était plus éloignée du Québec que *L'Acadie Nouvelle* à Caraquet, situé à quelques dizaines de kilomètres du territoire québécois.

Dans les années 1960, les éditorialistes ne prenaient pas au sérieux la menace séparatiste et y voyaient au contraire un effet bénéfique pour réveiller le Canada anglais. L'arrivée au pouvoir du Parti québécois en 1976 ne provoque pas chez eux de panique, ni le référendum de 1980 qui paraît simplement un outil pour négocier une nouvelle association avec le Canada. Le référendum de 1995 apparaît une menace plus sérieuse pour l'avenir de la francophonie canadienne, mais les éditorialistes acadiens, tout en étant opposés à cette option,

---

104. Hermel Vienneau, *L'Acadie Nouvelle* (21 août 1998).

reconnaissent aux Québécois le droit de faire leur choix en fonction de leurs intérêts propres. Ainsi, on n'a pas entendu, au cours de la dernière élection québécoise, les accusations d'égoïsme et d'abandon de leurs compatriotes francophones à l'encontre des souverainistes québécois.

Dans les luttes du Québec contre le gouvernement fédéral, que ce soit pour le bilinguisme, le rapatriement de la Constitution, les interventions fédérales dans des domaines provinciaux ou le pouvoir de dépenser du gouvernement fédéral, les éditorialistes se rangent généralement du côté d'Ottawa parce que le gouvernement fédéral apparaît comme l'allié des minorités face à l'indifférence ou à l'hostilité des gouvernements provinciaux à l'égard de leur minorité.

Par contre, au moment de l'Accord du lac Meech alors qu'il semblait y avoir collusion entre le gouvernement québécois et le gouvernement Mulroney pour écarter les minorités des négociations et passer sous silence leurs revendications, les éditorialistes s'insurgent et refusent d'attendre une hypothétique deuxième ronde de pourparlers constitutionnels pour obtenir les garanties réclamées. Avec raison, ils ont estimé qu'une fois les revendications du Québec satisfaites les minorités francophones n'auraient pas assez de poids politique pour remettre en marche la machine constitutionnelle. N'est-ce pas d'ailleurs pour ne pas perdre le momentum si difficile à obtenir, que messieurs Mulroney et Bourassa ont obstinément refusé de rouvrir l'Accord?

L'élection de 1998 qui a reporté au pouvoir le gouvernement péquiste n'a pas été accueillie, pas plus que les précédentes, comme une catastrophe par les éditorialistes ou par la population acadienne. Même si le gouvernement du Parti québécois n'a pas réussi à convaincre les Acadiens que son projet de souveraineté leur serait avantageux, ceux-ci ont appris à vivre avec cette éventualité. Les Acadiens ont bien des intérêts communs avec les Québécois et sont prêts à s'y allier. Cependant, la collectivité acadienne du Nouveau-Brunswick a compris que ses intérêts ne sont pas toujours convergents avec ceux du Québec et en accepte les conséquences.

CHAPITRE 5

La contribution du Québec au développement de l'éducation en français au Nouveau-Brunswick

Yolande Castonguay-LeBlanc

L'apport du Québec à la communauté acadienne et néo-brunswickoise francophone en matière d'éducation est indéniable. À l'origine, sa contribution aura été d'assurer une certaine survivance de la religion et de la langue française dans les écoles, par l'entremise de nombreuses communautés religieuses qui venaient ouvrir des maisons au Nouveau-Brunswick. Petit à petit, le Québec a fourni une assistance en enseignement et dans une diversité d'autres domaines liés à l'éducation. L'aide s'est étendue, allant du niveau des études primaires à celui des études collégiales et universitaires. Graduellement, la coopération qui se faisait plutôt à sens unique au début, de la plus grande province à la plus petite, de la plus forte à la plus vulnérable, est devenue une réelle coopération bilatérale. Si le Québec continue de contribuer au développement de l'éducation en français au Nouveau-Brunswick, il reste qu'en ce domaine de vrais échanges bilatéraux entre les deux provinces se produisent de plus en plus fréquemment. Les Néo-Brunswickois ont conscience d'avoir enfin quelque chose à offrir à des voisins à qui ils sont fort redevables.

Bien des facteurs ont amené le Nouveau-Brunswick francophone à se tourner naturellement vers le Québec pour s'alimenter en matière d'organisation pédagogique, de didactique, de livres et de documents utilisés à des fins scolaires. Mentionnons entre autres la proximité géographique des deux provinces, le partage d'une culture qui provenait de France, l'utilisation du français comme langue maternelle chez la majorité des Québécois et chez une minorité importante de Néo-Brunswickois et, au Québec, un plus grand nombre de spécialistes francophones dans diverses disciplines scolaires ainsi qu'une plus grande richesse sur le plan de la production de matériel didactique en français.

Jusqu'à quel point le Nouveau-Brunswick a-t-il bénéficié d'un apport québécois dans le domaine de l'éducation en français ? Il n'est pas facile d'évaluer à sa juste valeur la contribution du Québec dans le développement de l'éducation en français au Nouveau-Brunswick, surtout depuis 1960, vu le manque de statistiques et d'archives classées dans le domaine (du moins du côté du Nouveau-Brunswick). Toutefois, le recours à des documents personnels, la consultation d'articles et d'autres documents d'auteurs acadiens et québécois ainsi que des renseignements obtenus auprès de personnes en poste depuis longtemps dans notre province nous ont permis de recueillir un certain nombre de données intéressantes. À partir de ces éléments, nous tenterons d'esquisser un portrait assez juste de la contribution du Québec dans le domaine de l'éducation en français au Nouveau-Brunswick.

Nous tâcherons de démontrer que la contribution du Québec en matière d'éducation en français au Nouveau-Brunswick a été assurée de diverses manières. Nous parlerons d'abord de l'apport des communautés religieuses qui, pendant plus de deux cents ans, ont joué un rôle primordial dans l'éducation des petits francophones de notre province.

En second lieu, nous mentionnerons la contribution d'individus ou encore d'entreprises privées qui ont travaillé de concert avec les districts scolaires ou le ministère de l'Éducation du Nouveau-Brunswick (MENB) particulièrement dans le domaine des méthodes d'enseignement, du matériel didactique et des manuels scolaires.

En troisième lieu, nous montrerons que la contribution québécoise s'est souvent manifestée sous forme d'influences provenant d'idées de chercheurs et de pédagogues, d'expériences tentées au Québec en enseignement ou dans des domaines périphériques. Elle s'est aussi manifestée par le biais d'échanges informels entre les participants au monde de l'éducation des deux provinces.

Enfin, nous présenterons l'entente de coopération de 1969, nous soulignerons l'ampleur qu'ont pris les échanges Québec–Nouveau-Brunswick, et nous terminerons par un aperçu de la politique du Québec à l'égard des communautés francophones et acadiennes du Canada.

CONTRIBUTION DU QUÉBEC

Apport des communautés religieuses

Les relations Québec-Acadie en matière d'éducation existent depuis fort longtemps. En effet, on peut retracer des éléments de coopération dans ce domaine depuis le XVIIe siècle. Alexandre Savoie[1] rapporte qu'en 1685 l'abbé Petit de Port-Royal demandait de l'aide à son évêque, Mgr de Saint-Vallier, pour son église et ses écoles. L'évêque répondait à son appel en lui envoyant une religieuse de la Congrégation Notre-Dame de Montréal, un jeune sulpicien, puis, quelques années plus tard, une religieuse de la Congrégation des Filles de la Croix. À ce moment-là, le Nouveau-Brunswick ne constituait pas encore une entité politique distincte. Avec la Nouvelle-Écosse, comprise dans ses anciennes frontières, c'est-à-dire sans le Cap-Breton, il formait l'Acadie. Ce n'est qu'un siècle plus tard, en 1784, que le Nouveau-Brunswick sera érigé en province.

Presque un siècle après l'entrée du Nouveau-Brunswick dans la Confédération, de nombreuses communautés religieuses œuvrent en enseignement dans les écoles francophones, dites bilingues (dans la loi scolaire, il n'était pas question d'écoles francophones mais d'écoles bilingues), du Nouveau-Brunswick. Selon M. H. Hody, cité par Isabelle McKee Allain[2] (1995) dans sa thèse de doctorat, des communautés religieuses québécoises de femmes et d'hommes enseignaient un peu partout au Nouveau-Brunswick dans les comtés où vivait une assez forte population de langue française. Le tableau 5.1 donne le nom de ces communautés, celui des villes ou des villages où elles enseignaient ainsi que la date d'ouverture de l'institution d'enseignement (et parfois celle de fermeture). Ce tableau permet de constater qu'au cours des années quarante et cinquante du XXe siècle, et plus particulièrement de 1943 à 1955, les communautés religieuses francophones enseignantes du Québec se sont installées dans des villes ou des villages du Nouveau-Brunswick à un rythme très soutenu. La fondation, pendant les années vingt, de deux communautés enseignantes de femmes francophones dans notre province n'avait pas suffi à assurer les effectifs enseignants nécessaires à toutes les écoles. Par bonheur, les communautés québécoises répondaient favorablement à l'appel de leurs voisins.

1. Alexandre-J. Savoie, « L'enseignement en Acadie de 1604 à 1970 », *Les Acadiens des Maritimes*, Moncton, Centre d'études acadiennes, 1980, p. 423.
2. Isabelle McKee Allain, *Rapports ethniques et rapports de sexes en Acadie : les communautés religieuses de femmes et leurs collèges classiques*, Montréal, Université de Montréal, 1995, Annexe 1, p. XX-XXI.

Puis, avec l'arrivée des années soixante s'amorce une période de transformations radicales. Au Québec, c'est la Révolution tranquille ; au Nouveau-Brunswick, les changements percutants qui se produisent sur tous les plans vont aussi révolutionner l'existence de ses habitants. L'école se laïcise et on ne voit plus de migration de communautés religieuses enseignantes du Québec vers le Nouveau-Brunswick. Au contraire, on assiste plutôt au reflux de ces groupes vers leur province d'origine, ou à une réorientation de leurs œuvres quand les communautés choisissent de rester dans la province.

Apport d'individus ou d'entreprises privées

On sait qu'à l'approche des années soixante, de nombreux changements se préparaient dans le monde de l'éducation un peu partout au pays comme ailleurs sur la planète. Le Nouveau-Brunswick francophone, qui ne disposait alors que de peu de moyens pour amorcer par lui-même de grandes innovations dans le domaine pédagogique et dans celui de l'édition de manuels scolaires, s'est alors appuyé sur le Québec, mieux nanti que lui dans ces domaines. Nous en verrons des exemples, surtout en lecture et en enseignement de la langue maternelle, mais aussi en mathématique.

Lecture

L'un des domaines où des modifications importantes allaient être introduites est celui de l'enseignement de la lecture, puis de l'enseignement du français en général. Dès leur fondation, l'Acadie et le Québec héritent, pour l'enseignement de la lecture, des méthodes synthétiques employées en France et qui ne seront modifiées que beaucoup plus tard. Jocelyne Giasson et Jacqueline Thériault[3] indiquent qu'au Québec, depuis le XIXe siècle, trois courants ont prévalu en lecture. Il en va de même au Nouveau-Brunswick. En effet, dans notre province, jusqu'à la fin des années 1930, l'enseignement de la lecture en français, lorsqu'il se faisait, était comme ailleurs à départ synthétique, axé sur le code. On sait que quatre livres de lecture française furent préparés dans notre province entre 1904 et 1907[4]. Cependant, certaines communautés religieuses de femmes et d'hommes du Québec apportaient avec elles leurs outils de travail. On retrouve, par exemple chez les Sœurs de la

---

3. Jocelyne Giasson et Jacqueline Thériault, *Apprentissage et enseignement de la lecture*, Publication PPMF-Laval, éditions Ville-Marie, 1983, p. 47.
4. Alexandre-J. Savoie, *loc. cit.*, p. 444.

Tableau 5.1
Communautés religieuses québécoises de femmes et d'hommes
dans les écoles dites bilingues et les collèges de langue française du
Nouveau-Brunswick à partir de 1863

Communautés	Villes ou villages	Années
Congrégation Notre-Dame	Acadieville	1863-1894
	Bathurst Village	1869-1890
	Caraquet	1871
	Saint-Louis	1874
	Bathurst	1878-1890
	Baker Brook	1943
	Kedgwick	1943
	Pointe-Rocheuse	1951
Congrégation Sainte-Croix	Saint-Joseph	1864
Filles de Jésus	Chatham	1902-1938
	Dalhousie	1903
	Rogersville	1904
	Lorne	1944
	Belledune	1946
	Barachois	1950
	Saint-Jean-Bosco	1950
	Nash Creek	1952
Filles de la Sagesse	Edmundston	1905
Frères du Sacré-Cœur	Bathurst-Est	1945
	Campbellton	1948
	Tracadie	1951
	Lamèque	1954
	Atholville	1954
Frères de l'Instruction chrétienne	Dalhousie	1945
	Shediac	1946
	Rogersville	1948
	Saint-Basile	1948
	Barachois	1950
	Saint-Léonard	1951
	Saint-André	1953
	Saint-Quentin	1953
Pères Eudistes	Caraquet	1899-1916
	Bathurst	1921
	Edmundston	1946
Religieuses Hospitalières de Saint-Joseph	Saint-Basile	1874
	Tracadie	1888
Sœurs de Jésus-Marie	Lamèque	1918
	Saint-Raphaël	1948
	Shippagan	1948
	Petite-Rivière-de-l'Île	1955
Ursulines de Québec	Jacquet River	1945
	Saint-Léonard	1947

Tableau préparé d'après les données de M. H. Hody, cité par Isabelle McKee Allain, dans sa thèse de doctorat. Annexe 1, p. XX-XXI.

Congrégation Notre-Dame, le *Syllabaire gradué ou le 1er livre des enfants*, publié à Montréal en 1890 et *Mon premier livre de lecture*, publié en 1940 à Montréal également. Des manuels préparés par les Frères du Sacré-Cœur et par les Frères de l'Instruction chrétienne ont également été employés dans les écoles de langue française.

Les manuels des communautés religieuses n'étaient pas les seuls à parvenir aux écoles du Nouveau-Brunswick. Personnellement, je me souviens d'avoir eu entre les mains, en 1944, un syllabaire intitulé *Mon premier livre de lecture*, de M. Forest et M. Ouimet, publié à Montréal en 1935[5]. Sans paraître à la liste du matériel didactique agréé, ce livre côtoyait les manuels de première année officiellement reconnus par la province.

Quant au deuxième courant en lecture, le courant analytique, cependant que le Québec tarde à le voir poindre, en 1939, on voit apparaître dans les écoles de langue française de notre province une série de livres de lecture pour le début du primaire. Préparée par Edgar Poirier, assisté de Rose-Marie Comeau et Frances Shelley Wees du Nouveau-Brunswick, cette série s'inspire d'ouvrages américains.

Au Québec, quelques années plus tard, naîtra une autre méthode à départ analytique, la *Dynamique*, qui n'a guère trouvé preneur en tant que méthode dans les écoles de langue française du Nouveau-Brunswick. Les livres de lecture furent cependant employés dans quelques écoles pour les textes qu'on y trouvait. Par ailleurs, plusieurs années après sa première parution, la *Dynamique* fut adoptée par un certain nombre de classes d'immersion dans notre province.

Le Sablier, né au Québec au début des années soixante, et publié chez Beauchemin[6], remplacera graduellement la précédente méthode. Pendant de nombreuses années, les auteurs du *Sablier*, Gisèle et Robert Préfontaine, parcourront le Québec ainsi que les régions francophones du Nouveau-Brunswick (et même certaines régions où l'immersion française est implantée) pour expliquer leur méthode qui, selon eux, est en fait une philosophie de l'apprentissage. Au 21 janvier 1967, au Nouveau-Brunswick, on compte une quinzaine d'écoles « Sablier », d'Edmundston à Moncton et Saint-Jean, de Shippagan à Bathurst et Cap-Pelé[7].

---

5. Pour les trois derniers livres cités dans les deux derniers paragraphes, voir J. Giasson et J. Thériault, *op. cit.*, p. 51, 55 et 54.
6. Beauchemin a été la première maison à publier le Sablier. À partir de 1964, elle publia *Le courrier pédagogique* qu'elle consacra d'abord au Sablier.
7. « Liste des écoles où l'on emploie « Le Sablier » », *Le courrier pédagogique*, Montréal, Beauchemin, 11, 14 (1967) : 1-7.

À partir de 1964, la maison Beauchemin de Montréal publie *Le courrier pédagogique* qu'à ses débuts elle consacre à la lecture par la méthode du Sablier et elle offre gratuitement cette publication aux personnes qui emploient cette méthode[8]. Quelques années plus tard, les Préfontaine publieront eux-mêmes leur méthode. *Le courrier pédagogique* deviendra *Grains de sable... grains de sel* et finalement *Grains de sel... grains de sable* qu'ils continueront d'offrir gracieusement jusqu'au début de l'année scolaire 1968-1969.

Le Sablier aura eu, entre autres, le mérite de redonner aux enfants de nombreuses communautés francophones du Nouveau-Brunswick les comptines de la langue française. À maints endroits, ces dernières avaient malheureusement été remplacées par les « Nursery rhymes » de langue anglaise.

Le troisième courant en lecture, qui date du début des années quatre-vingt, a été marqué au Québec par une prolifération de matériel pour l'enseignement de la lecture et du français langue maternelle à l'élémentaire. Ce matériel se conformait aux prescriptions des programmes d'études. Comme, à cette époque, les programmes d'études du Nouveau-Brunswick en matière de français étaient très influencés par ceux du Québec, il était logique d'employer le matériel de cette province pour enseigner l'oral et l'écrit selon l'approche communicative.

Outre Beauchemin et les Éditions du Sablier, d'autres maisons québécoises ont joué un rôle important dans l'édition et la distribution des manuels scolaires de langue française employés dans les classes du Nouveau-Brunswick où la majorité était francophone. Jusqu'en 1969, environ 90 % des ouvrages de langue française utilisés dans les écoles dites « bilingues » provenaient d'Europe. Dix ans plus tard, grâce à des efforts soutenus pour obtenir des ouvrages et des manuels en langue française, mais au contenu canadien, les chiffres sont renversés. Cependant, si la province a pu obtenir des manuels francophones au contenu canadien, c'est grâce au Québec, où d'anciennes tout comme de nouvelles maisons d'édition publiaient de plus en plus d'ouvrages qui répondaient aux besoins des écoles francophones de notre province. Nous en verrons des exemples dans les paragraphes qui suivent.

Pendant l'année scolaire 1986-1987, afin de sélectionner un matériel didactique pertinent pour l'enseignement de la lecture et des autres aspects du français langue maternelle à l'élémentaire, on expérimenta le matériel didactique de sept différentes maisons québécoises publié au cours des deux années précédentes. Les maisons d'édition étaient

---

8. « Présentation », *Le courrier pédagogique*, 1, 1 (1964) : 1-4.

responsables d'envoyer leurs auteurs, en début d'année scolaire, expliquer la philosophie de base et la démarche pédagogique préconisées dans leur collection. Puis, ils revenaient en milieu d'année, afin de faire les mises au point qui s'imposaient par rapport à la démarche pédagogique et de s'assurer que l'expérimentation rendait justice au matériel et à la philosophie qui y présidait.

Les coûts de l'expérimentation décrite ci-dessus étaient assurés à 50 % par les maisons d'édition, 25 % par les conseils scolaires et 25 % par le ministère de l'Éducation du Nouveau-Brunswick. Les sept maisons d'édition qui y participaient étaient : Beauchemin, Modulo, Lidec, Graficor, Guérin, CEC et Éditions françaises.

Mathématique

En mathématique, au cours des années 1960, 1970 et 1980, des conseillers en pédagogie québécois sont venus animer des sessions de formation sur la mathématique en général, sur la théorie des ensembles, sur le système métrique et sur divers autres sujets. Par exemple, on peut lire dans un bulletin de nouvelles de l'Association des enseignantes et des enseignants francophones du Nouveau-Brunswick (AEFNB)[9] :

> L'AEFNB, en collaboration avec le ministère de l'Éducation [MENB], tenait à Fredericton, du 20 au 24 février 1984, un institut de formation continue à l'intention d'enseignantes et d'enseignants de sciences et mathématique du premier cycle du secondaire. Cet institut avait été organisé et financé conjointement par l'AEFNB et le MENB. M. Jean Dionne, didacticien en mathématique et M. Jacques Desautels, didacticien en sciences, de l'Université Laval agissaient comme personnes-ressources.

Les années soixante-dix et quatre-vingt ont vu apparaître le matériel Dienes et, le maître lui-même, accompagné de M. André Tellier, est venu animer des sessions intensives de mathématique au collège de Bathurst. Quelques enseignants de notre province sont également allés au Québec pour se former à l'utilisation de matériel tel que celui de Cuisenaire ou les blocs logiques de Dienes. Certains ont utilisé ce matériel au primaire, mais il n'était pas obligatoire, n'apparaissant au catalogue du matériel didactique agréé de la province que dans la liste du matériel complémentaire.

Puis, vers 1986-1987, Robert et Michel Lyons du Québec ont commencé à rencontrer les conseillers en pédagogie de la mathématique à

---

9. *Nouvelles AEFNB*, Institut de formation sciences et mathématiques, Fredericton, AEFNB, 10 (12 mars 1984).

l'élémentaire pour les initier à l'enseignement de la mathématique au moyen du matériel Défi Mathématique. Le Nouveau-Brunswick a adopté cette série de manuels pour ses écoles francophones et les frères Lyons sont venus à maintes reprises donner la formation initiale aux enseignantes et enseignants de l'élémentaire. La formation s'est poursuivie de 1986 ou 1987 à 1991, jusqu'à ce que Défi Mathématique soit implanté de la première à la sixième année[10].

Plus récemment, dans le domaine de la mathématique, la collection Carrousel a été traduite au Québec et adoptée par le Nouveau-Brunswick, et la collection Impact Mathématique a été traduite de l'américain et adaptée pour nous au Québec.

Apport du milieu universitaire et du monde de l'éducation

Influence du milieu universitaire québécois

Parmi les influences du Québec en matière d'éducation, il faut mentionner celle des universités qui, depuis des lustres, dispensent des programmes d'études postsecondaires dans divers domaines. Avant 1963, le Nouveau-Brunswick n'avait pas d'université de langue française prête à offrir d'autres programmes que ceux du baccalauréat. Fort heureusement, les Acadiens avaient découvert qu'il était possible d'entreprendre des études de deuxième et de troisième cycles en français en sol canadien. En effet, depuis bien longtemps, des étudiants francophones du Nouveau-Brunswick fréquentaient les universités québécoises pour continuer leurs études au niveau de la maîtrise ou du doctorat. Bien entendu, une fois de retour dans la province, dans leur milieu de travail, ces étudiants devenus travailleurs utilisaient leur savoir teinté des philosophies et des courants de pensée en vogue dans les universités où ils s'étaient formés. Comme nous le verrons, certaines influences transmises par l'enseignement universitaire québécois seront ressenties un jour par toute la population de la province du Nouveau-Brunswick.

Durant les années cinquante, il se trouvait des étudiants acadiens à l'Université Laval dont un certain Louis J. Robichaud de Saint-Antoine. Or ce futur premier ministre du Nouveau-Brunswick, dont la première élection à la tête de sa province aurait lieu en 1960, était inscrit à l'École

---

10. Les renseignements contenus dans les deux derniers paragraphes proviennent de madame Rita Gaudet qui était conseillère en pédagogie en mathématique à l'élémentaire au district 15, devenu le présent district 1, et que j'ai interviewée au téléphone le 19 janvier 1999.

des sciences sociales, école fortement influencée par le dominicain Georges-Henri Lévesque. Selon Della M. M. Stanley[11], « like so many of his french-speaking contemporaries, Louis came to regard Georges-Henri Lévesque as the symbol of social progress and equality ». Et pour Alcide Godin[12], « c'est sans doute à cette école de pensée que le futur premier ministre du Nouveau-Brunswick va puiser et approfondir les paramètres de sa réforme sociale qu'il va implanter au début des années 1960 ».

Le Québec, sans s'en douter, préparait à ce moment-là un homme politique dont la contribution serait immensément importante autant pour la partie francophone que pour sa contrepartie anglophone, puisque Robichaud apporterait des modifications de taille tant dans le domaine social que dans celui de l'éducation, et cela, pour toute la population du Nouveau-Brunswick.

Plus récemment, plusieurs enseignants universitaires de diverses facultés de l'Université de Moncton ont fait des études au Québec. La Faculté des sciences de l'éducation a particulièrement bénéficié de telles études dans le domaine des didactiques : français au primaire et au secondaire, langues secondes, sciences humaines, sciences de la nature, et spécialisation en maternelle. D'autres professeurs de cette faculté se sont formés dans les universités québécoises dans les secteurs de l'orientation, de l'administration scolaire, de l'enfance exceptionnelle, des difficultés d'apprentissage et de l'évaluation.

Influence du monde de l'éducation québécois

Le 22 juin 1960, la population québécoise élisait un nouveau gouvernement qui, selon Della M. M. Stanley[13], a eu une importante incidence sur le Nouveau-Brunswick. En 1964, ce gouvernement créera un ministère de l'Éducation (MEQ), mais entre-temps, en 1961, une loi de l'Assemblée législative du Québec instituait une commission d'enquête sur l'enseignement. Quatre ans plus tard après un long et fastidieux travail d'analyse et de synthèse, on voit paraître le début du rapport de la Commission, connu sous le nom de rapport Parent[14]. Ses auteurs

---

11. Della M. M. Stanley, *Louis Robichaud A Decade of Power*, Halifax, Nimbus Publishing Limited, 1984, p. 11.
12. Alcide Godin, *Réforme scolaire. L'école polyvalente 1965-1985*, Moncton, Université de Moncton, 1987, p. 11.
13. Della M. M. Stanley, *op. cit.*, p. 46.
14. Benoît Gendreau et André Lemieux, *L'organisation scolaire au Québec, Référentiel de connaissances*, Montréal, Éditions France-Québec, 1979, p. 12.

soumettaient de nombreuses recommandations au gouvernement du Québec en vue de moderniser l'éducation, de l'école primaire à l'université. Ce rapport aura une influence marquante sur l'éducation au Québec et aussi des répercussions importantes au Nouveau-Brunswick francophone.

Au Québec, après la création du ministère de l'Éducation en 1964 et la parution du rapport Parent de 1963 à 1966, l'enseignement a connu des changements profonds. Un effort de renouvellement pédagogique s'est amorcé et de nombreux projets ont vu le jour. Selon Arthur Tremblay, « [l']intention d'une pédagogie active [...] a inspiré au ministère de l'Éducation le projet SEMEA (stages d'entraînement aux méthodes d'éducation active) et bien d'autres projets analogues[15] ». Au Nouveau-Brunswick, la conseillère en enseignement du français au primaire du ministère de l'Éducation, Mme Marie-Corinne Bourque, a fait profiter de ces stages à certains enseignants de la province soit en les envoyant au Québec, soit en organisant des sessions de formation dans notre province.

Dans la belle province, « un programme de perfectionnement des maîtres par l'État a vu le jour en 1975 et existe encore aujourd'hui [1990] (sans subvention, cependant)[16] ». Ce programme, connu sous le nom de PPMF, a généré de nombreuses sessions de formation en enseignement du français pour les maîtres en exercice au Québec et a même eu des répercussions chez nous. En effet, en 1981, à l'invitation du conseiller en français à l'élémentaire du MENB, une semaine de formation était offerte aux conseillers et conseillères en pédagogie des divers districts scolaires ainsi qu'aux membres des comités de français à l'élémentaire et au secondaire par monsieur Yvon Laframboise, professeur et responsable du PPMF à l'Université de Sherbrooke.

À la faculté des Sciences de l'éducation de l'Université de Moncton, les didacticiennes du français avaient accès aux notes de cours des PPMF de diverses universités québécoises et s'en sont inspirées dans leurs cours de didactique. Donc, que ce soit dans le cadre de la formation des conseillers et conseillères en pédagogie en français, et par la suite des maîtres en exercice, ou encore des futurs enseignants en formation initiale à l'université ; que ce soit dans le cadre des nombreuses publications qui ont émané du programme et qui étaient disponibles sous forme imprimée, les écoles du Nouveau-Brunswick ont pu

---

15. Arthur Tremblay, « La démocratisation de l'enseignement », *Le Rapport Parent, 10 ans après*, Montréal, Bellarmin, 1975, p. 49.
16. Gilles Bibeau, « L'enseignement du français », *L'Éducation 25 ans plus tard ! Et après ?*, Québec, Institut québécois de recherche sur la culture, 1990, p. 228.

bénéficier de certaines retombées du programme du PPMF sur l'enseignement du français à l'élémentaire et au secondaire.

Un autre facteur d'influence a été celui des diverses associations québécoises d'enseignants et de professeurs ainsi que d'autres professionnels de l'éducation. Par exemple, l'Association québécoise des professeurs de français (AQPF) accepte, depuis sa création, des membres de provenance non québécoise. Cette association a créé une prodigieuse revue, *Québec français*, à laquelle de nombreux enseignants et professeurs du Nouveau-Brunswick, de la maternelle à l'université, sont abonnés. Quelques-uns y ont même fait publier des articles. En outre, maints colloques et congrès sur l'enseignement du français se tiennent au Québec, et les gens de notre province y sont toujours les bienvenus soit comme auditeurs, soit comme participants.

De même, le Québec a fondé une association pour l'enseignement de la mathématique au primaire. Il s'agit de l'Association pour l'avancement des mathématiques à l'élémentaire, connue sous l'acronyme APAME. Une revue du même nom est également publiée. Tout comme pour le français, les enseignants de notre province peuvent devenir membres de l'APAME et s'abonner à la revue. Comme dans le cas du français, ils sont également bien accueillis aux colloques ou congrès tenus au Québec sur l'enseignement de la mathématique.

Les professionnels qui travaillent dans des champs de connaissances liés à la vie scolaire, par exemple les domaines de l'enfance exceptionnelle, des difficultés d'apprentissage et de l'évaluation des apprentissages, ont également tiré avantage de l'essor que ces domaines ont connu au Québec. En 1966, l'Association québécoise pour les troubles d'apprentissage (AQETA) était fondée, et comme ce fut le cas pour les maintes autres associations québécoises dans le domaine de l'éducation, les gens des autres provinces furent invités à en devenir membres et à participer à ses activités, y compris à ses colloques ou à ses congrès.

En 1977, une autre association importante voyait le jour au Québec. Il s'agit de l'Association pour le développement de la mesure et de l'évaluation en éducation, bien connue sous le nom d'ADMÉÉ. L'Association est maintenant divisée en huit régions. Le Québec en compte six, et les deux autres sont le Nouveau-Brunswick et l'Ontario. Chacune des régions envoie des délégués au Conseil de gestion de l'Association qui, par un mécanisme d'échanges entre les membres, sert à prévoir l'organisation d'activités pertinentes dans les régions. Outre les activités régionales, l'ADMÉÉ tient une session d'étude (congrès) chaque année pendant laquelle elle présente des conférences ainsi qu'une soixantaine d'ateliers qui traitent d'un thème particulier en éducation. L'ADMÉÉ publie également un journal quatre fois par année ainsi que trois numéros par an de la *Revue mesure et évaluation en éducation* qu'elle adresse à tous ses membres. De nombreux enseignants, enseignantes et autres professionnels de l'éducation du Nouveau-Brunswick sont membres de l'ADMÉÉ et profitent pleinement de ses activités.

Le ministère de l'Éducation du Québec publie, à raison de cinq numéros par année, la revue *Vie pédagogique*. Il s'agit d'une « revue de développement pédagogique publiée par le Secteur de l'éducation préscolaire et de l'enseignement primaire et secondaire en collaboration avec la Direction des communications et la Direction des ressources matérielles[17] ». Les articles et les dossiers qui y sont publiés couvrent la gamme des sujets scolaires ainsi que des thèmes généraux pertinents à l'éducation. Distribuée gratuitement au personnel enseignant du Québec, elle l'a aussi été, jusqu'en août 1999, à tous les enseignants et enseignantes du Nouveau-Brunswick, et des autres provinces, qui voulaient se donner la peine de s'y abonner. Cette revue constitue une contribution québécoise très estimée du personnel enseignant néo-brunswickois francophone.

L'AEFNB[18], en tant qu'association professionnelle des enseignantes et des enseignants de notre province, organise un congrès provincial tous les trois ans. De plus, elle tient annuellement des colloques régionaux et locaux auxquels de nombreux Québécois sont invités, soit pour animer des ateliers, soit pour prononcer des conférences. À titre d'exemple, nous mentionnons le nom d'une dizaine de Québécoises ou de Québécois invités par l'AEFNB, et les sujets dont ils ont entretenu le corps enseignant francophone du Nouveau-Brunswick : Jean-Guy Corneau, Père manquant, fils manqué ; Hélène Pedneault, Excellence en éducation ; Claude Desjardins, Discipline ; Simon Blouin, Motivation ; Michel Lafortune, Motivation et discipline ; Claudette Perreault-St-Pierre, École renouvelée ; Claude Paquette, École renouvelée ; Denise Gaouette, Estime de soi ; Normand Maurice, Développement durable ; Andrée Jetté, Estime de soi.

Selon des renseignements recueillis auprès de MM. Ronald LeBreton et Reno Thériault, respectivement directeur général et directeur des services de perfectionnement de l'AEFNB, l'Association serait en négociations avec le Québec afin d'en venir à une entente par laquelle le

---

17. *Vie pédagogique*, 109 (nov.-déc. 1998) : 4.
18. Les renseignements au sujet de l'AEFNB ont été obtenus de MM. Ronald LeBreton et Reno Thériault lors d'une entrevue accordée à Yolande Castonguay-LeBlanc à l'édifice de la Fédération des enseignantes et enseignants du Nouveau-Brunswick, à Fredericton, le 15 novembre 1998.

transfert de crédits de service des enseignants du Nouveau-Brunswick et du Québec serait possible d'une province à l'autre.

Association canadienne d'éducation de langue française (ACELF)

Bien que l'ACELF soit un organisme pancanadien, son siège social est au Québec où elle se trouve bien placée pour « favoriser la concertation des forces vives de l'éducation en milieu francophone[19] ». Entre autres activités mises en œuvre pour concrétiser ses objectifs, elle offre, en conjonction avec le MEQ, des stages de perfectionnement dans six domaines : services à la petite enfance, enseignement au primaire, enseignement au secondaire, direction des écoles, responsabilités de l'élève et du milieu et alphabétisation des adultes. Les stages ont lieu dans la ville de Québec durant la période du Festival d'été international à l'édifice Marie-Guyart, à proximité des édifices du Parlement. Comme cette ville constitue le « Berceau de l'Amérique française et [le] fleuron du Patrimoine mondial, Québec sait raviver l'identité culturelle et la fierté francophone comme nulle autre. Les multiples activités et attractions de cette ville pittoresque produisent un effet énergisant assuré[20] ».

En 1977, 99 stagiaires, dont 25 en provenance du Nouveau-Brunswick, participaient aux stages de l'ACELF. Des 27 animateurs des divers stages, 14 provenaient du Québec, 2 du Nouveau-Brunswick et 11 de six autres provinces. De 1991 à 1997, 96 personnes de notre province, 15 % des participants de toutes les provinces et territoires du Canada ont pu tirer profit des stages de l'ACELF. Ce nombre se répartissait de la façon suivante : alphabétisation, 17 ; direction d'école, 11 ; préscolaire, 16 ; primaire, 30 ; responsabilisation, 4 ; secondaire, 18. Les nombreux éducateurs et éducatrices du Nouveau-Brunswick qui ont profité de ces stages s'en sont dits enchantés.

ENTENTE GOUVERNEMENTALE

Le 18 décembre 1969, un accord de coopération et d'échanges en matière d'éducation, de culture et de communications était conclu entre les gouvernements du Québec et du Nouveau-Brunswick. Il était signé à Fredericton par les premiers ministres Jean-Jacques Bertrand du Québec et Louis J. Robichaud du Nouveau-Brunswick.

---

19. http ://www.acelf.ca
20. *Idem.*

Une commission permanente de coopération entre les deux provinces fut nommée responsable de la mise en œuvre des dispositions de l'accord qui entrait en vigueur dès sa signature. Il était entendu que la commission se réunirait deux fois par année, alternativement à Fredericton et à Québec, et que les fonds nécessaires seraient affectés annuellement à l'application de l'accord par les deux provinces.

Cette première coopération interprovinciale institutionnalisée constituait un outil privilégié de développement de collaboration dans divers domaines. Par la coopération, le Québec et le Nouveau-Brunswick privilégient en premier lieu ce qui est de nature à améliorer ce qui existe déjà dans les services de chacune des provinces. Le Québec veut aussi promouvoir à l'extérieur ce qui mérite de l'être en raison de l'expertise acquise, de l'intérêt suscité ou des valeurs rattachées à certains secteurs[21].

Les paragraphes suivants montrent que la Commission de coopération Québec – Nouveau-Brunswick a réussi à respecter les articles 6 à 10 de l'entente de départ qui se lisent ainsi :

6) Nous échangerons des renseignements sur les programmes et les méthodes d'enseignement à tous les niveaux et favoriserons la participation aux projets susceptibles d'aider à un développement dans ce secteur.

7) Nous favoriserons les échanges d'enseignants, d'administrateurs et d'étudiants à tous les niveaux et dans toutes les disciplines.

8) Nous collaborerons à l'établissement de normes permettant la reconnaissance réciproque des programmes de formation des enseignants.

9) Nous favoriserons, entre les institutions d'enseignement à tous les niveaux, des accords visant à la reconnaissance réciproque des programmes d'étude et conduisant à l'équivalence des diplômes.

10) Nous favoriserons la coordination de nos programmes de bourses et d'aide aux étudiants[22].

Réorganisation du MENB et appel au MEQ

En 1973, quatre ans après la signature de l'entente avec le Québec, le rapport McLeod-Pinet[23] préconisait pour le Nouveau-Brunswick la création de districts scolaires unilingues là où la population le

---

21. Gouvernement du Québec, *Le Québec et le Nouveau-Brunswick, 25 ans de coopération*, Québec, SAIC-DBCF, 1994, p. 2.
22. Accord de coopération et d'échanges en matière d'éducation, de culture et de communications entre le Gouvernement du Québec et le Gouvernement du Nouveau-Brunswick. Fredericton, le 18 décembre 1969.
23. Malcolm MacLeod et Arthur Pinet, *Rapport MacLeod-Pinet : L'éducation de demain*, ministère de l'Éducation du Nouveau-Brunswick, 1973.

demandait. En 1974, après une réorganisation interne au MENB, on créait trois divisions : l'administration et les finances, les services francophones d'éducation et les services anglophones d'éducation. Un secteur francophone en éducation avait enfin à peu près le même droit de cité que son pendant anglophone même si la loi scolaire ne devait être modifiée que sept ans plus tard.

Dans le secteur francophone, on créa différentes directions : la Direction du développement et de l'implantation des programmes d'études (DDIPE), la Direction de l'évaluation et la Direction des services personnels aux étudiants. Le MENB fit alors appel au MEQ afin de commencer à effectuer un rattrapage dans le domaine de l'enseignement assuré en français et des autres services scolaires dispensés dans cette langue. C'est à ce moment-là que les écoles francophones commencèrent à connaître des changements importants dans les domaines mentionnés ci-dessus.

Monsieur Raymond Daigle, sous-ministre de l'éducation francophone au Nouveau-Brunswick, à qui je demandais ce qui, d'après lui, constituait la contribution majeure du Québec en matière d'éducation au Nouveau-Brunswick depuis 1960 disait :

> Du fait de sa présence, et surtout après la fondation de son ministère de l'Éducation, le Québec a été pour nous une richesse. Nous avons eu accès à une expertise, à du perfectionnement et à des spécialistes de toutes sortes. La préparation de programmes d'études et la création de matériel et de manuels scolaires ont été pour nous des sources où nous avons pu puiser abondamment.
>
> Les universités ont également joué un rôle, surtout dans la recherche. Même si au Nouveau-Brunswick nous avons l'Université de Moncton, le fait qu'on puisse avoir accès à des chercheurs, à des spécialistes dans au moins trois ou quatre universités québécoises, que ce soit Laval, Montréal, Sherbrooke ou le réseau de l'Université du Québec, équilibre un peu les choses. Il faut se rappeler qu'au secteur anglophone de notre Ministère, les gens ont accès à au moins huit autres ministères de l'Éducation et à une centaine d'universités anglophones, sans compter les universités américaines[24].

Comme nous l'avons dit ci-dessus, jusqu'en 1974, l'enseignement du français dans les écoles du Nouveau-Brunswick ne jouissait pas encore de la même reconnaissance que l'enseignement de l'anglais. En 1965, dans le discours du trône, il était question de l'érection d'une école

---

24. Propos de monsieur Raymond Daigle, sous-ministre de l'éducation francophone au Nouveau-Brunswick, lors d'une entrevue qu'il donnait à Yolande Castonguay-LeBlanc au ministère de l'Éducation, à Fredericton, le 6 janvier 1999.

normale «bilingue» sur le campus de l'Université de Moncton. Il
s'agissait bien sûr d'une école normale de langue française, mais jusqu'alors le gouvernement néo-brunswickois ne nommait toujours pas
les écoles francophones par leur nom. Si, en 1871, le Nouveau-Brunswick
s'était doté d'un système scolaire public qui devait offrir la scolarisation à tous les enfants, ce système ne faisait pas de place aux écoles de
langue française. Grâce à l'entêtement des francophones et à l'aide des
communautés religieuses venues du Québec, un certain enseignement
en français s'y faisait, mais de façon plus ou moins légale. Ce n'est que
110 ans plus tard que la reconnaissance desdites écoles se fera de façon
officielle. Selon Michel Bastarache et Andréa Boudreau Ouellet,

> la situation linguistique dans le domaine de l'éducation, comme dans bien
> d'autres domaines, change cependant au Nouveau-Brunswick avec l'adop-
> tion, en 1981, de la Loi reconnaissant l'égalité des deux communautés lin-
> guistiques officielles au Nouveau-Brunswick. La même année, des modi-
> fications importantes sont apportées à la Loi scolaire dans le but d'implan-
> ter un système scolaire fondé sur la compétence linguistique et d'abolir
> une fois pour toutes les écoles et les classes bilingues[25]...

Toutefois, entre-temps, les francophones de la province veillaient
au grain. Il est vrai que de 1871 à 1971 ils n'obtinrent pour leurs écoles
que du «français au compte-gouttes[26]». De grands changements se sont
opérés de 1941-1942 à 1999-2000 dans le nombre de titres[27] de manuels
en langue française dans les domaines du français langue maternelle,
de la mathématique, des sciences humaines, des sciences de la nature
au primaire et des sciences pures au secondaire pour les élèves francophones des écoles publiques du Nouveau-Brunswick.

Le nombre de manuels destinés aux élèves francophones est passé
de 6 en 1941 à 20 en 1957 pour le primaire. Il n'y avait alors rien en
français au secondaire. En 1967, les élèves de la neuvième à la douzième année sont dotés de 18 ouvrages en français. De 1967 à 1985, un
bond énorme se produit. En effet, au début de l'année scolaire 1985-
1986, au catalogue (moitié français, moitié anglais) de matériel didactique agréé, le matériel de base pour les écoles francophones compte

---

25. Michel Bastarache et Andréa Boudreau Ouellet, « Droits linguistiques et culturels
des Acadiens et des Acadiennes de 1713 à nos jours », *L'Acadie des Maritimes*, Moncton, Université de Moncton, Chaire d'études acadiennes, 1993, p. 422.

26. Sous-titre du livre de Alexandre J. Savoie, *Un siècle de revendications scolaires au Nouveau-Brunswick 1871-1971*, tome 1, *Du français au compte-gouttes*, Edmunston, chez
l'auteur, 1978.

27. Les listes de manuels scolaires du Nouveau-Brunswick des années 1941-1942, 1957-
1958, 1967-1968, et des catalogues de matériel didactique agréé des années 1985-
1986 et 1999-2000 nous ont permis de colliger les renseignements donnés ici.

environ 80 titres pour le primaire et 90 pour le secondaire. Dans les listes de matériel complémentaire, des douzaines de titres sont également disponibles à raison d'un certain nombre par maître, par classe ou par école. À ce catalogue figurent aussi de nombreux ouvrages pour les maîtres. Si notre province peut avoir accès à un nombre si importants d'ouvrages en langue française, c'est grâce à la province voisine qui à elle seule fournit la majorité des titres francophones du catalogue. Pas moins de 57 éditeurs et distributeurs québécois contribuent alors à l'approvisionnement des écoles francophones du Nouveau-Brunswick en manuels scolaires et outils didactiques divers en langue française.

En 1999-2000, le catalogue de matériel didactique agréé est entièrement en français pour les écoles francophones, et le nombre d'éditeurs et de distributeurs québécois est de 58. C'est dire qu'en cette fin de siècle le Québec joue toujours un rôle très important au chapitre du matériel didactique pour les écoles francophones du Nouveau-Brunswick.

Depuis la signature de l'entente de 1969, des liens solides se sont tissés entre le personnel du MENB et celui du MEQ, et une étroite collaboration existe toujours entre ces deux entités en matière d'échanges relatifs à l'éducation. Les réalisations en coopération des deux ministères sont nombreuses. Citons en exemple : des missions diverses, des stages, des échanges d'élèves, des échanges d'étudiants universitaires dans un programme d'emplois d'été, des échanges d'enseignants et de directions d'écoles ainsi que des sessions de perfectionnement pour les responsables de la pédagogie, des congrès, des colloques, des tournées d'artistes et d'auteurs dans les écoles et des ateliers des Jeunesses musicales du Canada animés par des artistes du Québec.

Missions de fonctionnaires, d'enseignants et d'universitaires

Monsieur Normand-Gilles Bérubé, premier directeur de la DDIPE, disait lors d'une entrevue le 16 novembre 1998 :

> À l'époque où le secteur francophone du ministère de l'Éducation venait tout juste d'être mis sur pied, nous avions tout à bâtir. À cause de cela, nous avons effectué de nombreuses missions au Québec. Nous nous sommes inspirés des Québécois, et en matière d'élaboration de programmes, c'est d'abord le Québec qui nous a influencés.
>
> Nous avions aussi besoin de formation pour les formateurs. C'est pour cette raison que nous faisions venir des équipes pédagogiques du Québec

afin de mettre un peu nos maîtres au parfum de la nouvelle programmation scolaire[28].

Peu après la signature de l'entente entre le Québec et le Nouveau-Brunswick, toujours selon M. Bérubé, la coopération était plutôt à sens unique. Elle se faisait le plus souvent du Québec vers notre province. Au départ, il était surtout question de missions de fonctionnaires. Ces derniers se rendaient au MEQ ou dans des commissions scolaires du Québec afin de constater, entre autres, comment on bâtissait les programmes d'études et comment on les mettait en application. D'autres missions ont eu lieu dans le domaine de l'adaptation scolaire ou dans celui de l'évaluation. Nous présentons des exemples de missions qui ont davantage été effectuées par les gens des ministères de l'Éducation et des écoles publiques pendant les années soixante-dix jusqu'au milieu des années quatre-vingt, alors qu'à partir de ce temps les missions de niveau universitaire ou collégial ont été plus fréquentes[29].

Durant les années soixante-dix, de nombreuses missions de fonctionnaires du MENB ont eu lieu au MEQ pour la préparation de programmes-cadres. On note aussi la venue au Nouveau-Brunswick d'équipes pédagogiques du Québec pour la préparation de ces mêmes programmes. En 1974, du personnel enseignant du Nouveau-Brunswick et des cadres du MENB ont effectué une mission de deux semaines à Montréal pour visiter des classes de maternelle et rencontrer des responsables de ce secteur à la Commission des écoles catholiques de Montréal. Durant les années quatre-vingt, des missions de coopération ont eu lieu entre les secteurs des Services personnels aux élèves (MENB et MEQ), et entre les responsables de l'éducation spéciale, particulièrement dans les secteurs des handicapés de la vue et de l'ouïe, et des handicapés mentaux profonds. D'autres missions de MENB ont porté sur la formation et la certification des enseignants, sur l'organisation des services aux étudiants dans les cégeps et sur les moyens d'enseignement.

Des missions d'enseignants du Nouveau-Brunswick se sont centrées sur l'intégration de la bibliothèque scolaire dans l'enseignement, sur l'orientation scolaire et professionnelle, sur la formation et la

---

28. Propos de monsieur Normand-Gilles Bérubé lors d'une entrevue accordée à Yolande Castonguay-LeBlanc au ministère de l'Éducation, à Fredericton, le 16 novembre 1998.
29. Ces exemples sont tirés de renseignements qui proviennent du document et des procès-verbaux des réunions de la Commission permanente de coopération Québec – Nouveau-Brunswick de 1980 à 1998.

certification des enseignants et sur l'impact de la programmation télé-visée sur les valeurs sociales.

Quant aux missions universitaires, elles ont surtout eu pour objet la coopération entre les sections d'administration scolaire des universi-tés de Moncton et de Montréal, le fonctionnement de la bibliothèque Champlain de l'Université de Moncton, l'initiation à l'archivistique et à la muséologie, l'implantation d'un système archivistique à l'Univer-sité de Moncton, la banque de terminologie du Québec, l'enseignement à distance, l'informatique et la gestion des activités d'un registrariat universitaire, et l'organisation d'un réseau interactif de communica-tion académique électronique en français.

Des missions dans d'autres secteurs de l'enseignement apparais-sent avec les années quatre-vingt-dix. Il s'agit de missions collégiales d'exploration des possibilités d'échanges de services dans le domaine des métiers d'art et des possibilités de coopération et d'échanges en matière de formation en communication radiophonique.

Bref, à partir de la signature de l'entente de 1969, il a fallu une bonne quinzaine d'années avant que s'introduise vraiment le principe de la réciprocité en matière de coopération québéco-néo-brunswickoise dans le domaine de l'éducation.

Programmes d'étude

Dans l'entrevue mentionnée ci-dessus, M. Bérubé disait encore :

La première période de notre coopération avec le Québec a été marquée par l'élaboration de programmes-cadres. Cette idée venait du Rapport Parent à la suite duquel le Québec avait décentralisé sa programmation scolaire au profit des commissions scolaires.

Le Québec avait élaboré toute une philosophie pour ces programmes et nous avons organisé plusieurs missions dans cette province afin d'étudier cette philosophie, d'en comprendre la portée et de constater l'impact qu'elle avait dans le milieu scolaire.

Cependant, après avoir préparé des programmes-cadres, nous nous som-mes vite rendu compte qu'au niveau des conseils scolaires, nous n'avions pas le personnel pédagogique capable de prendre le cadre pédagogique et d'élaborer afin de mettre sur pied une programmation institutionnelle. Toutefois, même le Québec, avec son personnel pédagogique, s'est rendu compte, dix ans après, qu'un programme-cadre n'était pas suffisant. Au début des années quatre-vingt, on est revenu à des programmes plus im-portants sur le plan du contenu[30].

---

30. Entrevue de monsieur Normand-Gilles Bérubé.

Par rapport aux programmes d'études, surtout en français et en mathématique, la coopération entre le MEQ et le MENB ne s'est jamais démentie depuis les années soixante-dix. Il faut aussi mentionner que, durant cette décennie, la plupart des manuels scolaires que nous utilisions venaient du Québec et que ces manuels étaient en grande majorité préparés en fonction des programmes de cette province. Il était donc nécessaire d'en comprendre la philosophie et l'orientation afin de nous en servir à bon escient.

Le MEQ autorisait le MENB à se servir de ses programmes d'études. Cependant, ce dernier avait ses propres comités de matières, et s'ils s'inspiraient des programmes de la province voisine, ils ne les ont jamais utilisés tels quels. À l'instar du Québec, le Nouveau-Brunswick francophone a entièrement renouvelé ses programmes de français à deux reprises de 1969 à 1980. Le comité de programmes de français a eu recours aux services de madame Louise Turp pour la rédaction finale du second programme de français au primaire (1re à 6e année). Depuis, le Nouveau-Brunswick a pris les devants pour refaire son programme de français au primaire (1re à 8e année) en 1997. Madame Françoise Dulude fut engagée pour faire l'analyse des programmes de français langue maternelle de notre province. Par la suite, le MENB a retenu les services d'une didacticienne, madame Monique LePailleur qui, travaillant en étroite collaboration avec les comités de français au primaire et de révision du programme, a fait la rédaction finale du présent programme du primaire. Cette fois-ci, le Nouveau-Brunswick a devancé le Québec dans la révision de son programme de français au primaire et il a montré la voie dans le choix d'une didacticienne capable d'une telle rédaction.

Comme nous l'avons déjà dit, depuis la fin des années soixante, de nombreux pédagogues et didacticiens québécois, hommes et femmes, sont venus au Nouveau-Brunswick. Ces personnes, généralement recommandées par le MEQ, étaient ordinairement les plus fréquemment employées par ce ministère même. Souvent, ces professionnels étaient d'anciens agents pédagogiques qui avaient travaillé à leur compte ou pour une maison d'édition et qui avaient bâti un matériel scolaire ou préparé des ouvrages pédagogiques et didactiques. Nous donnons, à titre d'exemple, une liste non exhaustive d'activités éducatives en français animées chez nous par du personnel québécois, souvent invité par le ministère de l'Éducation[31]. D'abord, des conférences et des ateliers Sablier ont été animés à maintes reprises, à différents endroits de la

---

31. La liste a été préparée à partir de renseignements qui proviennent des procès-verbaux du comité de français au primaire de 1969-1970 à 1996-1997 (MENB).

province par au moins deux femmes et trois hommes québécois de 1968 à 1970. Puis, à partir de 1970 et surtout des années quatre-vingt, de nombreux ateliers qui portaient sur du matériel de lecture de plusieurs maisons d'édition ont été animés soit par les auteurs, soit par des représentants des maisons ; d'autres ateliers ont porté sur les méthodes contemporaines en enseignement du français, sur la langue, sur la didactique du français, sur l'intégration des notions grammaticales dans les productions écrites des élèves, sur la définition du domaine, sur l'évaluation en général, sur l'évaluation de l'apprentissage de l'écrit et sur les instruments de mesure. Ces conférences et ateliers se donnaient parfois aux enseignants, parfois aux étudiants à la formation des maîtres, souvent aux conseillers en pédagogie du français, aux responsables du français dans les districts scolaires ainsi qu'aux membres des comités provinciaux de français au primaire et au secondaire. Des conférences et ateliers ont également été présentés dans d'autres disciplines telles que la mathématique et les sciences humaines.

Cependant cette ère d'aide massive du Québec en matière de programmes, de matériel et de manuels scolaires ne pouvait durer toujours. Dans son entrevue de janvier 1999, M. Raymond Daigle mentionne encore :

> Après 1976, le ministère de l'Éducation du Québec a décidé que, dorénavant au Québec, les manuels scolaires devraient s'en tenir aux spécifications exactes des programmes d'études, sinon ils ne seraient pas agréés par le Ministère. – Cela nous a causé des problèmes. Alors que jusque-là, les maisons d'édition avaient été assez souples et avaient essayé d'inclure dans leurs manuels des réalités qui pouvaient toucher non seulement les Québécois, mais les autres francophones hors Québec, tout à coup, on assistait à un rétrécissement considérable[32].

Dans cette conjoncture éducationnelle, un certain nombre d'ouvrages, plus particulièrement pour les cycles du secondaire, ont été préparés dans notre province. Cependant, ce sont des maisons d'édition telles que Guérin et ERPI qui ont publié les manuels préparés par des auteurs d'ici. Certains de ces manuels, en physique et en chimie par exemple, sont même disponibles partout au pays et utilisés par d'autres provinces canadiennes, y compris le Québec. Par ailleurs, d'autres manuels, canadiens-anglais, américains ou québécois, ont souvent été traduits en langue française ou adaptés par des Québécois, pour les écoles du Nouveau-Brunswick.

---

32. Entrevue de M. Raymond Daigle.

En ce qui concerne les manuels d'enseignement, après plusieurs années de dépendance à l'égard du Québec, le Nouveau-Brunswick emploie présentement des auteures de la province qui préparent du matériel pour l'enseignement du français au secondaire. Petit à petit, nous assistons au passage du stade de la dépendance à celui de l'interdépendance.

Évaluation des apprentissages : examens provinciaux

La Direction de l'évaluation a, elle aussi, profité du savoir québécois quand elle a dû mettre sur pied un programme d'examens provinciaux. Selon Raymond Daigle et Normand-Gilles Bérubé, le Cabinet de la réforme en éducation[33] établi en 1983, et dirigé par les ministres Jean-Maurice Simard et Brenda Robertson, avait examiné le système d'éducation de la province et avait demandé que des examens provinciaux soient établis. Effectivement, on peut lire dans un document de la province : « Les mesures d'évaluation suivantes seront adoptées [...] un système provincial d'examens pour le diplôme d'études secondaires portant sur les disciplines linguistiques, les mathématiques, les sciences pures et les sciences sociales[34] ».

La Direction de l'évaluation du MENB avait alors reçu pour mandat d'établir un programme d'examens de sanction du diplôme des études secondaires. Son premier geste fut d'aller voir au Québec car, à cette époque, seules les provinces de Québec et de Terre-Neuve faisaient passer des examens provinciaux. Le Québec, ayant été la première province à envoyer des gens aux États-Unis se former dans le domaine de l'évaluation, avait une longueur d'avance sur les autres provinces, et il a joué un rôle déterminant dans l'organisation d'un programme d'évaluation des apprentissages pour les élèves francophones de notre province. Pendant quelques années, le personnel de la Direction de l'évaluation du MENB a entretenu des liens très étroits avec celui de la même direction du MEQ afin de se former à la préparation d'examens à mesure critériée et de tests normatifs, de même qu'à leur correction et à la dissémination des résultats dans les districts scolaires et les écoles.

---

33. Province du Nouveau-Brunswick, ministère de l'Éducation, *Bref historique de l'enseignement public au Nouveau-Brunswick 1871-1986*, Fredericton, 1986.
34. Province du Nouveau-Brunswick, Cabinet de la réforme gouvernementale, *Aperçu général des orientations en matière de services éducatifs*, Fredericton, 1985.

Échanges, stages, colloques, congrès, tournées d'auteurs et de musiciens

De nombreux échanges d'élèves, d'étudiants, d'enseignants de tous les niveaux et de directions d'écoles ont eu lieu au cours des trente dernières années. Au-delà de 175 élèves francophones et anglophones du Nouveau-Brunswick et autant du Québec ont vécu une telle expérience depuis 1984-1985 ; plusieurs étudiants ou étudiantes universitaires ont pris part à des échanges dans un programme d'emplois d'été en administration publique. Sur le plan des écoles des deux provinces, des échanges ont lieu presque annuellement entre des membres des corps enseignants et des directions d'écoles. À partir du milieu des années quatre-vingt, des échanges d'idées, de procédés, etc., entre universitaires deviendront plus fréquents. Citons en exemple la création du Centre d'aide en français (CAF)[35] de l'Université de Moncton, modelé sur celui du Collège Édouard-Montpetit de Montréal.

À plusieurs reprises, des étudiants du programme d'Information-Communication de l'Université de Moncton ont pu effectuer des stages en journalisme au Québec. D'autres ont bénéficié d'une aide financière pour assister à des colloques ou à des congrès de journalistes de la province voisine.

De multiples autres congrès et colloques ont été fréquentés par des francophones néo-brunswickois, soit au Québec soit au Nouveau-Brunswick, où ils ont pu entendre des conférences prononcées par des Québécois, ou participer à des ateliers animés par de nombreux professionnels de cette province.

Les réseaux scolaires des deux provinces ont largement profité des échanges d'auteurs et d'artistes qui ont fait des tournées dans les écoles afin d'initier les élèves à l'écriture d'histoires ou d'autres types de textes, à leur illustration et à leur animation. Au moins une quarantaine d'auteurs ont participé à des échanges dans ce domaine depuis 1980. D'une part, de 1989 à 1996, des écrivains du Québec tels que Jacques Pasquet, Michel Cailloux, Serge Wilson et son illustrateur Claude Poirier, Marie-André Marivat, Ginette Anfousse, Bertrand Simard et Bernadette Renaud ont réalisé des tournées dans les écoles de langue française de la province. À l'initiative de la conseillère en français au primaire du MENB, madame Cécile Ouellet, une cassette vidéo intitulée

---

35. Pour une description complète du CAF, voir les actes du 3e colloque de l'ACREF, *Le français langue maternelle, dans les collèges et les universités en milieu minoritaire*, Moncton, Éditions d'Acadie, 1998.

Comment s'écrivent les histoires a été produite avec le concours de Bernadette Renaud du Québec. D'autre part, parmi les auteurs acadiens qui ont fait des tournées dans les écoles québécoises, on peut mentionner Louis Haché, Jean Péronnet, Roméo Savoie, Diane Carmel Léger, Christiane St-Pierre, Melvin Gallant, France Daigle et Raymond-Guy LeBlanc.

Au chapitre de la musique, les élèves du Nouveau-Brunswick ont pu participer à des ateliers-récitals de sensibilisation à la musique classique animés par des artistes québécois des Jeunesses musicales du Canada.

Élargissement de l'entente de 1969

Depuis bientôt trente ans, en vertu de l'entente de 1969, le Québec et le Nouveau-Brunswick n'ont cessé de participer à des échanges ou de s'entraider dans la réalisation de projets divers, surtout dans les domaines de l'éducation et de la culture. Cependant, la coopération ne s'est pas bornée aux activités des fonctionnaires et des écoles publiques. De fait,

> depuis 1969, un Accord entre les deux provinces a permis aux universités québécoises d'accueillir un grand nombre d'étudiants francophones du Nouveau-Brunswick dans des facultés contingentées, plus particulièrement dans les domaines de la santé, de la médecine et de l'art dentaire. Cet Accord a été élargi en 1972-1973 pour y inclure le génie agricole, la médecine vétérinaire, la pharmacie, l'hygiène dentaire et le travail social. En 1979-1980, on a ajouté la physiothérapie, l'orthophonie, l'audiologie et l'optométrie[36].

Depuis 1969-1970, des centaines d'étudiantes et d'étudiants francophones du Nouveau-Brunswick ont été accueillis par le réseau des universités québécoises dans des programmes contingentés. De 1969 à 1995, les effectifs néo-brunswickois étaient répartis en dix branches des sciences de la santé auxquelles s'est ajouté le programme de service social à partir de 1985[37]. Les inscriptions d'étudiants francophones du Nouveau-Brunswick à l'ensemble des programmes universitaires des sciences de la santé du Québec n'ont cessé d'augmenter depuis l'automne 1969.

---

36. *Le Québec et le Nouveau-Brunswick, 25 ans de coopération, op. cit.*, p. 4.
37. *Ibid.*

De 1990 à 1998, le nombre de nouvelles admissions annuelles[38] de francophones du Nouveau-Brunswick à huit programmes des sciences de la santé dans les universités du Québec s'élève à 415. C'est en médecine et en physiothérapie qu'on retrouve le plus grand nombre d'inscriptions alors que les programmes d'optométrie, de médecine vétérinaire et d'audiologie-orthophonie sont les moins fréquentés. Le tableau 5.2 présente, relativement à ces inscriptions, les données exactes par année et par programme.

Tableau 5.2
Nouvelles admissions annuelles d'étudiants acadiens
dans les universités du Québec dans le domaine des sciences
de la santé de 1990 à 1998

Programmes	19..									Total
	90	91	92	93	94	95	96	97	98	
Audiologie-orthophonie	1	0	3	4	2	1	2	0	1	14
Ergothérapie	4	1	2	2	4	4	2	4	13	36
Médecine	21	22	21	21	20	20	20	20	21	186
Médecine dentaire	6	1	5	4	4	6	6	4	8	44
Optométrie	2	2	2	2	2	1	2	4	0	17
Pharmacie	3	4	7	4	3	6	5	5	5	42
Physiothérapie	8	8	4	6	7	8	5	8	6	60
Médecine vétérinaire	2	1	2	1	2	2	2	2	2	16
Total	47	39	46	44	44	48	44	47	56	415

Depuis 1989-1990, le Québec a élargi l'entente sur le plan des études postsecondaires et réserve un certain nombre de places à la gent étudiante du Nouveau-Brunswick dans des programmes contingentés au niveau collégial. Jusqu'à 1994-1995 (les chiffres des années suivantes n'étant pas disponibles), 192 étudiants ont pris avantage de cette ouverture et se sont inscrits à sept programmes[39] de ce niveau d'études. C'est ce que montre le tableau 5.3. De 1991-1992 à 1994-1995, le nombre total de nouvelles inscriptions d'étudiants du Nouveau-Brunswick à des programmes contingentés de collèges québécois s'est maintenu autour de 40 annuellement.

---

38. Statistiques fournies par le professeur Paul LeBlanc, directeur des programmes spéciaux, Université de Moncton.
39. Le tableau 5.3 a été préparé à partir de données colligées dans le document *Le Québec et le Nouveau-Brunswick 25 ans de coopération*, op. cit.

Tableau 5.3

Nombre d'étudiants francophones du Nouveau-Brunswick inscrits à des programmes contingentés dans des collèges du Québec de 1989-1990 à 1994-1995

Programmes	1989-1990	1990-1991	1991-1992	1992-1993	1993-1994	1994-1995	Total
Laboratoire médical	–	10	14	12	11	11	58
Radiologie	–	6	9	9	10	9	43
Inhalothérapie et anesthésie	–	6	7	4	3	3	23
Hygiène dentaire	3	5	5	8	7	8	36
Médecine nucléaire	–	6	5	4	4	4	23
Thanatologie	–	–	–	1	1	1	3
Techniques policières	–	–	–	–	3	3	6
Total	3	33	40	38	39	39	192

Recherche universitaire et bourses d'études

Au cours des années, la coopération Québec – Nouveau-Brunswick s'est étendue à plusieurs autres secteurs d'activités éducatives dont, entre autres, la recherche universitaire, les communications, l'administration publique et l'économique.

Depuis le début des années quatre-vingt, la recherche universitaire fait partie de la coopération bilatérale. Les secteurs touchés sont surtout la technologie de l'information, l'impact social des technologies nouvelles, la santé, la biotechnologie, l'environnement et les matériaux nouveaux. Depuis 1981-1982, le nombre de recherches universitaires en coopération s'élève à plus de 150.

Parallèlement à la coopération dans le domaine de la recherche universitaire, les bourses Québec-Acadie ont été créées et les étudiants néo-brunswickois qui poursuivent des études à la maîtrise et au doctorat ont pu se prévaloir des bourses du Fonds pour la formation de chercheurs et l'aide à la recherche (FCAR).

De 1989-1990 à 1998-1999, de trois à treize bourses ont été accordées annuellement. En tout, 45 nouvelles bourses[40] ont été accordées à des étudiants du Nouveau-Brunswick alors que, durant la même période, 39 bourses ont été renouvelées, pour un total général de 84. Du début des années quatre-vingt à 1998-1999, les bourses d'études postsecondaires ont permis d'aider une centaine d'étudiants à poursuivre leurs études au Québec au niveau de la maîtrise ou du doctorat.

---

40. Statistiques obtenues par l'intermédiaire du Bureau du Québec à Moncton.

POLITIQUE DU QUÉBEC À L'ÉGARD DES COMMUNAUTÉS FRANCOPHONES ET ACADIENNES DU CANADA

Le Québec a signé une entente de coopération non seulement avec le Nouveau-Brunswick, mais aussi avec plusieurs autres provinces où vivent des populations francophones ou acadiennes. Il est clair que le Québec est toujours disposé à collaborer avec les groupes canadiens qui ont avec lui la langue et la culture françaises en partage, mais dont l'accès aux services en français est souvent restreinte.

Au Québec, en 1998, « la Table sectorielle de concertation sur l'éducation a reçu le mandat d'aviser le Ministre sur des orientations et des pistes d'action susceptibles de favoriser l'existence de partenariats dans le secteur de l'éducation[41] ». Après avoir fait leur recherche et analysé les besoins, les membres de cette Table ont soumis au Ministre un avis intitulé : *Pour une éducation en français : échanger nos ressources, créer des réseaux*. La Table a retenu quatre grands thèmes pour lesquels des orientations et des pistes d'action sont suggérées. Pour ce qui est du Nouveau-Brunswick, il n'en tiendra qu'à sa population francophone de bien étudier ces thèmes et ces pistes d'action et d'entrer en communication avec le Québec afin d'amorcer des partenariats qui bénéficieraient aux deux provinces.

* * *

Pour toutes sortes de raisons historiques et politiques, le Nouveau-Brunswick francophone a longtemps accusé un retard en matière de scolarisation en français dans ses écoles. Cependant, malgré les conditions adverses dans lesquelles les francophones ont longtemps vécu, ils ont travaillé avec acharnement et entêtement à faire reconnaître leurs écoles dans leur langue. Ils ont souvent fait appel au Québec, et l'aide de celui-ci ne s'est pas démentie.

À l'origine, et pendant plus d'un siècle, le soutien en éducation se faisait surtout par l'intermédiaire de communautés religieuses qui répondaient à l'appel d'un diocèse ou d'une paroisse de même appartenance religieuse. Petit à petit, des laïcs et des entreprises privées prennent la relève. Après 1960, l'appui du Québec provient surtout de son gouvernement, et les manifestations de cet appui sont assurées par de multiples échanges entre les ministères de l'Éducation des deux pro-

---

41. *La francophonie, une richesse à partager*, gouvernement du Québec, ministère du Conseil exécutif, Secrétariat aux affaires intergouvernementales canadiennes, 1998, p. 1.

vinces. Une entente de coopération signée entre le Nouveau-Brunswick et le Québec en 1969, puis élargie par la suite, assure depuis ce temps un large éventail d'activités éducatives qui au départ ont sans doute davantage profité au Nouveau-Brunswick, mais qui graduellement se transforment en une réelle coopération bilatérale.

Bien qu'elles ne soient pas exhaustives, nous croyons que les données présentées ci-dessus auront suffi à brosser un portrait assez représentatif de la contribution du Québec au développement de l'éducation en français au Nouveau-Brunswick, surtout depuis les années soixante.

CHAPITRE 6

La coopération Québec-Acadie : 1960-1999

Chedly Belkhodja et Roger Ouellette

La présente étude a pour objectif de proposer une analyse des relations de coopération entre le Québec et l'Acadie et plus particulièrement le Nouveau-Brunswick. Le 18 décembre 1969, le Nouveau-Brunswick est la deuxième province après l'Ontario à signer un accord de coopération avec le gouvernement québécois. En 1989, le Québec signe le même type d'entente avec l'Île-du-Prince-Édouard. À la fin des années soixante, cette entente symbolise, d'une part, le processus de consolidation de structures gouvernementales dans les deux provinces et, d'autre part, une certaine mise à l'écart de divers acteurs qui ont œuvré à la poursuite des rapports entre les communautés francophones du Canada français.

Dans l'analyse des rapports entre le Québec et les francophones vivant dans le reste du Canada, ce qui peut paraître problématique est le fait d'avoir distingué deux terrains d'analyse, soit l'étatisation et l'action des associations au sein de la société civile. En considérant l'évolution des rapports entre le Québec et l'Acadie, il apparaît difficile de se cantonner à une dichotomie radicale et linéaire entre l'univers « traditionnel » des réseaux et associations et le moment où l'État prend en main les relations entre les communautés francophones. Un aspect important de notre réflexion consiste à établir que l'étatisation ne se fait pas sans heurts, celle-ci provoquant des tensions et même des ruptures. Dans ce processus de construction étatique, il est intéressant de noter la marginalisation des acteurs traditionnels tels les réseaux canadiens-français œuvrant au rapprochement des communautés francophones du Canada[1]. Au début des années soixante, un nouveau discours de type séculier va s'imposer et devenir l'unique accès à la modernisation des structures politiques, économiques et sociales. Face à l'ordre traditionnel, on remarque une intransigeance des nouvelles élites politiques à tolérer la présence d'acteurs concurrents. La modernisation se fera au nom d'un nouvel acteur rationnel et efficace, l'État provincial.

À partir de cet éclairage, il ne faut pas pour autant négliger un autre aspect des relations entre le Québec et l'Acadie, soit celui des associations qui demeure essentiel à la compréhension du rapport entre le Québec et l'Acadie. Dans cette perspective, l'analyse des rapports entre les communautés francophones du Canada dévoile une complexité parfois déroutante en raison de la pluralité des acteurs, voire de la spatialisation différente qui repose sur des relations entre des communautés et non des gouvernements[2].

Dans un premier temps, il est important de porter notre attention sur le contexte politique des années soixante. Ensuite, il sera nécessaire de faire une analyse des accords gouvernementaux de coopération entre le Québec et le Nouveau-Brunswick et entre le Québec et l'Île-du-Prince-Édouard. Enfin, il faudra également tenir compte des rapprochements plus difficiles du Québec à l'endroit des communautés acadiennes.

LE CONTEXTE DE L'ÉTATISATION : LES ANNÉES SOIXANTE

Dans cette première partie, il est important d'analyser l'évolution des rapports entre le Québec et l'Acadie en considérant la place prépondérante de l'État provincial. L'étatisation est donc un prisme incontournable qui prend toute son importance à partir des années soixante. Dans les deux provinces, l'arrivée d'une nouvelle équipe politique va signifier un profond désir de changement qui s'inscrit dans un vent de modernisation. Au Québec et au Nouveau-Brunswick, la « Révolution tranquille » signifie une réorganisation des pouvoirs publics, soit un processus de centralisation et de modernisation de l'appareil politique[3].

---

1. Voir Marcel Martel, *Le deuil d'un pays imaginé : rêves, luttes et déroutes du Canada français*, Ottawa, Presses de l'Université d'Ottawa, 1997.
2. Voir Angéline Martel, « L'étatisation des relations entre le Québec et les communautés acadiennes et francophones : chroniques d'une époque », *Égalité*, 33 (printemps 1993) : 13-80.
3. Le Nouveau-Brunswick connaît également sa Révolution tranquille. Voir Blair Fraser, « The Other Quiet Revolution », *Maclean* (avril 1967).

Une chose est toutefois assez claire, c'est que la mise en place de la coopération entre les deux provinces se fait dans un contexte d'étatisation, processus que nous allons définir par la quête d'intérêts particuliers et spécifiques dans les deux provinces. On verra le Québec définir un espace d'intervention légitime fortement imprégné des idéaux formulés par la Révolution tranquille. Amorcée par le gouvernement Lesage en 1960, la vision d'un « État du Québec[4] » sera maintenue par les gouvernements suivants. Pour sa part, le Nouveau-Brunswick développe également un discours étatique qui, le moment venu, établira des relations avec la province voisine mais pour d'autres raisons.

Lorsque l'on analyse l'évolution des relations interprovinciales, ce qui se dégage est le pragmatisme visé par les gouvernements provinciaux. L'entente de 1969 se fait en effet dans ce contexte jugé favorable par les deux provinces. Cette conception très pragmatique des relations interprovinciales amorcée par Lesage au début des années soixante caractérise les relations entre le Québec et le Nouveau-Brunswick. Cependant, dans le comportement du Québec à l'endroit des minorités francophones résidant à l'extérieur du Québec, ne faut-il pas voir également une attitude plus politique qui se lie à la recherche d'une personnalité québécoise en devenir, celle-ci tendant à disqualifier la place des minorités francophones à l'extérieure du Québec ?

Le Québec : la quête d'un statut particulier

Au début des années soixante, au Québec, on assiste à la fin d'un long isolement imposé par le régime de Maurice Duplessis. De 1936 à 1959, au niveau politique, l'Union nationale a défini la place du Québec à partir d'un repli particulariste caractérisé par une valorisation des institutions traditionnelles, de la religion ainsi qu'une méfiance de la notion même de l'État. L'idéologie dupléssiste se caractérise par le principe d'une autonomie rigide qui repose sur une définition stricte des champs de compétences fédérales-provinciales[5]. Il est important de noter que le système Duplessis commence à se fissurer durant les années cinquante en raison de tensions au sein de la société québécoise. En 1960, la victoire des libéraux de Jean Lesage ouvre la porte à un vaste programme de consolidation d'un État moderne qui opte pour une autonomie provinciale mais, cette fois ci, inscrite dans la modernité :

---

4. L'expression est tirée de l'ouvrage posthume de Léon Dion, *La Révolution déroutée : 1960-1976*, Montréal, Boréal, 1998.
5. Denis Monière, *Le développement des idéologies au Québec : des origines à nos jours*, Montréal, Québec-Amérique, 1977, p. 298.

« The transition from the Duplessis to the Lesage era involved a shift from an isolationist to a nationalist autonomy rooted in a proactive, as opposed to a reactionary nationalism[6] ». Déjà en 1956, le programme du Parti libéral est clair quant à la question de l'autonomie provinciale : « La question de l'autonomie ne se limite pas aux impôts. Elle implique le droit et le devoir de la province d'avoir et de mettre en œuvre une politique précise dans toutes les matières que la Constitution canadienne lui attribue. [...] L'absence de politique provinciale constructive et progressive dans ces domaines met gravement en danger l'autonomie provinciale[7]. »

Le désir de plus d'autonomie incite alors la province du Québec à reprendre du pouvoir d'Ottawa[8]. Dans cet état d'esprit prédomine un principe d'action qui va se dégager clairement dans la politique des libéraux à l'endroit des relations entre Québec et Ottawa, mais également en ce qui concerne les relations interprovinciales naissantes[9]. Lesage croit qu'un fédéralisme renouvelé et décentralisé fera avancer la cause de sa province en lui donnant plus d'autonomie. Il est donc important d'intensifier le rôle des provinces au sein de la Fédération canadienne. En 1960, à l'initiative du gouvernement Lesage, les provinces décident de réactiver une vieille tradition en se rencontrant annuellement dans le but de nouer des liens plus solides[10].

Concernant l'identité canadienne-française, le leitmotiv de l'autonomie provinciale dans le discours modernisateur québécois fait passer la survivance de peuple canadien-français par la promotion d'une nouvelle spécificité québécoise comme étant la seule nation francophone majoritaire pouvant protéger le fait francophone en Amérique du Nord. Comme le souligne le sociologue néo-nationaliste Marcel Rioux, on pense principalement au destin du peuple québécois : « Le changement capital des années 1960, et c'est en cela que la situation est révolutionnaire, c'est qu'au Québec on a commencé à faire une distinction entre

6. Alain Gagnon et Mary Beth Montcalm, *Quebec beyond the Quiet Revolution*, Scarborough, Nelson, 1990, p. 151.

7. Cité dans Herbert F. Quinn, *The Union Nationale : A Study in Quebec Nationalism*, Toronto, University of Toronto Press, 1963, p. 172-173.

8. Dale C. Thomson, *Jean Lesage et la Révolution tranquille*, Saint-Laurent, Éditions du Trécarré, 1984.

9. Gérard Boismenu, « La politique constitutionnelle de Jean Lesage », dans Robert Comeau, dir., *Jean Lesage, L'éveil d'une nation*, Sillery, Presses de l'Université du Québec, 1989, p. 76-107.

10. Avant 1960, seulement cinq rencontres ont eu lieu : 1887, 1902, 1910, 1913 et 1926. Voir J. H. Aitchison, « Interprovincial Co-operation in Canada », dans J. H. Aitchison, dir., *The Political Process in Canada : Essays in Honor of R. McGregor Dawson*, Toronto, University of Toronto Press, 1963.

Québec et Canada français. [...] Il n'est plus question de Canada français, ni de bilinguisme ni de biculturalisme, mais des pouvoirs de l'État du Québec et de l'organisation de la vie collective des Québécois[11]. »

L'identité québécoise s'inscrit dans la définition d'un territoire. Le discours étatique s'appuie sur de nouvelles institutions, notamment le ministère des Affaires culturelles et le Service du Canada français d'outre-frontières. Toute la stratégie de défense du fait francophone est mise en place par la nouvelle équipe de Lesage, dont le ministre des Affaires culturelles, Georges-Émile Lapalme : « Québec, aux yeux de ceux qui, sur ce continent, parlent encore français, c'est le Parlement des Canadiens français. Québec, c'est la force française. Québec, c'est l'espoir de ceux qui, en dehors des ses frontières, luttent dans le maquis anglophone[12] ». L'action québécoise et non canadienne-française trouvera alors une reconnaissance sur la scène internationale[13].

À partir de 1966, le ton se durcit entre Québec et Ottawa, concernant principalement les visées internationales du gouvernement de Daniel Johnson. Après sa mort en 1969, son successeur, Jean-Jacques Bertrand, adopte une position moins souverainiste et souhaite se rapprocher des minorités francophones du Canada. Selon Bertrand, il est important de combler un vide gênant face aux minorités canadiennes du pays et éviter ainsi l'intrusion d'un pouvoir fédéral plus interventionniste depuis l'arrivée de Pierre Elliott Trudeau. Aussi, on ne retrouve pas le même état d'esprit que sous le gouvernement Lesage où le Québec aspire à être le guide de la cause des francophones du continent. À la fin des années soixante, les relations entre le Québec et les minorités francophones cheminent par les gouvernements provinciaux. Le voisin néo-brunswickois, après un décennie chargée de réformes administratives, voit lui aussi le moment opportun de nouer des rapports d'État à État avec le Québec.

Le Nouveau-Brunswick : un pragmatisme à saveur fédéraliste

Au début des années soixante, l'État provincial va se manifester dans le développement économique, social et culturel d'une province

---

11. Marcel Rioux, *La Question du Québec*, Paris, Seghers, 1969, p. 150-151. Cité dans Léon Dion, *op. cit.*, p. 222.
12. Cité dans Léon Dion, *op. cit.*, p. 225.
13. On peut noter plusieurs événements : la visite officielle de Lesage en France le 5 octobre 1961, l'entente de coopération signée avec la France en 1965, la création d'une Maison du Québec à Paris, la participation du Québec au sein de la Francophonie.

encore caractérisée par des structures traditionnelles, voire une société qui se passe de l'État[14].

Afin de bien cerner le processus de consolidation de l'État au Nouveau-Brunswick, plusieurs éléments nous semblent déterminants. Premièrement, à l'image de ce qui se passe dans les autres provinces canadiennes, le Nouveau-Brunswick connaît une modernisation de son économie. Durant les années cinquante, la province profite pleinement de la politique de développement national du premier ministre Diefenbaker, sympathique à la cause du développement régional à l'est du pays. Selon Robert Young, la politique économique du gouvernement fédéral est une sorte de «plan Marshall» où l'État-providence devient la garant d'une plus grande parité entre les provinces canadiennes[15]. En somme, le contexte favorable à la croissance économique durant les années de l'après-guerre invite les autorités provinciales à revoir une distribution plus équitable des richesses.

Sous le gouvernement de Louis J. Robichaud (1960-1970), deux temps forts de la modernisation vont retenir l'attention, soit les travaux de la Commission Byrne (1964), vaste projet de réorganisation de la fiscalité et des rapports entre paliers provincial et municipaux, et le programme de Chances égales pour tous (1967), tous deux caractérisés par une intervention plus prononcée de l'État[16].

Deuxièmement, Louis J. Robichaud et son gouvernement sont conscients du retard de la minorité acadienne longtemps exclue du pouvoir politique. L'élection d'un premier ministre acadien donne un élan à la recherche d'une meilleure qualité de vie pour la communauté acadienne : sortir d'un isolement. Dans une province à majorité anglophone, l'égalité linguistique s'inscrit cependant dans une logique nationale mise de l'avant par les recommandations de la Commission royale sur le bilinguisme et le biculturalisme et la Loi sur les langues officielles. La province entend se définir à partir des symboles modernes de l'identité canadienne, soit un nationalisme de consensus entre les communautés anglophone et francophone. Esprit pragmatique, Robichaud souhaite un projet de société qui puisse transcender les barrières linguistiques

---

14. Greg Allain, Isabelle McKee-Allain et J. Yvon Thériault, « La société acadienne : lectures et conjonctures », dans Jean Daigle, dir., *L'Acadie des Maritimes*, Chaire d'études acadiennes, Université de Moncton, 1993, p. 354.
15. Robert A. Young, « L'édification de l'État-provincial et le développement régional au Nouveau-Brunswick », *Égalité*, 13-14 (automne 1984) : 125-152.
16. Voir Robert A. Young, « Remembering Equal Opportunity : Clearing the Undergrowth in New Brunswick », *Administration publique du Canada*, 30, 1 (1987) : 88-102.

pour ainsi répondre au principe fondamental du programme de l'égalité des chances.

Les réformes du gouvernement Robichaud vont provoquer des réactions car elles annoncent la fin d'une époque. Certains anglophones perçoivent la politique de centralisation des pouvoirs telle une manœuvre anti-démocratique à la survivance d'un pouvoir local dominé par l'establishment protestant de la province[17]. Pour une minorité acadienne, la naissance d'un appareil politique et d'une bureaucratie fragilise les « fondements de la société acadienne structurés autour de la contribution de l'Église, de la famille et de la communauté[18] ». Selon Joseph Yvon Thériault, les réformes Robichaud caractérisent l'inscription de l'acadianité dans le réel de la modernité. Les réformes marquent néanmoins « l'expropriation du tissu social traditionnel acadien », notamment les pouvoirs exercés en matière d'enseignement par diverses congrégations religieuses ou encore l'activité économique communautaire[19]. Cette réaction au changement peut être interprétée comme un refus catégorique de la modernité mais aussi comme l'expression du fait ethnique acadien en voie d'être marginalisé par la mise en place d'une société néo-brunswickoise et non acadienne. On assiste donc à une sécularisation de l'espace public qui sera bénéfique pour une nouvelle élite acadienne : « The Robichaud years reforms displaced the Catholic Church as the organizations and ideological basis of Acadien nationalism because they vested decision-making capacity almost exclusively within the provincial bureaucracy[20] ».

Ces réactions d'un ordre traditionnel en perte de vitesse ne bloquent pas la route de l'étatisation progressive de la société néobrunswickoise. Comme au Québec, au Nouveau-Brunswick, la nouvelle élite bourgeoise francophone sort de son isolement dans le but de jouer pleinement la carte du développement de l'État provincial. Dans le sillage des réformes provinciales, d'un nouveau genre de coopération, les conférences annuelles entre les premiers ministres provinciaux, et d'un désir de penser à la minorité acadienne, Robichaud juge plus favorablement la volonté du Québec de développer des rapports avec les provinces avoisinantes. De plus, ayant eu la chance d'être au pouvoir

---

17. Ralph Krueger, « The Provincial-Municipal Government Revolution in New Brunswick », *Administration publique du Canada*, 13, 1 (1970) : 50-99.
18. Roger Lavoie, p. 91.
19. Joseph Yvon Thériault, « État, ethnie et démocratie : réflexions sur la question politique en Acadie », *Canadian Review of Studies in Nationalism*, XI, 2 : 210-211.
20. Louis Cimino, *Ethnic Nationalism and the Acadien of New Brunswick*, thèse de doctorat (anthropologie), Durham, N.C., Duke University, 1977, p. 110.

depuis 1960, Robichaud a pu nouer des relations cordiales avec ses collègues québécois. C'est dans ce contexte que Louis J. Robichaud voit la nécessité de placer sa province et la population acadienne au sein d'un Canada renouvelé.

LA COOPÉRATION INTERGOUVERNEMENTALE

Le Québec a au cours des trente dernières années signé trois accords de coopération avec des provinces voisines. Les deux premiers conclus en 1969 concernaient l'Ontario et le Nouveau-Brunswick et un troisième fut ratifié avec l'Île-du-Prince-Édouard en 1989. Un projet d'accord semblable à ceux du Nouveau-Brunswick et de l'Île-du-Prince-Édouard devait être signé en 1993 entre le Québec et la Nouvelle-Écosse. Toutefois, ce projet d'entente est resté jusqu'à ce jour en suspens. Nous allons dans la présente section traiter des deux accords qui touchent les communautés acadiennes du Nouveau-Brunswick et de l'Île-du-Prince-Édouard.

Signature de l'Entente de coopération technique et culturelle Nouveau-Brunswick–Québec à l'Assemblée législative du Nouveau-Brunswick, Fredericton, le 18 décembre 1969. De gauche à droite : Robert Pichette, directeur du cabinet du premier ministre du Nouveau-Brunswick, Louis J. Robichaud, premier ministre du Nouveau-Brunswick, Jean-Jacques Bertrand, premier ministre du Québec.
Photo : collection Robert Pichette, Moncton.

Entente de coopération entre le Québec et le Nouveau-Brunswick

C'est le 18 décembre 1969 que le premier ministre du Québec, Jean-Jacques Bertrand, signait avec son homologue du Nouveau-Brunswick, Louis J. Robichaud, un « accord de coopération et d'échanges en matière d'éducation, de culture et de communication ». Le Québec avait conclu un accord similaire un peu plus tôt avec l'Ontario le 4 juin 1969.

Qu'est-ce qui incitait le gouvernement unioniste de Jean-Jacques Bertrand à vouloir ratifier des ententes formelles avec ses deux voisins immédiats ? L'ancien sous-ministre des Affaires intergouvernementales du Québec, Claude Morin, identifie cinq motifs qui ont conduit Jean-Jacques Bertrand à conclure des ententes de coopération avec le Nouveau-Brunswick et l'Ontario.

Le premier motif visait à effectuer un rééquilibrage dans l'ouverture du Québec vers l'extérieur. Les gouvernements de Jean Lesage et de Daniel Johnson avaient depuis le début des années soixante développé des relations extérieures avec la France. Alors, Jean-Jacques Bertrand s'est dit pourquoi ne pas étendre les relations du Québec avec des partenaires canadiens : « C'est ainsi que naquit l'idée de conclure, avec des provinces canadiennes, en commençant par les plus voisines, l'Ontario et le Nouveau-Brunswick (quitte à étendre éventuellement cette politique à d'autres), des accords de coopération s'inspirant de ceux déjà en vigueur avec la France[21] ». Le deuxième motif était de considérer les ententes avec les autres provinces comme une arme de contre-attaque. Il s'agissait de se prémunir des critiques de Pierre Elliott Trudeau concernant les incursions du Québec sur la scène internationale : « En effet, vu l'hostilité manifeste de Trudeau envers les incursions internationales du Québec, quoi de mieux que de pouvoir lui répondre, le cas échéant, en vertu de la politique d'équilibre dont je viens de parler, que si le Québec pensait à l'étranger, il s'intéressait aussi aux provinces voisines[22] ». Le troisième motif découlait de la volonté du Québec d'aider et de soutenir les francophones hors Québec. Pour Jean-Jacques Bertrand, aux dires de Claude Morin « des ententes avec les deux provinces en question donneraient la possibilité, au Québec, de s'acquitter d'un de ses devoirs à l'égard des autres Canadiens français, en aidant et en poussant les gouvernements du Nouveau-Brunswick et de l'Ontario à s'occuper de leurs minorités francophones[23] ». Le qua-

---

21. Intervention de Claude Morin lors d'un colloque à Glendon College, Toronto, le 11 novembre 1989 en commémoration du 20ᵉ anniversaire de l'Accord de coopération Québec-Ontario.
22. *Ibid.*
23. *Ibid.*

trième motif misait sur une meilleur compréhension et une entraide mutuelle : « Par la systématisation et l'accroissement des échanges et de la coopération entre le Québec et l'Ontario, et par l'implication formelle des gouvernements dans ce processus, il était plausible d'espérer qu'il en découlerait une meilleur compréhension réciproque entre les deux provinces et qu'en conséquence elles pourraient, au besoin, s'aider mutuellement[24] ». Le cinquième motif devait permettre de développer des positions similaires ou complémentaires en matière fédérale-provinciale et constitutionnelle : « Il (Jean-Jacques Bertrand) espérait qu'en se rapprochant grâce à des programmes d'échanges les deux provinces (Québec et Ontario) développeraient à la longue une volonté d'action commune s'exprimant par des positions similaires ou complémentaires en matière fédérale-provinciale et constitutionnelle[25] ».

C'est ainsi que serait née chez Jean-Jacques Bertrand l'idée de conclure des accords de coopération avec les provinces canadiennes. Celui-ci profita d'une rencontre des premiers ministres à Ottawa pour proposer à Louis J. Robichaud la signature d'une entente entre le Québec et le Nouveau-Brunswick. L'ancien directeur de cabinet du premier ministre du Nouveau-Brunswick, Robert Pichette, relate de la manière suivante l'échange entre les deux hommes : « Monsieur Robichaud, vous ne pensez pas que le moment est venu d'avoir une entente culturelle et technique entre nos deux provinces » ? Et Louis J. Robichaud de répondre : « Oui, absolument, je suis tout à fait d'accord. C'est le moment[26] ».

Qu'est-ce qui incita le Nouveau-Brunswick à signer une entente de coopération avec le Québec ? Pour Robert Pichette, cet accord permettait de rationaliser les ressources que les gouvernements accordaient au milieu culturel : « À la fin des années 1960, il y a une éclosion culturelle pas mal extraordinaire qui s'était créée au Nouveau-Brunswick, surtout au Nouveau-Brunswick acadien. Nous étions aux prises avec de petits budgets pour la culture, mais avec des initiatives qui coûtaient très cher[27]... » « Il fallait rationaliser, c'est une question de rationalisation plutôt qu'autre chose[28] ». En plus de favoriser la rationalisation des ressources, l'Accord permettait d'accroître l'aide en faveur de la communauté acadienne du Nouveau-Brunswick. Pour Louis J. Robichaud cet accord concernait surtout les francophones du Nouveau-Brunswick et du Québec : « Je ne pense pas que l'entente affectait les

---

24. *Ibid.*
25. *Ibid.*
26. Entretien avec Robert Pichette, 9 septembre 1998.
27. *Ibid.*
28. *Ibid.*

anglophones, ni du Québec ni du Nouveau-Brunswick[29] ». Robert Pichette et Claude Morin abondent dans le même sens : « Il n'y avait aucune raison d'avoir un accord avec ces provinces-là si ce n'était pas à cause des Acadiens ou des Franco-Ontariens[30] ». Comme nous le verrons plus loin la quasi-totalité des projets financés dans le cadre de l'Accord Québec – Nouveau-Brunswick s'adressaient à la communauté acadienne.

Une entente concernant à toutes fins utiles des Acadiens du Nouveau-Brunswick pouvait-elle poser des problèmes sur le plan politique ? La signature de cette entente n'a pas suscité de problèmes politiques pour le gouvernement de Louis J. Robichaud : « Le concept du bilinguisme a été accepté en chambre à l'unanimité alors je n'ai pas eu de répercussions politiques. Il y a toujours ceux qui étaient contre tout ce qui était francophone. Ça existait dans le temps et ça existe encore. Mais c'était une infime minorité, les extrémistes[31] ». La signature de l'Entente en 1969 s'est faite sans remous politiques voire dans l'indifférence. Selon Robert Pichette le premier ministre Robichaud ne l'a pas caché cette entente : « Au contraire, il lui a donné de l'éclat. La signature s'est faite à sa demande à Fredericton et dans un cadre un peu plus public puisqu'il a voulu, lui-même, que ça se passe dans la salle de l'Assemblée législative du Nouveau-Brunswick[32] ». Toutefois, le climat politique du Nouveau-Brunswick marqué par des relations parfois tendues entre la communauté francophone et anglophone avait dans le passé incité Robichaud à jouer de prudence et à décliner les offres successives des gouvernements de Jean Lesage en 1965 et de Daniel Johnson en 1967 de signer un accord culturel entre les deux provinces[33]. Lors d'une visite à Fredericton en août 1967, le ministre des Affaires culturelles du Québec, Jean-Noël Tremblay, réitérait l'offre de sa province de conclure une entente avec le Nouveau-Brunswick[34]. Le premier ministre Robichaud refusa l'offre en affirmant en substance que « si le Nouveau-Brunswick accepte de l'aide ou de conclure des accords culturels avec le Québec pour les français de la province, il devra aussi accepter d'en conclure avec d'autres provinces pour la population anglaise[35] ».

---

29. Entretien avec Louis J. Robichaud, 29 août 1998.
30. Entretien avec Claude Morin, 18 septembre 1998.
31. Entretien avec Louis J. Robichaud, 29 août 1998.
32. Entretien avec Robert Pichette, 9 septembre 1998.
33. *Le Madawaska* (10 août 1967) : 4.
34. *Ibid.*
35. *Ibid.*

Le Nouveau-Brunswick et le Québec ont souligné en 1999 le trentième anniversaire de la signature de leur accord. Déjà en 1994 à l'occasion des vingt-cinq ans de leurs relations officielles, la Commission permanente de coopération Québec–Nouveau-Brunswick en traçait un premier bilan : « Les budgets consacrés à la coopération interprovinciale n'ont jamais été considérés comme très importants. Toutefois, sur une période de 25 ans, les données nous laissent voir que le Québec a versé plus de 15 millions de dollars pour permettre la réalisation de plusieurs centaines de projets dans les secteurs de la culture, de l'éducation, des communications, de la recherche universitaire et autres[36] ». Ce sont surtout les francophones du Nouveau-Brunswick qui ont bénéficié de cette entente : « Dès le début, la coopération entre les deux provinces a profité à la population francophone du Nouveau-Brunswick. Les données révèlent que plus de 80 % des subventions sont accordées à des organismes francophones. Pour sa part, le Québec a voulu privilégier une coopération avec les francophones à cause de son identité et de son caractère francophone[37] ». Même si cette entente porte sur les domaines des langues, de l'administration publique, de l'éducation, de la jeunesse, de la culture et des communications. « Depuis 25 ans, les activités et les programmes réalisés se situent davantage dans les secteurs éducatifs et culturels[38] ».

Le domaine de l'éducation a donné lieu a de multiples échanges et projets de coopération entre le Nouveau-Brunswick et le Québec. Des centaines d'élèves ont pu bénéficier du programme d'échanges entre les deux provinces. Des milliers d'étudiants du Nouveau-Brunswick ont pu s'inscrire dans les collèges et universités de Québec pour y suivre des formations dans des domaines spécialisés, notamment la santé.

La Commission permanente estime que de 1969 à 1994 plus de 2 700 étudiants du Nouveau-Brunswick ont fait des études dans des facultés contingentées, des universités et des collèges du Québec[39]. « Enfin, au début des années 1980, l'établissement des bourses Québec-Acadie et celles octroyées par le Fonds pour la formation de chercheurs et l'aide à la recherche (FCAR) ont permis d'aider plus de 80 étudiants à poursuivre leur formation dans des universités québécoises aux niveaux de la maîtrise et du doctorat[40] ». La coopération entre les collèges et universi-

---

36. *Le Québec et le Nouveau-Brunswick 25 ans de coopération*, document préparé par le gouvernement du Québec, Commission permanente de coopération Québec – Nouveau-Brunswick, octobre 1994, p. 3.
37. *Ibid.*, p. 2.
38. *Ibid.*, p. 2.
39. *Ibid.*, p. 5.
40. *Ibid.*, p. 5.

tés du Québec et du Nouveau-Brunswick s'est intensifiée à partir des années 1980. « La véritable coopération bilatérale, répondant aux priorités gouvernementales dans le secteur de la recherche universitaire, s'est développée depuis une dizaine d'années[41] ».

Les domaines de la culture et de la communication ont également généré de nombreux échanges et projets entre les deux provinces. L'Entente a permis de financer en partie ces activités : « Il est d'autre part remarquable de constater que la contribution financière conjointe des deux provinces correspond de façon constante à environ 10 % du coût total des projets. Les subventions ainsi versées durant ces 25 ans de coopération auraient donc permis de compléter le financement d'activités culturelles dont le coût total est évalué à plus de 8,8 millions de dollars[42] ». « La coopération culturelle s'est concrétisée depuis 1969 dans une forte proportion d'activités de diffusion et de promotion d'artistes et d'œuvres francophones (50 %), d'échanges d'expertise entre créateurs et organismes des deux provinces (28 %), de réalisations conjointes (19 %) et de projets de sensibilisation de jeunes en milieu scolaire[43] ». Le secteur des communications a pour sa part connu moins d'essor. L'essentiel des activités a concerné la diffusion des émissions de Radio-Québec au Nouveau-Brunswick : « Le Québec a versé plus de 500 000 dollars sur cinq ans, de 1980-1981 à 1985-1986 pour permettre à Radio-Québec d'être captée sur le territoire du Nouveau-Brunswick[44] ». Le domaine des communications est encore largement inexploré. Le successeur de Radio-Québec, Télé-Québec, pourrait à l'instar de TFO (télévision française de l'Ontario) s'intéresser aux communautés francophones et acadiennes du Canada. Télé-Québec pourrait produire des émissions dans les communautés francophones et acadiennes et les diffuser sur son réseau. Ceci permettrait à la population québécoise de davantage se familiariser avec la réalité de la francophonie de l'extérieur du Québec. L'industrie du cinéma et de la télévision implantée dans les communautés francophones et acadiennes pourrait également en bénéficier.

La Commission permanente conclut de la manière suivante son bilan des 25 ans de coopération entre le Québec et le Nouveau-Brunswick : « Enfin, le bilan démontre clairement que les budgets consacrés à la coopération entre le gouvernement du Québec et le gouvernement du Nouveau-Brunswick sont modestes et ne permettent pas de financer

---

41. *Ibid.*, p. 4.
42. *Ibid.*, p. 7.
43. *Ibid.*, p. 5.
44. *Ibid.*, p. 7.

des projets coûteux. Son rôle consiste plutôt à créer les occasions de développer de nouvelles ententes ou de renforcer celles existantes[45] ».

Les deux tableaux suivants faits à partir de données compilées par la Commission permanente de coopération Québec–Nouveau-Brunswick dressent le bilan des programmes et des projets financés par le Québec en vertu de l'entente pour la période de 1969 à 1995.

Tableau 6.1
Dépenses de 1969 à 1995 dans les secteurs de la culture, de l'éducation, des communications, du social et divers

Secteurs	Montants en dollars
Culture	884 888
Éducation	14 591 121
Communications (essentiellement pour la diffusion de Radio-Québec)	518 838
Social	37 444
Divers	54 070
Total	16 086 361

Source : Commission permanente de coopération Québec–Nouveau-Brunswick.

Tableau 6.2
Coût de la formation des étudiants francophones du Nouveau-Brunswick inscrits à des programmes contingentés dans des établissements d'enseignement supérieur au Québec de 1969 à 1995

Institution	Nombre de places	Coût en dollars
Universités	2 699	13 472 193
Collèges (1989 à 1995)	192	376 783
Total	2 891	13 848 976

Source : Commission permanente de coopération Québec–Nouveau-Brunswick.

La lecture de ces deux tableaux nous permet de découvrir que c'est le secteur de l'éducation qui a reçu la part du lion au cours de la période de 1969 à 1995. En effet, ce secteur a reçu un financement de 14 591 121 $, soit 90 % du total des dépenses. C'est plus particulièrement le programme de la formation des étudiants francophones du Nouveau-Brunswick qui s'accapare la presque totalité des sommes dépensées, soit 13 848 976 $. Ce montant représente 95 % des dépenses en matière d'éducation et 86 % du total des dépenses pour l'ensemble des secteurs concernés par l'entente de coopération.

---

45. *Ibid.*, p. 9.

Si nous soustrayons le montant pour le coût de la formation des étudiants francophones du Nouveau-Brunswick et la subvention de 500 000 $ pour la diffusion de Radio-Québec, le Québec a versé durant cette période pour les autres projets et programmes environ 1 737 394 $. Comme il s'agit d'une entente bilatérale, la partie néo-brunswickoise a versé durant la même période une somme à peu près équivalente.

Au cours de la période de 1995 à 1998, l'entente de coopération entre le Québec et le Nouveau-Brunswick a continué surtout à financer des projets dans les secteurs de l'éducation et de la culture. Selon la Commission permanente ces « projets ont permis d'élargir le réseau de distribution des produits culturels francophones et acadiens et de consolider les échanges de connaissance et d'expertise dans le secteur de l'éducation ». Les secteurs des communications, des nouvelles technologies et des inforoutes ne semblent pas retenir l'attention de la Commission permanente. Tout se passe comme si la coopération Québec–Nouveau-Brunswick avait atteint sa vitesse de croisière et n'osait pas s'aventurer hors des sentiers battus. Le trentième anniversaire de la signature de l'entente en 1999 serait sans doute un moment tout désigné pour faire le point et insuffler une nouvelle vigueur à la coopération entre les deux provinces.

Entente de coopération entre le Québec et l'Île-du-Prince-Édouard

Cet accord a été signé en 1989 par les premiers ministres Robert Bourassa et Joseph A. Ghiz. Il faut se rappeler que le premier ministre Ghiz était un francophile très sensible aux aspirations de la communauté acadienne de l'Île. La Société Nationale de l'Acadie (SNA) lui avait remis sa plus haute distinction, la médaille Léger-Comeau, quelque temps avant son décès.

Cette entente prévoit une coopération entre le Québec et l'Île-du-Prince-Édouard dans les domaines de l'éducation, de la culture, de l'économie, de la jeunesse, des langues, de l'administration publique et des communications. Tout comme dans le cas du Nouveau-Brunswick, la très grande majorité des projets financés dans le cadre de cet accord concerne la communauté acadienne.

Un examen des procès-verbaux de la Commission permanente de coopération entre le Québec et l'Île-du-Prince-Édouard au cours de la période de 1989 à 1998 nous permet de constater que ce sont les secteurs de l'éducation et de la culture qui reçoivent la part du lion avec plus de 80 % des projets retenus.

Signature au Château Frontenac de l'Entente Québec–Île-du-Prince-Édouard, Québec, le 19 août 1989. De gauche à droite : Robert Bourassa, premier ministre du Québec, Joseph A. Ghiz, premier ministre de l'Île-du-Prince-Édouard.

Le tableau suivant présente l'évolution du financement des projets réalisés dans le cadre de l'entente entre le Québec et l'Île-du-Prince-Édouard au cours de la période de 1989 à 1998. Les données présentées dans ce tableau ont été compilées à partir des procès-verbaux annuels de la Commission permanente.

Tableau 6.3
Budget de la Commission permanente Québec– Île-du-Prince-Édouard pour la période de 1989 à 1998
(Base : année 1989-1990 = 100)

Année	Budget en dollars	Indice
1989-1990	210 955	100
1990-1991	237 625	113
1991-1992	223 188	106
1992-1993	232 270	110
1993-1994	78 025	37
1994-1995	91 595	43
1995-1996	80 538	38
1996-1997	56 250	27
1997-1998	25 980	12

Source : Commission permanente Québec–Île-du-Prince-Édouard.

Nous pouvons constater que durant la période de 1989 à 1998 la Commission permanente a vu son budget diminuer de 88 %. Toutefois, le nombre de projets financés annuellement par celle-ci est demeuré à peu près le même, soit une douzaine. Les procès-verbaux de la Commission permanente permettent de constater que cette diminution importante des ressources financières réservées à l'entente de coopération entre les deux provinces peut être attribuable à l'abandon du financement de deux projets coûteux. Soit, durant la période de 1989 à 1993, une contribution annuelle du Québec au fonctionnement du Centre des arts de la Confédération au montant de 120 000 $ et le prêt d'un fonctionnaire québécois au ministère de la Justice de l'Île-du-Prince-Édouard estimé à 70 000 $ par année. Toutefois, la Commission permanente ne fournit pas d'explication quant à la diminution de l'indice des fonds versés pour des projets qui est passé de 38 à 12 entre 1995 et 1998.

Tout comme dans le cas du Nouveau-Brunswick, l'entente de coopération entre le Québec et l'Île-du-Prince-Édouard a cantonné son action dans les secteurs de l'éducation et de la culture. Le temps ne serait-il pas venu de relancer la coopération entre les deux provinces dans des domaines encore largement inexplorés tels les nouvelles technologies, les inforoutes et l'environnement ?

LES RELATIONS DU QUÉBEC AVEC LES COMMUNAUTÉS ACADIENNES

En plus de développer une coopération intergouvernementale avec certaines provinces canadiennes ayant une population francophone ou acadienne significative, le gouvernement québécois a également voulu établir des liens avec ces communautés. C'est en partie le rôle que sont appelés à jouer les bureaux du Québec au Canada.

Le Bureau du Québec dans les provinces atlantiques

C'est le 3 mars 1980 que le ministre des Affaires intergouvernementales du Québec, Claude Morin, procédait à l'inauguration officielle du Bureau du Québec dans les provinces atlantiques. Le ministre Morin expliquait de la manière suivante pourquoi le gouvernement du Québec avait décidé d'ouvrir un bureau à Moncton au Nouveau-Brunswick : « L'ouverture de la délégation se veut un témoignage concret de la volonté du gouvernement du Québec d'intensifier ses relations avec les gouvernements des trois provinces maritimes et particulièrement de

Inauguration officielle du Bureau du Québec dans les provinces maritimes, Moncton, le 3 mars 1980. De gauche à droite : Claude Morin, ministre des Affaires intergouvernementales du Québec, Richard Hatfield, premier ministre du Nouveau-Brunswick, Charles-Henri Dubé, premier représentant du Québec dans les Maritimes.
Photo : gracieuseté du Bureau du Québec à Moncton.

resserrer les liens d'amitié et de coopération entre les Québécois et les Acadiens[46] ». Nous pouvons voir dans la déclaration du ministre Morin que le gouvernement du Québec avait à tout le moins officiellement un double objectif en ouvrant ce bureau. Il souhaitait accroître ses relations avec les gouvernements de la région atlantique et raffermir ses liens avec les communautés acadiennes.

C'est un groupe d'Acadiens qui avait présenté en juillet 1978 une pétition au gouvernement du Québec pour qu'il assure « une représentation permanente en Acadie, de la même façon qu'il le fait dans divers pays ou auprès de diverses communautés francophones[47] ». Et cela « afin d'intensifier les relations entre le peuple québécois et le peuple acadien[48] ». Parmi les signataires de cette pétition, on y retrouvait Yvon

---

46. Bureau du Québec dans les provinces de l'Atlantique, document non daté.
47. *Ibid.*
48. *Ibid.*

Fontaine, président de la Fédération des francophones hors Québec (FFHQ), Michel Bastarache, doyen associé de la section de Common law de la Faculté de droit de l'Université d'Ottawa et Irène Guerette, coprésidente du comité d'étude sur les langues officielles du Nouveau-Brunswick. La pétition spécifiait que « la localisation de cette représentation est voulue à Moncton car cette ville était en quelque sorte considérée comme la capitale de l'Acadie[49] ». La Société Nationale de l'Acadie (SNA) endossa officiellement la démarche des pétitionnaires et devint en juillet 1979 le porte-parole des Acadiens pour ce dossier. Le 31 octobre de la même année un arrêté en conseil concernant « l'ouverture d'un Bureau du Québec à Moncton, Nouveau-Brunswick » était adopté par le Conseil exécutif du Québec. Les principaux motifs pour l'ouverture du Bureau étaient les suivants :

ATTENDU QU'un groupe d'Acadiens a présenté une requête demandant au gouvernement du Québec d'assurer une représentation permanente en « Acadie » afin d'intensifier les relations entre le peuple québécois et le peuple acadien ;

ATTENDU QUE l'Acadie ne correspond pas à une limite géopolitique définie mais que les trois Provinces maritimes du Canada, soit le Nouveau-Brunswick, la Nouvelle-Écosse et l'Île-du-Prince-Édouard, recouvrent le territoire de ce qui était autrefois l'Acadie ;

ATTENDU QUE le Québec a un programme de coopération avec les associations acadiennes et qu'il veut resserrer davantage les liens d'amitié entre les Québécois et les Acadiens ;

ATTENDU QU'il serait avantageux pour le Québec que les populations des Provinces maritimes aient une meilleure connaissance et compréhension du Québec ;

ATTENDU QUE le Québec et le Nouveau-Brunswick ont conclu il y a dix ans un accord de coopération en matière d'éducation et de culture qu'il y a lieu de donner un nouvel essor à cet accord et aux programmes en découlant[50].

Le gouvernement du Québec étendait en juillet 1984 la compétence de son bureau de Moncton à la province de Terre-Neuve et du Labrador. Il faut dire que cette province compte une population francophone et acadienne non négligeable.

L'arrêté du 31 octobre 1979 concernant la création du Bureau du Québec à Moncton était en très grande partie motivé par la requête

---

49. *Ibid.*
50. Arrêté en conseil Chambre du Conseil exécutif numéro 2951-79 concernant l'ouverture du Bureau du Québec à Moncton, Nouveau-Brunswick, 31 octobre 1979.

d'un groupe d'Acadiens et le désir du Québec de nouer des liens plus étroits avec l'Acadie. Même si à l'origine la décision d'assurer une re- présentation permanente du Québec en Atlantique émanait d'une de- mande expresse de dirigeants acadiens « afin d'intensifier les relations entre le peuple québécois et le peuple acadien », très tôt la mission du Bureau du Québec à Moncton comprend également un mandat en ma- tière de relations intergouvernementales et d'échanges économiques. Pourtant René Lévesque, le premier ministre du Québec, lors d'un dis- cours prononcé en 1984 à l'Île-du-Prince-Édouard à l'occasion des fêtes du centenaire du drapeau acadien, affirmait que le premier mandat du Bureau du Québec à Moncton était de raffermir les liens avec l'Acadie : « Une délégation dont le premier mandat, et c'est toujours son mandat essentiel, a été celui de raffermir nos relations et d'intensifier nos échan- ges avec l'Acadie[51] ». Claude Morin confirmait ces propos lors d'un entretien qu'il nous accordait : « À Moncton, c'était pour les Acadiens carrément et dans l'Ouest, c'était pour des raisons politiques et aussi les francophones dans la mesure où il y en avait[52] ». La position des gouvernements québécois successifs semble avoir évolué. La mission et les mandats du Bureau du Québec à Moncton montrent clairement que le gouvernement du Québec ne maintient pas dans la région une représentation permanente dédiée uniquement aux relations avec les communautés acadiennes de l'Atlantique.

Le Bureau du Québec dans les provinces de l'Atlantique a plutôt une double mission qui consiste à maintenir des liens avec les gouver- nements de la région et les communautés acadiennes. Le Bureau a qua- tre mandats principaux : global, politique, économique et francopho- nie. Il a également le mandat d'agir dans les secteurs du tourisme, de la culture, de l'information et des médias. De par son mandat global le Bureau du Québec à Moncton représente le Québec sur l'ensemble du territoire des provinces de l'Atlantique et « s'intéresse notamment à tou- tes les circonstances des activités pouvant servir au développement économique, social et culturel du Québec, de même qu'à la diffusion d'une image conforme aux réalités québécoises[53] ». Son mandat politi- que lui confère la responsabilité de représenter « le gouvernement du Québec auprès des bureaux des premiers ministres provinciaux ainsi qu'auprès des représentants fédéraux et des instances provinciales char- gées des relations intergouvernementales canadiennes[54] ». Pour ce qui

---

51. Discours de René Lévesque à Mount Carmel, Île-du-Prince-Édouard, 19 août 1984.
52. Entretien avec Claude Morin, 18 septembre 1998.
53. Bureau du Québec dans les provinces de l'Atlantique, document non daté.
54. *Ibid.*

concerne le secteur économique, le Bureau a le mandat de développer et de maintenir « des relations avec les principaux agents économiques œuvrant sur son territoire » et de chercher « à augmenter les échanges entre le Québec et le territoire qu'il dessert[55] ». Enfin au plan de la francophonie, le Bureau a le mandat d'entretenir des relations suivies avec les francophones afin de « promouvoir l'intérêt et la solidarité du Québec envers la francophonie des provinces de l'Atlantique et en particulier à l'égard de la communauté acadienne », et d'assurer « une présence active auprès des dirigeants francophones et un appui aux politiques et programmes du SAIC (Secrétariat aux affaires intergouvernementales canadiennes) s'adressant aux francophones du territoire en question[56] ».

Comment peut-on expliquer cette évolution de la mission et des mandats du Bureau du Québec dans les provinces de l'Atlantique ? S'agit-il d'une évolution qui résulte d'une logique bureaucratique propre au Secrétariat aux affaires intergouvernementales canadiennes (SAIC), le ministère de tutelle des Bureaux du Québec au Canada ? Le Bureau du Québec à Moncton aurait une mission et des mandats à toutes fins utiles semblables à ceux des Bureaux de Toronto et de Vancouver. S'agit-il plutôt d'un écart entre le discours politique et la pratique ? L'allocution prononcée en 1996 par le ministre délégué aux Affaires intergouvernementales canadiennes lors de l'inauguration des nouveaux Bureaux du Québec à Moncton nous amène à pencher pour une combinaison des deux hypothèses. Le ministre Jacques Brassard rappelait à cette occasion les raisons qui avaient motivé le gouvernement du Québec à donner une suite favorable à la demande d'un groupe d'Acadiens d'ouvrir une « Maison du Québec en Acadie » :

> Certes, depuis, le Bureau du Québec a assumé plusieurs mandats additionnels, mais sa première raison d'être, je dirais même sa première légitimité, soit les relations du Québec avec le peuple acadien et toutes ses institutions, demeure au cœur de ses actions et de ses préoccupations, comme vous le savez. [...] Ce geste du Québec, d'ouvrir un Bureau à Moncton, en était donc un de solidarité envers l'Acadie, solidarité face à une requête fraternelle de votre part face à l'histoire et la géographie qui font de nous des peuples voisins, des peuples amis[57].

---

55. *Ibid.*
56. *Ibid.*
57. Notes pour une allocution du ministre délégué aux Affaires intergouvernementales canadiennes lors de l'inauguration des nouveaux Bureaux du Québec à Moncton, Moncton le 10 octobre 1996.

Ces « mandats additionnels » ne sont certes pas négligeables lorsque l'on passe en revue la mission et les mandants du Bureau de Moncton. Ils semblent se rapprocher de ceux des autres Bureaux du Québec au Canada et dans la réalité occuper une place importante dans les activités quotidiennes du Bureau de Moncton.

Le Secrétariat permanent des peuples francophones

Le 370e anniversaire de la fondation de la ville de Québec incita les autorités québécoises à organiser la première Rencontre des francophones d'Amérique à Québec en 1978. Il créa pour cette occasion la Corporation des Rencontres francophones qui modifia en 1981 sa dénomination sociale pour devenir le Secrétariat permanent des peuples francophones. Le Secrétariat fut ainsi créé au début des années quatre-vingt afin d'établir « des liens de solidarité entre le Québec, les communautés francophones d'Amérique et de la francophonie mondiale[58] ».

Le Secrétariat avait le mandat de poursuivre l'organisation annuelle des Rencontres francophones et de loger dans ses locaux plusieurs organismes de liaison entre le Québec et les communautés francophones. C'est ainsi qu'il accueillit de nombreux organismes dont le Bureau de l'Acadie au Québec et l'Association Acadie-Québec[59]. Le Bureau de l'Acadie au Québec était dans les faits une seule personne. Il s'agissait d'un professeur de cégep d'origine acadienne, Charles-Édouard Bourgeois. Celui-ci fut mis à la disposition de l'Association Acadie-Québec par le gouvernement québécois de 1987 à 1991 : « Son mandat était de voir à l'accroissement d'échanges entre le Québec et l'Acadie et au suivi de projets de coopération. Son mandat a été interrompu parce que, à l'analyse, les résultats n'étaient pas probants[60] ».

Le gouvernement du Québec mit fin à son financement du Secrétariat permanent des peuples francophones au début des années quatre-vingt-dix, ce qui conduisit à sa dissolution. Un document non daté du Secrétariat aux Affaires intergouvernementales canadiennes (SAIC) explique de la manière suivante pourquoi le gouvernement a décidé de retirer son appui au Secrétariat :

> Les francophones hors Québec ont à plusieurs reprises déploré que le gouvernement du Québec verse plus de 300 000 $ au SPPF plutôt que

58. Secrétariat permanent des peuples francophones (SPPF), Québec, 2e édition 1991, p. 2.
59. *Ibid.*, p. 3.
60. Lettre de Francine Lalonde, SAIC, 20 mai 1998.

d'ajouter cette somme aux montants disponibles dans les programmes de subvention qui leur sont destinés. [...] Enfin, malgré tous les efforts qui ont été faits en ce sens, le SPFF n'est pas devenu « populaire » dans la francophonie canadienne et n'a pas réussi à se rendre essentiel, voire même utile[61].

Un communiqué du SAIC officialisait de la sorte la décision du gouvernement du Québec :

> Dans le contexte difficile de l'état actuel des finances publiques, le gouvernement du Québec a décidé d'imposer certaines mesures de restrictions budgétaires qui s'appliquent à l'ensemble des ministères et organismes. Pour répondre à ces mesures, le Secrétariat aux Affaires intergouvernementales canadiennes (SAIC) s'est vu dans l'obligation d'informer le Conseil d'administration du Secrétariat permanent des peuples francophones (SPPF) qu'il sera dans l'impossibilité de verser, en 1992-1993, l'aide financière qu'il octroyait annuellement à cet organisme pour son fonctionnement. [...] La réaction du Conseil d'administration a été marquée d'une certaine déception, mais les membres ont compris que cette décision pourrait permettre au SAIC de maintenir l'aide apportée par le Québec aux communautés francophones hors Québec[62].

Il apparaît clair que le gouvernement du Québec a cédé aux pressions des organismes francophones qui ne semblaient pas satisfaits du rôle joué par le SPPF. Ils préféraient voir les autorités québécoises leur verser directement les fonds qu'elles attribuaient à cet organisme.

L'Association Acadie-Québec

C'est Jean-François Bertrand, alors ministre des Communications du Québec, qui lança l'idée d'une association Acadie-Québec à l'occasion du colloque « Convergences et divergences des projets politiques acadiens et québécois » organisé par la revue *Égalité* en avril 1982. « Le moment ne serait-il pas venu de mettre sur pied des Associations Québec-Acadie / Acadie-Québec qui pourraient sans aucun doute bénéficier d'une certaine aide financière des gouvernements[63] ». Jean-François Bertrand voulait de la sorte développer le champ des échanges communautaires entre le Québec et l'Acadie et mettre un terme à une anomalie : « Est-il normal que les relations entre Québécois et Français, et entre Québécois et Mexicains soient davantage développées qu'entre « voisins » Acadiens et Québécois ? Déjà, en effet, plusieurs associations

---

61. Secrétariat aux Affaires intergouvernementales canadiennes, document non daté.
62. Secrétariat aux Affaires intergouvernementales canadiennes, communiqué non daté.
63. *Égalité*, 6 (été 1982) : 170.

ont vu le jour et se sont implantées dans les diverses régions du Québec[64] ».

À l'automne de 1982 la Société Nationale de l'Acadie (SNA) organisait à l'Institut de Memramcook une rencontre entre des représentants de l'Acadie et du Québec. C'est lors de cette rencontre qu'à été créée officiellement l'Association Acadie-Québec. Jacques-Yvan Morin, ministre des Affaires intergouvernementales du Québec, participait à cette rencontre. Dès sa fondation l'Association comptait des membres des communautés acadiennes des trois provinces maritimes, et avait pour objectif de resserrer les liens entre l'Acadie et le Québec. Ghislain Clermont, professeur à l'Université de Moncton, a été le président fondateur de l'Association. Selon celui-ci, l'Association voulait favoriser la réunion de regroupements de familles de l'Acadie et du Québec, et travailler au développement d'un réseau pour l'accueil du tourisme québécois (sorte d'office du tourisme acadien)[65]. L'Association Acadie-Québec aux dires de Ghislain Clermont n'a jamais véritablement fonctionné faute d'un financement adéquat. La SNA a favorisé la création de l'Association mais ne pouvait pas lui servir de secrétariat. Donc faute de secrétariat permanent, et de moyens humains et financiers, l'Association Acadie-Québec a rapidement fait long feu. Selon Ghislain Clermont, le bureau de direction de l'Association ne s'est réuni qu'une seule fois[66].

L'Association Acadie-Québec n'a jamais pris son envol et s'est très tôt avérée un échec. La mise en place d'un bureau de l'Acadie au Québec n'a pas non plus réussi à solidifier les liens communautaires entre les Acadiens et les Québécois. Il faut attendre en 1995 pour que le gouvernement québécois adopte une politique visant à raffermir les liens entre le Québec et les communautés francophones et acadiennes du Canada.

La politique du Québec à l'égard des communautés francophones et acadiennes du Canada

Le gouvernement du Québec adoptait en 1995 pour la première fois de son histoire une politique « à l'égard des communautés francophones et acadiennes du Canada ». Le ministre délégué aux Affaires intergouvernementales canadiennes, Jacques Brassard, s'étonnait du

---

64. *Ibid.*, p. 169.
65. Entretien avec Ghislain Clermont, 14 décembre 1998.
66. *Ibid.*

Politique du Québec à l'égard des communautés francophones et acadiennes, adoptée en 1995.

retard du Québec dans l'adoption de cette politique : « L'existence d'une telle politique, on s'en étonne à juste titre est une première. En 1985 déjà, le gouvernement alors dirigé par le Parti québécois avait adopté, après un long processus de consultation, une telle politique. Elle n'a alors pas eu de suite[67] ». Dans un document présenté à l'Assemblée nationale du Québec en 1993, la Fédération des communautés francophones et acadiennes du Canada (FCFA) recommandait au gouvernement du Québec d'adopter une telle politique. À la suite de cette démarche de la FCFA, Claude Ryan, alors ministre responsable de la politique

67. Notes d'allocution du ministre Jacques Brassard à l'occasion du lancement des tables sectorielles, Québec, 8 mars 1996.

linguistique dans le gouvernement de Robert Bourassa, demanda un avis au Conseil de la langue française concernant l'avenir des communautés francophones hors Québec. En réponse à cet avis, Louise Beaudoin, ministre déléguée aux Affaires intergouvernementales canadiennes dans le gouvernement de Jacques Parizeau, fit adopter la présente politique.

Cette politique veut donner un nouvel élan aux relations entre les francophones du Québec et du Canada en mettant l'accent sur un rapprochement de leurs sociétés civiles :

> En invitant la société québécoise, et non pas seulement son gouvernement, à entrer dans une ère de partenariat beaucoup plus actif et selon des modes surtout plus actuels, cette politique crée les conditions d'un nouvel élan de coopération. [...] Cette approche nouvelle rompt avec le passé en ce que la relation entre le gouvernement du Québec et les communautés francophones sera désormais axée sur l'émergence de nouveaux liens entre les Québécoises, les Québécois et les membres de communautés francophones hors Québec[68].

De plus, elle « s'inscrit dans une philosophie de partenariat et non de soutien financier unilatéral, comme ce fut le cas dans le passé[69] ». Les domaines privilégiés par la politique sont l'espace de la culture et des communications, l'espace de l'éducation et l'espace économique. Trois tables sectorielles permanentes de concertation dans les domaines privilégiés ont été mises sur pied. Un forum triennal de concertation a également été créé. Le premier a eu lieu en 1997 à Québec et a réuni quelque 400 participants du Québec et des communautés francophones, et le prochain se tiendra en l'an 2000. Ce forum a « pour tâche de définir les principaux axes de développement à privilégier pour nantir les communautés francophones des meilleurs outils pour assurer la vitalité de la langue et de la culture françaises dans le plus grand nombre possible de secteurs[70] ».

Réalisé sous le thème « partenaires et solidaires vers l'avenir », le Forum de concertation de 1997 se voulait « l'un des principaux mécanismes de la Politique du Québec à l'égard des communautés

---

68. Politique du Québec à l'égard des communautés francophones et acadiennes du Canada, gouvernement du Québec, 1995, p. 12-13.
69. Avis de la table sectorielle de concertation sur la culture et les communications au ministre délégué aux Affaires intergouvernementales canadiennes, monsieur Jacques Brossard, gouvernement du Québec, 1998, p. 45.
70. Politique du Québec à l'égard des communautés francophones et acadiennes du Canada, gouvernement du Québec, 1995, p. 25.

francophones et acadiennes du Canada[71]». Ce forum avait les deux objectifs suivants: «l'évaluation de l'ensemble des activités de mise en œuvre de la Politique du Québec à l'égard des communautés francophones et acadiennes du Canada; la validation des principaux axes de développement préalablement identifiés comme prioritaires par le Comité de programme[72]». L'autre mécanisme de mise en œuvre de la Politique du Québec à l'égard des communautés francophones et acadiennes du Canada est certes les tables sectorielles permanentes de concertation. En mars 1998, la table sectorielle de concertation sur la culture et les communications et celle sur l'économie remettaient leur avis au ministre délégué aux Affaires intergouvernementales canadiennes. Les deux tables de concertation se sont employées dans un premier temps à répondre aux préoccupations exprimées par le Forum de concertation de 1997. Plusieurs participants avaient à ce moment identifié «la difficulté de trouver des partenaires québécois» comme «l'un des principaux obstacles à la mise en œuvre de la Politique du Québec à l'égard des communautés francophones et acadiennes[73]». De plus, le Forum constatait le «nécessité de dresser un inventaire des ressources, de mettre en réseau les acteurs et de prendre en considération les priorités régionales[74]».

La table de concertation sur la culture et les communications a retenu quatre différents types de partenariats possibles entre le Québec et les communautés francophones et acadiennes: la recherche d'expertise, la recherche de marchés pour la diffusion, la mise en commun d'expériences différentes et l'élaboration de projets communs de création ou de diffusion[75]. Elle a également proposé trois axes prioritaires d'intervention: la création, la diffusion et la formation[76]. Pour sa part, la table de concertation sur l'économie a retenu trois axes d'intervention: l'entrepreneurship et l'emploi, les outils de développement économique et la création de réseaux[77]. Elle a recommandé de mettre l'accent sur la jeunesse. Elle s'inquiète enfin du déséquilibre entre les trois secteurs en ce qui concerne la nombre de projets de partenariat[78]. En effet,

---

71. Forum francophone de concertation 1997, rapport du Comité de planification de suivi, gouvernement du Québec, juin 1997, p. 1.
72. *Ibid.*, p. 1.
73. Avis de la table sectorielle de concertation sur la culture et les communications, p. 41.
74. *Ibid.*, p. 41.
75. *Ibid.*, p. 43.
76. *Ibid.*, p. 45.
77. Avis de la table sectorielle de concertation sur l'économie au ministre délégué aux Affaires intergouvernementales canadiennes, monsieur Jacques Brossard, gouvernement du Québec, Montréal, mars 1996, p. 43.
78. *Ibid.*, p. 34.

« 75 % des projets de partenariat approuvés par le SAIC au cours de l'année visée (1995-1996) l'ont été dans le secteur culturel, contre 15 % en éducation et 10 % en économie[79] ». Enfin, la nouvelle politique de 1995 prévoyait également la conversion du programme de soutien financier de la francophonie en un programme de financement de partenariats.

Le programme de financement de partenariats

Ce programme vise « à accroître la vitalité de la langue et de la culture françaises au Canada et au Québec en privilégiant des activités de partenariats conçues par des francophones du Québec et des communautés francophones et acadiennes du Canada dans des lieux de concertation structurés[80] ». Le programme a trois objectifs spécifiques :

> faciliter la réalisation d'activités de partenariat dans les domaines privilégiés par la politique, soit la culture et les communications, l'éducation, l'économie ; soutenir et accroître des réseaux de communications et d'échanges entre les francophones dans les domaines visés ; encourager les projets susceptibles d'avoir des effets durables sur le développement des communautés francophones et acadiennes et de la société québécoise, ainsi que sur la vitalité de la langue française[81].

L'adoption de ce nouveau programme en remplacement de celui du soutien à la francophonie ne s'est pas traduit par une augmentation des budgets du Québec pour la francophonie acadienne. Le tableau 6.4 ci-dessous fait à partir de données du gouvernement du Québec montre une diminution constante des sommes versées pour le programme de soutien à la francophonie puis à celui de financement de partenariats.

La moyenne des sommes versées pour la période de 1987 à 1999 est de 298 246 $. À l'exception de l'année 1987-1998, les gouvernements libéraux ont accordé un financement supérieur à la moyenne pour la période considérée. Pour leur part, les gouvernements péquistes ont alloué, à l'exception de l'année 1994-1995, un financement inférieur à la moyenne pour la même période. L'adoption en 1995 d'une politique à

---

79. Avis de la table sectorielle de concertation sur la culture et les communications, p. 41.
80. Politique du Québec à l'égard des communautés francophones et acadiennes du Canada, gouvernement du Québec, 1995, p. 27.
81. Programme de soutien financier aux partenariats, gouvernement du Québec, 1998, p. 5.

Tableau 6.4
Contribution du Québec à la francophonie acadienne
(programmes de soutien à la francophonie et aux partenariats)
(Base : année 1987-1988 = 100)

Année	Montant en dollars	Indice	Gouvernement
1987-1988	160 432	100	Libéral
1988-1989	346 880	216	Libéral
1989-1990	426 078	265	Libéral
1990-1991	441 750	274	Libéral
1991-1992	362 600	226	Libéral
1992-1993	351 750	219	Libéral
1993-1994	341 750	213	Libéral
1994-1995	321 000	200	Parti québécois
1995-1996	273 750	170	Parti québécois
1996-1997	324 500	202	Parti québécois
1997-1998	276 000	172	Parti québécois
1998-1999	250 716	156	Parti québécois
Total	3 877 206		

Source : Gouvernement du Québec, Secrétariat aux Affaires intergouvernementales canadiennes (SAIC).

l'égard des communautés francophones et acadiennes du Canada n'a pas incité le gouvernement à dénouer davantage les cordons de sa bourse. Durant la période de 1995 à 1999 l'indice de la contribution du Québec à la francophonie acadienne est passé de 170 à 156. À l'exception de l'année 1987-1988, il s'agit du plus bas indice des onze dernières années.

Le projet d'une entente entre le Québec et la Société Nationale de l'Acadie

Peu avant la fin de son mandat comme le représentant du Québec dans les provinces de l'Atlantique, Patrice Dallaire confiait au magazine acadien *Ven'd'est* qu'il travaillait « à établir une entente formelle de coopération entre le Québec et l'Acadie, comparable à l'entente France-Acadie qui avait signifié l'entrée de l'Acadie dans la modernité[82] ». La Société Nationale de l'Acadie (SNA) entreprit à peu près à la même époque des démarches auprès du gouvernement du Québec pour négocier une telle entente. Plusieurs motifs incitent la SNA à vouloir conclure un accord de coopération et d'échanges avec le Québec.

82. *Ven'd'est*, 80 (août-septembre 1998) : 35.

Le mandat de la SNA est de promouvoir la défense des droits et des intérêts des Acadiens et des Acadiennes des quatre provinces de l'Atlantique. Pour ce faire, la SNA a développé ses activités sur les plans international et interprovincial. La SNA entretient des liens de coopération bilatérale directe avec les gouvernements français et de la communauté française de la Belgique. Elle a également signé un programme d'échanges avec le Conseil général des îles Saint-Pierre et Miquelon. Au plan multilatéral, la SNA fait partie depuis 1991 de la délégation canadienne qui participe aux Sommets de la Francophonie. Tout ceci se fait avec le plein accord des gouvernements fédéral et provinciaux. Cette reconnaissance de l'Acadie ne passe pas inaperçue chez le voisin québécois puisque la politique du Québec à l'égard des communautés francophones et acadiennes du Canada le reconnaît d'emblée :

> Le poids démographique de l'Acadie dans la francophonie canadienne ne représente pas le seul facteur important de la place qu'occupe cette communauté au Canada atlantique. La reconnaissance historique, par la communauté internationale, de ce peuple sans frontières et les rapports que celui-ci entretient avec la francophonie d'Europe et d'Amérique du Nord témoignent de sa vitalité et de son dynamisme[83].

En plus de sa reconnaissance internationale, l'Acadie par l'entremise de la SNA signait en 1996 une entente-cadre de collaboration avec le gouvernement fédéral. Cette entente reconnaît que la SNA a le mandat de « représenter tous les Acadiens et les Acadiennes des provinces de l'Atlantique sur les plans national et international dans les causes communes aux membres de la SNA[84] ». Le but de la présente entente était de « préciser les engagements financiers du ministère du Patrimoine canadien à l'égard de la SNA et d'établir un cadre de collaboration entre le ministère du Patrimoine canadien et la SNA afin de préciser les mécanismes par lesquels la SNA pourra continuer à contribuer au développement et à l'épanouissement des communautés acadiennes des provinces de l'Atlantique[85] ».

La SNA pourrait à juste titre invoquer le précédent de ses relations bilatérales sur la scène internationale avec les gouvernements français et belges, et sur la scène nationale avec le gouvernement fédéral, pour justifier son désir de développer des relations similaires avec le gouvernement du Québec. Ce dernier n'a pas à ce jour donné une suite

---

83. Politique du Québec à l'égard des communauté francophones et acadiennes du Canada, gouvernement du Québec, 1995, p. 9.
84. Entente-cadre de collaboration entre le ministère du Patrimoine canadien et la Société Nationale de l'Acadie, 30 avril 1996.
85. *Ibid.*

favorable à la demande de la SNA. Pourquoi ? René Lévesque lors de son allocution en 1984 à l'Île-du-Prince-Édouard à l'occasion des fêtes du centenaire du drapeau acadien apporte un premier élément de réponse :

> Je sais bien que dans la fédération – le régime fédéral où nous vivons – il importe ne pas froisser les autorités constituées constitutionnellement. Il importe de respecter les divers paliers de ce méli-mélo de pouvoirs que nous avons et qui se chevauchent si bien, si on ne veut pas torpiller soi-même ses propres projets. Vous autres, les Acadiens, je pense que vous le savez aussi que nous sommes suffisamment conscients de l'importance de nos propres pouvoirs « provinciaux » – comme on dit – pour ne pas aller à l'encontre de ceux qui sont détenus par l'Île-du-Prince-Édouard, par la Nouvelle-Écosse ou par le Nouveau-Brunswick. C'est donc dans ce cadre-là, avec ces contraintes que nous fonctionnons et que nous devons continuer à fonctionner[86].

René Lévesque y indique clairement que les relations entre le Québec et l'Acadie doivent respecter le cadre constitutionnel canadien. Dans l'entretien qu'il nous accordait à l'automne de 1998, Claude Morin abondait dans le même sens que son ancien premier ministre : « D'abord, nous, c'étaient des relations de gouvernement à gouvernement qu'on voulait établir parce que l'État québécois, pour nous, c'est l'instrument des francophones de l'Amérique du Nord. L'État québécois doit faire des accords avec ses correspondants qui sont des gouvernements[87] ». Claude Morin ajoutait que les gouvernements provinciaux pourraient « trouver ça suspect » si le gouvernement du Québec faisait des accords avec une association[88]. Enfin, pour celui-ci il y avait également le problème des rivalités entre les associations[89]. Se poserait alors le choix de l'une plutôt que d'une autre. Les craintes de René Lévesque et de Claude Morin étaient-elles fondées ? Certainement à l'époque du gouvernement de Louis J. Robichaud. Celui-ci favorisait également les relations entre gouvernements et voyait « d'un très mauvais œil » des liens directs entre le gouvernement du Québec et les communautés francophones ou acadiennes[90].

Qu'en est-il de nos jours ? Le paysage politique semble avoir changé puisque le gouvernement fédéral et ceux du Nouveau-Brunswick, de la Nouvelle-Écosse et de l'Île-du-Prince-Édouard ne s'offusquent pas de voir la SNA entretenir des liens directs et conclure des ententes avec

---

86. Discours de René Lévesque à Mount Carmel, Île-du-Prince-Édouard, 19 août 1984.
87. Entretien avec Claude Morin, 18 septembre 1998.
88. *Ibid.*
89. *Ibid.*
90. Entretien avec Louis J. Robichaud, 29 août 1998.

des gouvernements étrangers. Le gouvernement fédéral lui-même en signant une entente-cadre de coopération en 1996 avec la SNA a établi un précédent sur le plan national. Les inquiétudes de René Lévesque et de Claude Morin ne semblent plus aujourd'hui justifiées. Cependant la Loi sur le ministère du Conseil exécutif du Québec (L.R.Q., c. M-30) continue de distinguer clairement les responsabilités du ministre délégué aux Affaires intergouvernementales canadiennes. Il a le mandat « d'élaborer et de proposer au gouvernement des programmes de coopération avec les Canadiens d'expression française à l'extérieur du Québec et d'en assurer la mise en œuvre » (art. 3.6.1), et « d'établir et de maintenir avec les autres gouvernements du Canada et leurs ministères ou organismes les relations que le gouvernement du Québec juge opportun d'avoir avec eux » (art. 3.2). Le Québec développe donc des programmes de coopération pour les communautés francophones et entretient des relations avec les gouvernements. La politique à l'égard des communautés francophones et acadiennes du Canada de 1995 s'inscrit parfaitement dans l'esprit de la loi évoquée plus haut. Le gouvernement du Québec voudra-t-il amorcer un virage et entretenir des liens directs avec les communautés francophones à l'extérieur du Québec ? La signature d'une entente avec la SNA serait un premier pas dans cette direction.

* * *

Dans ce travail, nous avons cherché à situer la coopération entre le Québec et l'Acadie dans le contexte particulier de l'étatisation des structures gouvernementales. L'Entente de 1969 a donc symbolisé la naissance de relations d'État à État entre deux provinces. L'initiative est peut-être venue d'un Québec plus entreprenant pour la quête d'une personnalité nationale. Le partenaire néo-brunswickois a cependant défini ses intérêts particuliers, notamment les retombées concrètes qu'une telle politique pouvait apporter à la communauté acadienne. Dans le cadre de cette entente, le Québec a également cherché à nouer des relations avec les communautés acadiennes : à cet effet, l'Entente de 1995 vise l'enrichissement de la coopération Québec-Acadie, prenant en compte les différents secteurs de la société civile. Dans le contexte actuel de désengagement de l'État, peut-on envisager une coopération qui se développe à partir des sociétés civiles capable de dépasser l'État ? De plus en plus, une toile de fond différente se structure autour de divers réseaux de solidarité dans un espace où l'acteur étatique semble quelque peu dépassé. Peut-on parler d'un retour aux pratiques précédant la consolidation de l'État ? Pour le moment, au-delà de la coopération étatique, il serait important de mieux considérer cet espace moins formel et plus spontané qui devient un acteur de la coopération.

Au Musée du Québec : Bernard Lord, premier ministre du Nouveau-Brunswick (à gauche) serrant la main à Lucien Bouchard, premier ministre du Québec, accompagné de son épouse Audrey Best, lors de la 40e conférence annuelle des premiers ministres provinciaux tenue à Québec en août 1999. Au centre : George Binns, premier ministre de l'Île-du-Prince-Édouard.
Photo : Marc-André Grenier, Photo Mag. Source : SAIC.

40e conférence annuelle des premiers ministres provinciaux tenue à Québec du 9 au 11 août 1999. De gauche à droite : Gary Filmon, Manitoba, John F. Hamm, Nouvelle-Écosse, Mike Harris, Ontario, Lucien Bouchard, Québec (président), Bernard Lord, Nouveau-Brunswick.
Source : SAIC

Les relations culturelles entre les Acadiens de la Nouvelle-Écosse et le Québec depuis la Révolution tranquille

Maurice LeBlanc

VIE CULTURELLE EN ACADIE NÉO-ÉCOSSAISE VERS 1960

À l'aube de l'éclatement de la Révolution tranquille au Québec, c'est-à-dire aux environs de 1960, quelle pouvait être la situation culturelle des Acadiens de la Nouvelle-Écosse ? La population acadienne et francophone se chiffrait alors à une quarantaine de mille et formait environ cinq pour cent de la population néo-écossaise. Quels instruments, quels organismes, quelles institutions pouvaient être sur place pour leur développement culturel ? Ils étaient, en fait, relativement diversifiés, comme nous tenterons de le démontrer.

Le Collège Sainte-Anne

Fondé par les pères eudistes venus de France en 1890, le Collège Sainte-Anne de la Pointe-de-l'Église avait été le phare intellectuel, culturel et même religieux d'expression française en Nouvelle-Écosse, surtout dans cette région que l'on connaît bien sous le nom de la baie Sainte-Marie dans le sud-ouest. En 1960, les pères français n'y étaient plus ; ils avaient cédé la place à des eudistes canadiens, acadiens et québécois, et franco-américains. Les pères eudistes, en plus de se livrer à l'enseignement des matières académiques, consacraient une bonne partie de leurs moments libres à la promotion de la musique et du théâtre avec les étudiants, dirigeant fanfare et chorale, montant des pièces de théâtre et animant des cercles littéraires. De plus, leur influence sur ce terrain ne se limitait pas aux murs de l'institution; elle s'étendait à la communauté environnante tout entière qui bénéficiait de leur expertise et de leur dévouement. Le père Yvon Savoie, par exemple, au début des années 1950 fonda la Société chorale de la baie Sainte-Marie qui regroupait des gens à cent kilomètres à la ronde.

La Société Saint-Pierre

À l'autre bout de la Nouvelle-Écosse, soit dans le nord de la province et au Cap-Breton, la Société Saint-Pierre prenait naissance au milieu des années 1940. Cette société, au dire du père Charles Aucoin, eudiste et originaire de Chéticamp, avait pour but la promotion du développement intellectuel, social et économique des Acadiens de ce coin de la province. Elle mettait l'accent sur l'octroi de bourses pour l'éducation des jeunes, surtout des aspirants au sacerdoce.

En 1960, la Société Saint-Pierre était encore très active, mais avec l'avènement de la Fédération acadienne de la Nouvelle-Écosse (FANE) à la fin des années 1960, elle fut mise en veilleuse. En 1973, une réunion pour discuter de l'avenir de la Société fut organisée à Port Hawksbury au Cap-Breton. C'était à la fin du mois d'octobre. L'objectif de la réunion était clair: dissoudre la Société. Après de longues discussions et de longues délibérations, le père Aucoin, qui n'avait pas encore dit un mot, se leva et déclara: «Prononcez la dissolution de la Société Saint-Pierre aujourd'hui; moi, je la fonde demain»! Il n'en dit pas davantage pour qu'on se rallie à son cri d'appel et la Société Saint-Pierre est encore vivante aujourd'hui.

L'Association des instituteurs acadiens (AIA)

En 1945 prenait naissance au Collège Sainte-Anne l'Association des instituteurs acadiens du sud-ouest de la Nouvelle-Écosse (AIA). Le père Léopold LaPlante, eudiste, ancien professeur et recteur de l'institution, dans sa brochure *Chronique du Collège Sainte-Anne, les Pères Eudistes au service de l'Église et de la communauté*, consacre un chapitre complet à cette association. Il écrit:

> Un comité d'éducation nommé sur place prit l'initiative de former une association d'éducation pour favoriser l'enseignement du français. On eut

recours à l'obligeance de Monsieur Ovide Proulx (alors professeur), président de l'Association de l'Enseignement Français en Ontario, pour exposer le projet aux instituteurs et institutrices. L'inspecteur, Monsieur Louis d'Entremont, fut mis au courant de l'initiative et l'approuva entièrement[1].

Le père LaPlante, alors professeur au Collège Sainte-Anne, devint le représentant officiel de l'institution dans la jeune association dont les ambitions étaient de «placer l'enseignement du français sur le même pied au moins que l'enseignement de l'anglais[2]». Tout un boulot s'imposait à la jeune association qui avait à former des comités pour préparer des programmes en français de la première à la douzième année. Tout un défi aussi, il va sans dire. Au cours des années 1950, avec Henry Hicks, d'abord ministre de l'éducation, puis premier ministre de la Nouvelle-Écosse, l'association progressa dans les objectifs qu'elle s'était fixés. Après le départ de M. Hicks, malheureusement «les affaires traînèrent en longueur, écrit le père LaPlante. Il y eut même un recul assez marqué, sous prétexte que les parents acadiens s'inquiétaient de trop de français dans les écoles[3]». Mais au début des années 1960 l'AIA fonctionnait encore, favorisant une solidarité entre tous les enseignants francophones dans les écoles de la Nouvelle-Écosse, perfectionnant les méthodes didactiques de l'enseignement du français. Plus tard le nom fut modifié en l'Association des enseignants de la Nouvelle-Écosse et celle-ci adopta une structure de type syndical.

L'Association acadienne d'éducation (AAE)

Toujours dans le domaine de l'éducation, une autre association vit le jour, cinq ans seulement après la précédente, soit l'Association acadienne d'éducation en Nouvelle-Écosse (AAE – 1950). Alors que l'AIA s'adressait aux enseignants dans les écoles publiques, l'AAE s'adressait à toute personne intéressée à la promotion de la culture et de l'identité acadiennes. Une telle association existait déjà au Nouveau-Brunswick et c'est d'elle que vint l'idée d'en établir une semblable en Nouvelle-Écosse. La Société mutuelle l'Assomption dès ses origines avait rempli ce rôle, grâce aux nombreuses succursales établies dans les communautés acadiennes. Avec la restructuration de la Société l'Assomption, les succursales disparurent et l'AAE assuma, pour ainsi dire,

---

1. Léopold LaPlante, *Chronique du Collège Sainte-Anne, Les pères eudistes au service de l'Église et de la communauté*, Yarmouth, Imprimerie Lescarbot ltée, 1986, p. 121.
2. *Ibid.*
3. *Ibid.*, p. 122.

le rôle de la Société jusqu'au jour où la Fédération acadienne de la Nouvelle-Écosse fut fondée en 1969.

Club Richelieu et la Colonie de la jeunesse acadienne (CJA)

À la baie Sainte-Marie, deux autres organismes francophones firent leur apparition, le Club Richelieu et la Colonie de la jeunesse acadienne (CJA). Le père LaPlante écrit :

> C'est le 25 avril 1958 que fut fondé le premier Club Richelieu de la Nou-velle-Écosse. Comme beaucoup de grands événements, celui-ci eut lieu au Collège Sainte-Anne. Il y avait là une importante délégation : le Dr Emmett Corbin de Grand Sault, gouverneur régional du club, M. Éric Cormier de Moncton, vice-président et de nombreux visiteurs. M. Marcel Valotaire fut élu premier président du nouveau club[4].

À l'été de cette même année, une colonie de vacances, Colonie de la jeunesse acadienne, vit le jour. La jeune colonie se développpa assez ra-pidement grâce à l'établissement de l'Association des Dames Patron-nesses et de l'appui du Club Richelieu, qui aidèrent le fondateur, le père Yvon Lanteigne, un autre eudiste, à trouver les fonds nécessaires pour construire un camp permanent, pouvant accueillir au cours des vacances d'été les jeunes acadiens de la région.

Le Petit Courrier

Enfin, en plus de tous ces organismes, un autre et non le moindre qu'il ne faut pas ignorer, c'est l'hebdomadaire provincial d'expression française, *Le Petit Courrier*. Fondé par M. Désiré d'Éon le 10 février 1937, cette « feuille de chou » comme le désignaient à tort certains malins, pénétrait dans la majorité des foyers acadiens du sud-ouest de la Nou-velle-Écosse et rejoignait, dans la Nouvelle-Angleterre, un bon nombre de lecteurs d'origine néo-écossaise. Un journal français, voilà pratique-ment une nouveauté dans les médias d'information en Nouvelle-Écosse à cette époque. Les gens, avides de savoir ce qui se passait dans les villages de la région, le dévoraient. Sans doute, un autre hebdomadaire acadien, *L'Évangéline*, existait déjà et avait des abonnés en Nouvelle-Écosse, mais, même s'il avait débuté dans la province à Digby, il était

---

4. *Ibid.*, p. 102.

déménagé à Moncton, et n'avait plus la même influence sur les Néo-Écossais que *Le Petit Courrier*.

Au début des années 1970, des changements s'opèrent pour le journal qui adopte un format plus grand, devient un hebdomadaire de portée beaucoup plus provinciale et prend le nom *Le Courrier de la Nouvelle-Écosse*. Mais dès les débuts et durant toute son existence il resserra les liens entre les Acadiens dispersés aux quatre coins de la province, servant à fois d'organe de communication et de promotion culturelle d'expression française.

Toujours dans le domaine des communications, on peut se demander ce qu'il en était avant 1960 de la radio et de la télévision françaises. Les studios de Radio-Canada n'étaient pas encore établis dans la province, encore moins ceux de la radio communautaire francophone. Pendant longtemps, avec un bon appareil on pouvait capter les programmes du poste CHNC de New Carlisle en Gaspésie. Plus tard, des antennes satellites furent installées pour permettre de capter les émissions soit radiodiffusées, soit télévisées de Radio-Canada en provenance de Moncton, jusqu'à ce que soient installés des studios à Halifax et ça, beaucoup plus tard.

LES ACADIENS NÉO-ÉCOSSAIS ET LA RÉVOLUTION TRANQUILLE

Voilà, donc, brossé à traits rapides le portrait de la situation culturelle des Acadiens de la Nouvelle-Écosse au moment où éclata la Révolution tranquille au Québec. Au cours des années 1960, alors que cette Révolution battait son plein, les Acadiens de la Nouvelle-Écosse, sous l'énergique impulsion du père Léger Comeau, prenaient conscience de leur identité d'une façon positive et s'organisaient en fédération. Cette fédération eut comme résultat de rapprocher les communautés acadiennes, dispersées aux quatre coins de la province, afin d'en augmenter la force. Elle prit l'initiative en 1969 d'organiser le congrès « Réalité-avenir » où parmi les délégués de marque on distinguait Georges-Henri Dagneau, directeur des Services du Canada français d'outre-frontières du ministère des Affaires culturelles[5].

Il n'est pas certain qu'à cette époque les Acadiens de la Nouvelle-Écosse aient constaté avec plaisir et avec beaucoup d'espoir l'éclosion

---

5. *L'Évangéline* (14 octobre 1969).

du mouvement séparatiste du Québec. En mai 1970, le père Léger Comeau, président de la jeune Fédération acadienne de la Nouvelle-Écosse, préconisait ouvertement un gouvernement libéral au Québec. Il disait : « Un gouvernement séparatiste au Québec, travaillant à la promotion de ses propres intérêts, sans égard aux minorités francophones du reste du Canada, aurait rendu la vie plus difficile pour la Fédération francophone de la Nouvelle-Écosse[6] ».

Neuf ans plus tard, alors qu'il est à la fois président de la Fédération acadienne de la Nouvelle-Écosse et président de la Société nationale de l'Acadie, le père Comeau de nouveau fait part de ses inquiétudes. « Le jour où le Québec se séparera du Canada, dit-il, le gouvernement central nous oubliera[7]. »

Il a quand même précisé par la même occasion « que les Québécois devaient pouvoir se prononcer comme ils le veulent sur leur avenir et qu'en somme les propositions du gouvernement québécois sur la francophonie hors Québec étaient raisonnables[8] ».

Le ton avait quelque peu changé et l'année suivante, soit le 3 juillet 1980, le père Comeau recevait des mains du premier ministre péquiste, René Lévesque, la médaille de l'Ordre des francophones d'Amérique. À partir de cette époque, surtout par le biais de la Fédération acadienne de la Nouvelle-Écosse, mais aussi indépendamment d'elle, le Québec ne cessa d'apporter son aide sur le plan culturel aux Acadiens de la Nouvelle-Écosse[9].

Enfin, pour ne laisser aucune ambiguïté sur l'attitude du Québec vis-à-vis de l'Acadie, voici le message que le premier ministre René Lévesque adressait aux Acadiens à l'occasion de la Fête nationale des Acadiens, le 15 août 1985 :

> Le peuple acadien a toujours joué un rôle exemplaire dans la vie de l'Amérique française, celui de la fidélité héroïque à ses racines. Quiconque sur ce continent et dans le monde se préoccupe du sort de la francophonie nord-américaine participe nécessairement en ce jour de la Fête Nationale des Acadiens, à la fierté qui marque cette journée faite de souvenirs et d'engagements pour l'avenir ; le souvenir toujours bien vivant de celles et de ceux qui ont bâti l'Acadie moderne, l'engagement ferme et déterminé de poursuivre avec succès, en cette fin du 20e siècle, l'œuvre de toute une nation.

---

6. *L'Évangéline* (1er mai 1970).
7. *L'Évangéline* (8 novembre 1979).
8. *Ibid.*
9. *L'Évangéline* (14 juillet 1980) ; *Le Courrier de la Nouvelle-Écosse* (16 juillet 1985) : 5.

Nous, Québécois et Québécoises, en ce 15 août 1985, nous vous réitérons l'expression de notre sincère et durable amitié, de notre volonté de poursuivre avec vous une coopération qui soit la plus large possible et porteuse de développement pour chacun de nos deux peuples.

Nous accompagnons de tout cœur la joie de votre fête, en vous la souhaitant aussi joyeuse que stimulante.

Longue vie à l'Acadie !

René Lévesque[10]

LES ARTISTES ET LES AGENTS CULTURELS DU QUÉBEC EN NOUVELLE-ÉCOSSE LES DISCIPLINES CULTURELLES

On peut dire que dans toutes les disciplines de la culture les Acadiens, et l'ensemble des francophones de la Nouvelle-Écosse ont pu largement bénéficier de la contribution du Québec. Depuis plus de vingt-cinq ans – dans mon cas ce sont les années où j'ai pu le mieux constater tout l'apport du Québec puisque c'est la période où j'ai œuvré en Nouvelle-Écosse à l'Université Sainte-Anne comme directeur artistique[11] – la présence québécoise s'est fait sentir, que ce soit au théâtre, que ce soit en musique, que ce soit sur le plan de la promotion de la culture acadienne elle-même, que ce soit, enfin, sur le plan de la promotion de la langue française. Les exemples abondent où le Québec a fourni sa large part pour le développement de ces disciplines chez les Acadiens néo-écossais.

Il est bon de préciser que la contribution du Québec s'effectuait de deux manières ; soit par une aide financière directe à des projets d'ordre culturel, la plupart du temps chapeautés par la Fédération acadienne de la Nouvelle-Écosse, soit par une aide, également financière, octroyée à des artistes ou à des groupes d'artistes, leur permettant ainsi de visiter nos régions néo-écossaises et de nous transmettre le fruit de leurs talents artistiques et culturels. On peut à cet égard citer les troupes de théâtre en tournée, les concerts « Jeunesses musicales », les ateliers en art visuel animés par des artistes venant du Québec.

Commençons par nous intéresser aux personnes, c'est-à-dire ces Québécois et ces Québécoises, artistes ou autres agents culturels, qui nous ont visités et ont contribué à notre développement culturel et

---

10. *Le Courrier de la Nouvelle-Écosse* (14 août 1985) : 5.
11. Directeur artistique à l'Université Sainte-Anne de juillet 1974 à juin 1991.

artistique. Nous verrons ensuite les chiffres qui témoignent éloquemment de l'aide financière du Québec[12].

Le théâtre

L'Acadie néo-écossaise fut moins fortunée que l'Acadie néo-brunswickoise, qui par sa proximité du Québec faisait partie des circuits de tournées de troupes de théâtre québécois[13]. Néanmoins, l'Université Sainte-Anne, depuis 1974 et même avant, offrait aux étudiants et au public environnant une saison culturelle d'au moins une dizaine de spectacles chaque année. Ainsi en plusieurs occasions, le public acadien de la baie Sainte-Marie a pu bénéficier des talents de comédiens québécois en tournée chez lui.

Le 7 novembre 1975, l'École supérieure de Clare (baie Sainte-Marie) et l'Université Sainte-Anne de la Pointe-de-l'Église accueillirent le Théâtre des Pissenlits, un théâtre pour enfants. À l'affiche, *Le petit coq désobéissant* du Roumain Ion Lucian, qui, d'ailleurs, en fit la mise en scène pour la tournée. Le directeur artistique de la troupe avait pour nom Jean-Yves Gaudreault du Québec.

Le Théâtre populaire du Québec (TPQ), malgré les distances, se rendit à deux reprises du côté de la Nouvelle-Écosse, alors qu'il était en tournée au Nouveau-Brunswick. Pour sa première visite, soit le 19 septembre 1977, le TPQ offrait une soirée consacrée à Molière avec *Le médecin volant* et *Le médecin malgré lui*. C'était le 15e anniversaire de la troupe et Jean Gascon en avait fait la mise en scène. Pierre Thériault, Catherine Bégin, Nicole Fillion, Guy l'Écuyer et bien d'autres noms, aujourd'hui célèbres, faisaient partie de la distribution.

Lors de sa seconde visite le 7 février 1979, le TPQ présenta une pièce de Roland LePage, *Le temps d'une vie*, dont la mise en scène était signée André Payé. Le rôle principal était tenu par Murielle Dutil, assistée de Roland LePage lui-même, Pierre Lebeau, Guy Nadon, et André Payé, le metteur en scène.

Du théâtre français fut également offert en Nouvelle-Écosse par le Centre national des arts d'Ottawa. Rappelons ici que ce théâtre français

---

12. Archives de Maurice LeBlanc alors qu'il était directeur artistique à l'Université Sainte-Anne (1974-1991) ; contient un dossier provenant du Bureau du Québec dans les provinces atlantiques situé à Moncton.
13. Maurice LeBlanc fut directeur artistique au Collège de Bathurst, N.-B. de 1962 à 1974.

à Ottawa aurait difficilement existé sans la participation active des Québécois et des Québécoises. Le 14 février 1977, le Théâtre de l'Hexagone présentait sur les tréteaux de l'Université Sainte-Anne *Radisson* de Robert Claing et les 7 et 8 avril 1980 la Compagnie de théâtre du Centre national présentait respectivement *Les femmes savantes* de Molière et *Notre petite ville* de Thorton Wilder avec une mise en scène de Jean Herbiet.

Plus récemment, le Théâtre lyrique du nord, sous la direction d'Yves Cantin, est venu divertir le public acadien de la Nouvelle-Écosse avec trois spectacles bien appréciés : *Offenbach ou le rire en musique* (6 novembre 1987), *Nuit à Naples* (16 novembre 1989) et *Cosaques et Gitans* (19 octobre 1990).

La musique

Sur le plan des spectacles, si les Acadiens néo-écossais purent bénéficier des talents des comédiens du Québec, ils ne furent pas moins bien servis des talents des musiciens québécois. Les Jeunesses musicales et, plus tard, Début atlantique amenèrent dans l'Acadie néo-écossaise, que ce soit à la baie Sainte-Marie, que ce soit dans la région de Halifax et celle d'Antigonish, que ce soit même du côté du Cap-Breton, de jeunes musiciens provenant du Québec qui ne tardèrent pas à devenir célèbres. Mentionnons-en quelques-uns : Hélène Gagné, violoncelliste ; Chantal Juillet, violoniste ; Louis-Philippe Pelletier, pianiste ; Dominique Morel, pianiste ; Lucie Robert, violoniste ; Alain Trudel, tromboniste ; Sonia Racine, mezzo-soprano ; Lyne Fortin, soprano.

Certains artistes avaient déjà acquis une renommée enviable sur le plan international, dont le chansonnier Claude Léveillé et le pianiste André Gagnon. L'Université Sainte-Anne les a accueillis en spectacle ainsi que le Quatuor de saxophone de l'Infonie, dirigé par Walter Boudreau (26 octobre 1977) et le Quatuor vocal Ville-Marie, dirigé par le ténor Jean-Pierre Quindon (16 mars 1984)[14].

Mime et danse

Enfin, en plus du théâtre et de la musique, le Québec offrit un spectacle de mime et un autre de danse. Ainsi, eut-on à l'Université Sainte-Anne la visite du mime Claude Saint-Denys (23 novembre 1977) et celle de la Compagnie de danse Eddie Toussaint (2 novembre 1980).

---

14. Claude Léveillé, 4 février 1975 ; André Gagnon, 24 septembre 1980.

Bref, le monde du théâtre, de la musique, même de la danse et du mime, provenant du Québec, apporta à l'Acadie néo-écossaise une contribution artistique et culturelle inestimable. L'Université Sainte-Anne de la Pointe-de-l'Église se faisait un point d'honneur d'offrir à la population acadienne ces têtes d'affiche malgré la distance qui la séparait du Québec.

D'aucuns diront que la baie Sainte-Marie, site de l'Université Sainte-Anne, est une région privilégiée, capable d'accueillir cette foison d'artistes québécois. Et c'est vrai. Néanmoins, les Acadiens et les francophones, ainsi que la population en général de la région de Halifax et du Cap-Breton, purent occasionnellement bénéficier des talents d'artistes du Québec, surtout par le biais de la série « Début Atlantique ».

Les arts visuels

Les arts visuels du Québec étendirent leurs tentacules jusqu'aux rives enchanteresses de la baie Sainte-Marie, grâce à une visite inoubliable du fondateur de la Société canadienne d'aquarelle, le regretté Jean-Paul Ladouceur. Avec l'aide du Bureau du Québec dans les provinces atlantiques situé à Moncton, en collaboration avec le Conseil des arts et d'artisanat de Clare et l'Université Sainte-Anne, fut tenu dans la chapelle de l'Université, le vendredi 21 novembre 1986 un vernissage des œuvres de l'aquarelliste. Et le lendemain, monsieur Ladouceur donnait un atelier aux artistes de la région. Cette visite, en tout mémorable, demeura pour longtemps imprégnée dans la mémoire des amateurs de l'aquarelle, d'autant plus qu'il parut bien clair pour tous que Jean-Paul avait pris en profonde affection ce coin de l'Acadie. Il y revint plusieurs fois par la suite et attira dans cette région de la Nouvelle-Écosse quelques-uns de ses collègues, entre autres Nicole Forman et Gilles Archambault, qui également mirent à profit leurs talents au service des artistes de l'endroit. Parmi ceux-ci, certains se rendirent au Québec pour suivre des ateliers de plus longue durée, organisés par la Société canadienne d'aquarelle, comme la quinzaine des pros à High Water et cette autre quinzaine tout au long du « Chemin du Roi » sur la rive nord du Saint-Laurent. Le départ de monsieur Ladouceur fut vivement ressenti à la baie Sainte-Marie. Sa contribution avait suscité tout un nouvel essor chez les peintres dans le domaine de l'aquarelle[15].

---

15. Tous ces renseignements proviennent des archives de l'auteur. Il consacra en filière un dossier pour chacun des spectacles dont il fit la promotion, alors qu'il était directeur artistique à l'Université Sainte-Anne.

Les communications

En ce qui regarde la presse écrite, je ne pense pas que la contribution du Québec sur le plan littéraire – rédaction d'articles, rédaction de l'éditorial, par exemple – n'ait été considérable durant la période qui nous intéresse. Quant à l'aide financière, ça c'est une autre question qui sera traitée plus loin. L'hebdomadaire, *Le Courrier de la Nouvelle-Écosse*, eut et a encore pour la plupart des correspondants et des éditeurs acadiens. Toutefois, il y en a eu quelques-uns de l'extérieur. Signalons, d'abord, des coopérants français qui pendant plusieurs années apportèrent au journal une qualité d'écriture plus que convenable. Il y eut aussi quelques jeunes journalistes d'origine québécoise qui firent leurs premières armes au *Courrier de la Nouvelle-Écosse*. Mais leur séjour fut de courte durée.

Du côté de la radio et de la télévision, l'apport québécois fut beaucoup plus considérable. L'émission spéciale quotidienne de Radio-Canada, destinée aux francophones néo-écossais et terre-neuviens, qui au début s'intitulait *À marée haute* et passait sur les ondes en fin d'après-midi, puis qui changea son nom en *Bonjour atlantique, édition Nouvelle-Écosse* et passa sur les ondes le matin, pour enfin être connue sous un autre titre *CBAF bonjour*, a bénéficié pendant ses vingt et quelques années d'existence des services de plusieurs Québécois. Ils œuvraient soit dans l'animation, soit dans le reportage de nouvelles, soit dans la régie, soit dans des émissions spéciales touchant l'économie, la politique et la culture. Ainsi, Acadiens et Québécois collaborèrent et collaborent toujours à cette émission spéciale de trois heures destinée quotidiennement le matin à la population acadienne et francophone de la province. Pour le reste de la journée, les émissions proviennent soit de Moncton, soit de Montréal avec le concours d'un grand nombre de Québécois.

En ce qui regarde la télévision, il en est de même. Le concours du Québec est immense et, non seulement par le biais de Radio-Canada, mais par celui de bien d'autres chaînes telles que Télé-Métropole, Quatre-Saisons. L'Acadie de la Nouvelle-Écosse, néanmoins, doit beaucoup à Radio-Canada et à ses équipes, composées en grande partie de Québécois, qui viennent à l'occasion de festivals, de fêtes spéciales, d'événements spéciaux faire des enregistrements qui passent sur les écrans à travers le pays.

Même si la radio et la télévision de Radio-Canada sont des organismes subventionnés par l'État fédéral, sans la participation des Québécois c'est à se demander jusqu'à quel point les Néo-Écossais francophones et acadiens pourraient bénéficier d'émissions en langue française et ne pas se voir obligés d'être à l'écoute uniquement de programmes en langue anglaise.

L'enseignement

N'oublions pas de signaler la présence québécoise dans le domaine de l'enseignement. Notre système scolaire provincial, en particulier le Conseil scolaire acadien provincial, fait appel à des enseignants provenant du Québec et il n'est pas rare de constater sur la liste du personnel enseignant de nos écoles publiques, soit primaires, soit secondaires des patronymes québécois.

Ainsi, l'Université Sainte-Anne bénéficie d'un fort contingent de professeurs venant du Québec. Son département de français en particulier est composé actuellement en majorité de Québécois. On peut déplorer le fait qu'il n'y ait pas plus d'Acadiens à figurer sur la liste des professeurs de ce département. Pourtant il y en a de qualifiés. Sans doute les circonstances ont voulu qu'il en soit ainsi. De toute façon, cet apport de Québécois est très précieux. Signalons qu'un membre de ce département, Normand Godin, dirige la troupe de théâtre « Les araignées du bouiboui » qui offre du théâtre français dans la région et fait plus que commencer à avoir du vent dans les voiles avec le drame musical *Évangéline*, basé sur le poème du même nom du poète américain Longfellow. Par ailleurs, du Québec sont venus des spécialistes pour diriger des ateliers en mime, en chant et en éclairage.

Les échanges entre artistes québécois et artistes acadiens néo-écossais

Jusqu'ici, dans cet exposé sur les relations culturelles entre le Québec et la Nouvelle-Écosse, il appert que le mouvement s'est effectué dans un sens unique, c'est-à-dire du Québec à la Nouvelle-Écosse. Effectivement, très peu de nos artistes acadiens néo-écossais se sont encore rendus au Québec. Ça se comprend puisque l'essor culturel et artistique acadien en Nouvelle-Écosse s'est effectué plus tardivement et plus lentement. Néanmoins, des chanteurs acadiens de la baie Sainte-Marie – ils étaient au nombre de huit – se sont rendus à Montréal en

1973. Ils étaient les invités de l'équipe de football, les Alouettes, et s'exécutèrent durant une partie de cette équipe avec les Rough Riders le 16 septembre[16].

Le violoneux Johnny Comeau, de la baie Sainte-Marie également, en novembre 1975, était parmi les invités du Festival annuel de musique traditionnelle, organisé par l'Université du Québec à Montréal. La presse l'avait nommé « la relève de l'Acadie », d'après un compte rendu de Germaine Comeau dans *Le Courrier de la Nouvelle-Écosse*[17]. Plus récemment, soit à la fin de juin 1990, la troupe de danse de la baie Sainte-Marie, « La Baie en joie », participait avec grand succès au Festival de danse folklorique des « Enfants du monde » à Beauport, près de la ville de Québec[18].

Les arts visuels firent également une petite incursion au Québec. Dans le numéro du 29 octobre 1993 du *Courrier de la Nouvelle-Écosse* on lit : « Un groupe de près de soixante-dix Acadiens et Acadiennes de la Nouvelle-Écosse a pu goûter à l'hospitalité québécoise lors d'un récent voyage en Gaspésie. Le voyage a été organisé par la Fédération Acadienne de la Nouvelle-Écosse ». La destination du voyage était Bonaventure. Une exposition d'art et d'artisanat avait été organisée pour l'occasion. Voici ce qu'on lit à ce sujet : « L'exposition conjointe d'art et d'artisanat a permis aux artistes présents d'échanger et de parler de leur art. On y retrouvait des œuvres de Ronald Gonzague, peintre ; François Gaudet, photographe ; Denis Comeau-LeBlanc, aquarelliste ; Claudette LeBlanc, *hookeuse* ; Édith Comeau-Tufts, artisane ; Claude Chaloux, sculpteur ; Frank Boudreau, peintre ; Angelina Comeau, peintre ; William Roach, sculpteur naïf et Michel deNoncourt, sculpteur. L'exposition se tenait dans le « hangar Robin », le plus vieil édifice de Gaspésie qui servait jadis à saler la morue[19] ». De plus, en avril 1996, j'exposais moi-même plusieurs de mes tableaux à la Bibliothèque Graziella-Ouellet de la municipalité de Lyster au Québec. L'exposition dura plus d'un mois[20].

Enfin, la troupe de théâtre « Les araignées du bouiboui », mentionnée plus haut et dirigée par le professeur Normand Godin, présenta le drame musical *Évangéline* dans trois villes de la belle province au cours

---

16. *Le Courrier de la Nouvelle-Écosse* (13 septembre 1973) : 20.
17. *Le Courrier de la Nouvelle-Écosse* (4 décembre 1985) : 1 et 17.
18. *Le Courrier de la Nouvelle-Écosse* (25 juillet) : 6.
19. *Le Courrier de la Nouvelle-Écosse* (29 octobre 1993) : 16.
20. *Le Courrier de la Nouvelle-Écosse* (10 mai 1996) : 6.

des dernières années, soit à Québec (25 juin 1996), à Trois-Rivières (1ᵉʳ juillet 1997) et à Montréal (3 juillet 1997).

Jusqu'ici il a été question d'échanges culturels axés surtout sur les arts. Il y a eu des échanges culturels d'un autre ordre, des échanges entre Québécois et Acadiens néo-écossais dont le but visait tout simplement à se mieux connaître. Ces échanges peuvent s'entendre sous deux rubriques : échanges entre adultes et échanges entre jeunes.

Plusieurs fois à la une dans *Le Courrier de la Nouvelle-Écosse* on note la visite de Québécois dans la province, de même que la visite d'Acadiens se rendant au Québec. En voici des exemples : « Les voyageurs de la Liaison française de passage chez nous » (jeudi 21 juillet 1960, p. 1) ; « Les voyageurs du Québec nous rendent visite » (jeudi 9 août 1962, p. i) ; « Lien Acadien-Québécois » (jeudi 18 janvier 1973, p. 6) ; « Les Acadiens sont invités à aller fêter le 370ᵉ anniversaire de Québec » (jeudi 29 juin 1978, p. 14) ; « 14 familles de campeurs (québécois) à la baie Sainte-Marie » (mercredi 3 août 1983, p. 5) ; « Des caravanes québécoises sur les routes d'Acadie » (mercredi 7 septembre 1983, p. 10) ; « Un groupe d'Acadiens est allé durant trois jours en Gaspésie » (vendredi 29 octobre 1996, p. 16).

Toutefois, là où le tableau est impressionnant c'est au chapitre d'échanges de jeunes, une initiative plus tardive, mais qui s'avère d'une importance capitale en raison de l'assimilation anglophone qui gruge la jeunesse acadienne de la province.

Ainsi durant l'été de 1973, un programme destiné à faire connaître le Québec aux jeunes Acadiens et l'Acadie aux jeunes Québécois est mis sur pied, portant le nom de Tourbec. Le 26 juin, sept jeunes Québécois accompagnés de sept jeunes Acadiens visitent le Cap-Breton pendant une semaine. La semaine suivante, c'est aux jeunes Acadiens de se rendre au Québec et de visiter la belle province avec leurs compagnons québécois[21].

Dans *Le Courrier de la Nouvelle-Écosse*, plusieurs titres sont liés à ces échanges de jeunes : « Huit jeunes de la N.-É. à la rencontre des peuples à Québec » (mercredi 30 juin 1982, p. 9) ; « Un jeune Chéticantain visitera le Québec cet été » (mercredi 13 juillet 1988, p. 2) ; « Un voyage au Québec pour deux jeunes de Petit-de-Grat » (mercredi 20 juillet 1988, p. 1) ; « J'ai exploré le Québec : Deux jeunes au rendez-vous » (mercredi

---

21. *Le Courrier de la Nouvelle-Écosse* (14 juin 1973) : 1.

31 août 1988); «Dans le cadre d'un voyage d'étude: Des étudiants québécois en visite au Sud-Ouest» (mercredi 2 novembre 1988, p. 6); «Pour l'été 1989: «Viens voir le Québec» (*Le lien*, Fédération des parents acadiens de la N.-É., mercredi 17 mai 1989, p. 1); «Des jeunes Acadiens à Québec» (mercredi 31 mai 1989, p. 9); «Des étudiants du Québec nous ont visités» (mercredi 14 juin 1989, p. 1); «Francophones du Canada: Des jeunes iront au Québec» (mercredi 19 juillet 1989, p. 6).

Tous ces titres, dont la lecture peut être monotone, n'en sont pas moins éloquents et démontrent bien ces liens tissés au long des années entre les Québécois et les Acadiens néo-écossais. On pourrait quand même se demander si ces échanges sont suffisants pour entraver l'infiltration de l'assimilation anglophone au sein de notre jeunesse, même dans nos écoles acadiennes. On verra plus loin l'aide financière que le Québec a apportée au Conseil scolaire acadien provincial de la Nouvelle-Écosse et à la Fédération des parents acadiens pour favoriser et promouvoir la connaissance et l'amour de la langue française.

L'aide financière du Québec

Après avoir traité des personnes, c'est-à-dire après avoir parlé des artistes du Québec, tant dans l'art d'interprétation que dans l'art visuel, après avoir parlé de ces personnes-ressources du Québec, surtout dans l'enseignement, qui nous ont visités, qui ont même vécu parmi nous en Nouvelle-Écosse et, ainsi, ont exercé une influence considérable sur le développement de la culture et des arts, après avoir signalé ces visites-échanges, penchons-nous maintenant sur les chiffres qui témoignent de l'aide financière du Québec. Ils sont impressionnants.

D'après un dossier que m'a remis l'ancien représentant au Bureau du Québec dans les provinces atlantiques situé à Moncton, Patrice Dallaire, et qui couvre la période s'étendant de 1987 à 1998, le Québec a contribué à la Nouvelle-Écosse sur le plan culturel la somme d'au moins 602 470 $. Sans doute, beaucoup d'organismes à caractère acadien ont bénéficié de ces contributions. Le tableau suivant en est la preuve.

Outre ce qui précède, pour cette même période, une foule de projets spéciaux ont reçu l'appui financier du Québec: l'Institut de développement communautaire, Radio-Clare, le Centre provincial de ressources pédagogiques, le Centre communautaire du Grand-Havre, la Société historique acadienne de la baie Sainte-Marie, le Centre culturel et communautaire de la Picasse, le Carrefour du Grand-Havre, Radio-Chéticamp, le Bureau régional de la FANE à Pomquet, la Société de

Tableau 7.1
Contribution du Québec aux organismes acadiens ou néo-écossais

Organismes	Contribution du Québec
La Fédération acadienne de la Nouvelle-Écosse	93 350 $
L'Université Sainte-Anne	81 400 $
La Fédération des parents de la Nouvelle-Écosse	26 200 $
La Société de presse acadienne	41 400 $
Le Conseil jeunesse provinciale de la Nouvelle-Écosse	20 100 $
Le Conseil des arts et d'artisanat de Clare	3 000 $
Le Comité provincial des jeux de l'Acadie de la Nouvelle-Écosse	17 650 $
La Fédération des festivals acadiens de la Nouvelle-Écosse, devenue par la suite le Conseil culturel acadien de la Nouvelle-Écosse	133 600 $
L'Association des femmes acadiennes de la Nouvelle-Écosse	4 530 $
Le Conseil coopératif de la Nouvelle-Écosse	700 $
Lunenburg Folk Festival	29 680 $

production Grand-Pré, l'Association des professeurs acadiens de la Nouvelle-Écosse, le Festival acadien de Clare, les Feux-chalins (publication de poèmes à l'Université Sainte-Anne), Tournée de concerts à Québec : chœur d'enfants de Chéticamp, l'Association des juristes de langue française en Nouvelle-Écosse, le Festival de danse folklorique à Chéticamp, le Journal étudiant provincial sur Internet en Nouvelle-Écosse, Acadie-Québec en musique, le Conseil scolaire acadien provincial, East-Coast Music Association, les Voix d'Acadie, le Réveil de Pomcoup.

Tous ces projets spéciaux représentent une somme globale d'au moins 125 050 $ que le Québec a versée. Je dis au moins, car la subvention à deux de ces projets dont la Tournée de concerts à Québec, chœur d'enfants de Chéticamp et Radio-Chéticamp, était combinée à d'autres organismes en dehors de la Nouvelle-Écosse qui partageaient la subvention.

Rappelons que toute cette aide financière s'échelonne sur une période de onze ans, de 1987 à 1998. Bien que les dossiers n'ont pas été fournis pour les quelques vingt-cinq années et plus qui précèdent, cette étude remontant à la Révolution tranquille, nous pourrions quand même conclure que le Québec a fait preuve de générosité envers la Nouvelle-Écosse durant cette période. Et, en effet, en consultant les grands titres du *Courrier de la Nouvelle-Écosse*, nous constatons que nos conclusions s'avèrent exactes.

En février 1961, on lisait « Générosité du Québec ». L'article, rédigé par le regretté Emery Leblanc, pour *Le Petit Courrier de la Nouvelle-Écosse*, souligne un don reçu de la Société Saint-Jean-Baptiste et du Conseil de la vie française pour le journal[22]. En avril de la même année la Société Saint-Jean-Baptiste lance une campagne en vue de recueillir 4 500 $ pour venir en aide à la minorité française en Nouvelle-Écosse[23]. Et en 1966, la même société remettait un chèque au montant de 3 000 $ aux autorités du Collège Sainte-Anne de la Pointe-de-l'Église[24]. Toujours en 1966, le ministère des Affaires culturelles du Québec distribuait des bourses d'études au montant de 7 000 $ à des professeurs francophones de l'Île-du-Prince-Édouard et de la Nouvelle-Écosse[25]. Enfin, la Fédération aca-dienne de la Nouvelle-Écosse bénéficia d'une aide de 20 000 $ du Qué-bec en 1978[26].

Après cette date, *Le Courrier de la Nouvelle-Écosse* ne signale aucune aide du Québec avant mars 1987, alors qu'on souligne une aide de 22 000 $ pour la Nouvelle-Écosse par l'entremise des programmes de la Francophonie et de la Coopération interprovinciale[27]. À partir de ce moment, comme indiqué plus haut d'après le dossier reçu de monsieur Patrice Dallaire, l'aide financière n'a cessé d'être versée à la francopho-nie de la Nouvelle-Écosse.

Avant de mettre un terme à cette étude qui marque la contribution financière du Québec à l'Acadie néo-écossaise, je ne voudrais passer sous silence un autre document que m'a laissé monsieur Dallaire, do-cument qui souligne une aide ponctuelle du Québec. Ainsi, le Québec versa la somme de 100 000 $ pour la création d'un centre de littérature-jeunesse à l'Université Sainte-Anne. Le Québec a contribué financière-ment à la mise sur pied d'un centre scolaire et communautaire franco-phone, le Carrefour du Grand-Havre de Dartmouth. Le Québec vient d'annoncer le versement d'une contribution de 75 000 $ envers la réali-sation de la Maison des jeunes du nouveau centre scolaire et commu-nautaire « La Picasse » de l'île Madame au Cap-Breton. Enfin, au cours des cinq dernières années, le Québec a versé 150 000 $ pour appuyer le développement de l'hebdomadaire *Le Courrier de la Nouvelle-Écosse*.

---

22. *Le Petit Courrier* (15 février 1961) : 4.
23. *Le Petit Courrier* (13 avril 1961) : 1.
24. *Le Petit Courrier* (20 janvier 1966) : 7.
25. *Le Petit Courrier* (1er septembre 1966) : (6 et 9 novembre 1967) : 9.
26. *Le Courrier de la Nouvelle-Écosse* (13 juillet 1978) : 1.
27. *Le Courrier de la Nouvelle-Écosse* (18 mars 1987) : 5.

Ainsi, peut-on facilement constater que l'aide financière du Québec frôle le million. Il est certain que cette aide fut un soutien des plus appréciables à la culture acadienne en Nouvelle-Écosse et contribua largement à son développement et à son épanouissement.

* * *

À travers toutes ces sources, à travers les dossiers, je n'ai pas remarqué de notes discordantes, sinon, d'une part, les hésitations du père Léger Comeau à l'endroit du mouvement séparatiste, tel qu'indiqué dans l'introduction, et, d'autre part, un éditorial de Cyrille LeBlanc dans le numéro du 2 août 1973 du *Courrier de la Nouvelle-Écosse*, intitulé « La domination québécoise[28] ». Dans cet article il commente le refus d'un emploi dans le cadre du programme de « Perspectives jeunesses » à Tim Boudreau de la baie Sainte-Marie. Un membre du comité de sélection, dont le nom n'est pas dévoilé, aurait fait savoir à monsieur Boudreau que l'emploi lui était refusé parce qu'il n'était pas Québécois.

Malgré ces deux remarques, les Acadiens de la Nouvelle-Écosse ne peuvent que se féliciter de l'appui reçu du Québec, un appui qui a largement contribué au maintien, au développement, à la promotion d'une identité, d'une culture, d'un patrimoine dont la langue française constitue le lien indispensable.

Au point où nous en sommes dans cette étude sur les relations culturelles entre la Nouvelle-Écosse et le Québec depuis les années 1960, quelques questions nous viennent à l'esprit. Est-ce que ces relations eurent des retombées à long terme ? Eurent-elles une influence durable ? La réponse à ces questions ne peut être qu'affirmative. Et cette réponse affirmative comprend non seulement l'aide du Québec après 1960, mais son aide également avant 1960. Je pense à ces bourses d'études pour nos jeunes Acadiens et Acadiennes qui allèrent parfaire leur formation au Québec et qui aujourd'hui exercent une influence dans la promotion de l'identité acadienne. Je pense à tout l'apport du Conseil de la survivance française qui dans le passé visita nos régions acadiennes plus d'une fois.

Quant à tout ce qui est avancé dans ce chapitre, c'est-à-dire l'aide financière du Québec depuis 1960 et ses rapports culturels avec la Nouvelle-Écosse, l'influence dure toujours en ce sens que les Acadiens néo-écossais voient bien que vivre en français n'est pas du tout une impossibilité et que toutes les manifestations culturelles d'expression

---

28. *Le Petit Courrier* (2 août 1973) : 4.

française constituent une richesse d'une valeur inestimable. À supposer qu'il n'eût existé aucune relation entre le Québec et la Nouvelle-Écosse, serait-on porté à conclure que l'identité acadienne et française aurait été à tout jamais perdue? Je suis certainement loin d'y croire. Mais la contribution généreuse du Québec, combinée à la détermination des Acadiens néo-écossais de conserver leur patrimoine et de progresser vers l'avenir, est un facteur des plus appréciables dont l'influence persiste toujours.

Par expérience personnelle – et d'autres partagent cette expérience avec moi – je remarque parfois que les Québécois, observant de loin la situation culturelle et francophone des Acadiens en Nouvelle-Écosse, dispersés en îlots aux quatre coins de la province, formant à peine cinq pour cent de la population totale, noyés presque dans une mer anglophone trouvent que les Acadiens ne sont pas à l'abri des problèmes. Néanmoins, si ce n'est pas la totalité, il y a quand même une forte majorité d'Acadiens et de francophones déterminés à affirmer leur identité et je n'en veux comme preuve récente que l'inscription majoritaire pour l'école homogène française dans le système public prévue pour septembre 1999, selon un renseignement obtenu verbalement du directeur général du Conseil scolaire acadien provincial de la Nouvelle-Écosse, M. Réjean Sirois.

CHAPITRE 8

Le français standard et la langue populaire : comparaison du débat et des enjeux au Québec et en Acadie depuis 1960

Annette Boudreau et Matthieu LeBlanc

Nous nous proposons dans les pages qui suivent d'étudier le débat sur la langue populaire au Nouveau-Brunswick de 1970 à 1975 pour établir des parallèles avec la querelle du joual survenue au Québec entre 1960 et 1975. Il s'agira d'abord de brosser un tableau des événements qui se sont produits au Québec entre ces années en faisant ressortir les points saillants de cette querelle largement documentée qui a marqué l'histoire sociolinguistique du Québec. Seront ensuite analysés le débat sur la langue populaire survenu au Nouveau-Brunswick au début des années 1970 et les facteurs qui sont à l'origine de cette controverse. En conclusion, nous établirons les parallèles et les divergences entre les situations telles qu'elles se sont présentées en Acadie et au Québec. Car malgré les ressemblances, on constate certaines différences dans la mesure où, en Acadie, le débat n'a pas connu la même ampleur qu'au Québec. L'exiguïté démographique de l'Acadie réduit la classe susceptible de participer à ce genre de débats et réduit également les moyens médiatiques qui servent à les diffuser.

LA QUERELLE DU JOUAL AU QUÉBEC (1960-1975)

Le contexte historique

Il est de fait que la question de la langue occupe depuis fort long-temps, au Québec, une place primordiale. Pour des raisons qu'il serait trop long d'énumérer – ce n'est d'ailleurs pas l'objectif du présent tra-vail –, le Québec a toujours été aux prises avec la délicate question de la langue. Si le débat s'est souvent centré sur la sauvegarde du français, il a également été question, et surtout depuis le XIXe siècle, de la qualité du français. Isolés de leur « mère patrie » et entourés de provinces limi-trophes majoritairement anglophones et des États-Unis, les Franco-Québécois ont toujours dû faire des efforts particuliers pour d'abord contrer l'assimilation omniprésente, puis maintenir une certaine qua-lité de langue. Déjà au XIXe siècle, d'aucuns s'étaient donné comme mission de sensibiliser les Québécois aux ravages de l'assimilation et, partant, à la dégradation du français. Parmi les instruments de lutte figuraient les nomenclatures de fautes – en particulier d'anglicismes – au moyen desquelles on tentait de protéger et de purifier le français, que l'on considérait déjà comme bâtardisé, menacé. On s'attaquait éga-lement à l'enseignement et aux effets nuisibles et assimilateurs de la traduction. Il existait ainsi, en particulier chez les ecclésiastiques, une certaine conscience du problème de la dégradation de la qualité du fran-çais. Devant la concurrence de plus en plus évidente avec l'anglais, on s'empressait de faire comprendre aux Québécois que c'était véritable-ment le moment ou jamais de prendre les choses en main, sinon le Qué-bec n'arriverait pas à échapper à l'anglicisation.

En 1960, si l'on s'en tient aux propos de Chantal Bouchard[1], la langue des Québécois fait l'objet d'une critique virulente. On n'aurait pas tort d'affirmer que l'année a marqué un véritable tournant dans l'histoire sociolinguistique du Québec. À l'origine de ce revirement : la parution de l'essai de Jean-Paul Desbiens, *Les Insolences du frère Untel*[2], dans le-quel l'auteur s'attaque avec véhémence à la sclérose du système sco-laire et, par ricochet, à l'abâtardissement de la langue au Québec. Jus-qu'alors, personne ne s'était prononcé si catégoriquement et si intrépidement sur cette question, d'où le remous provoqué par les pro-pos de Desbiens. C'est d'ailleurs à partir de ce moment que l'emploi du terme « joual » a commencé à se répandre, encore qu'on ait du mal à

1. C. Bouchard, *La langue et le nombril : histoire d'une obsession québécoise*, Montréal, Fides, 1998, p. 231.
2. J.-P. Desbiens, *Les Insolences du frère Untel*, Montréal, Les Éditions de l'Homme, 1960.

s'entendre sur sa définition[3]. Toujours est-il que cette appellation adopte d'emblée une connotation péjorative du fait qu'elle évoque non seulement la piètre qualité de la langue des Québécois, mais également la dégradation culturelle et sociale qui menace le peuple. Car Desbiens est formel lorsqu'il affirme que la langue des Québécois n'est nulle autre que le joual :

> Le joual est une langue désossée [...]. Le joual est une décomposition ; on ne fixe pas une décomposition, à moins de s'appeler Edgar Poe [...]. Cette absence de langue qu'est le joual est un cas de notre inexistence, à nous, les Canadiens français. On n'étudiera jamais assez le langage. Le langage est le lieu de toutes les significations. Notre inaptitude à nous affirmer, notre refus de l'avenir, notre obsession du passé, tout cela se reflète dans le joual, qui est vraiment notre langue[4].

C'est un fait établi que l'ouvrage de Desbiens est à l'origine de toute la querelle du joual au Québec, querelle qui s'intensifiera de façon considérable au cours des quinze années suivantes, notamment à la suite de la parution des *Belles-Sœurs* de Michel Tremblay en 1968. Pièce qui a fait l'éloge de la critique partout au Québec et ailleurs dans le monde, *Les Belles-Sœurs* sont écrites en joual, ce qui constitue en quelque sorte une première dans le domaine théâtral au Québec. Jusque-là, seuls quelques auteurs québécois s'étaient servis du joual dans leurs romans et leurs poésies[5]. On témoignait ainsi, au Québec, de la naissance de la littérature joualisante. En employant le joual pour s'exprimer, les auteurs contribuaient à légitimer cette langue, à confirmer qu'elle constituait une langue réelle, évocatrice et juste qui se démarquait nettement du français dit « standard », par lequel on ne pouvait, affirmait-on, exprimer la réalité québécoise. Cette réalité que l'on voulait refléter par l'entremise du joual ne se limitait aucunement à la langue proprement dite ; à vrai dire, ce véhicule, le joual, constituait un outil de revendication politique et sociale. Seule cette langue, prétendaient certains, pouvait réussir à évoquer la situation d'infériorité socioculturelle dans laquelle vivaient les Québécois. Et seul le joual rendait compte de l'insécurité et de l'infériorité dont étaient victimes les Québécois.

---

3. La définition du « joual » n'a jamais fait l'unanimité, et la situation reste, dans une certaine mesure, inchangée aujourd'hui. Si certains s'entendent pour dire qu'il s'agit d'un « patois » typiquement montréalais, à savoir un français archaïsant parsemé d'anglicismes, d'autres affirmeront que le joual est une langue parlée à la grandeur du Québec.
4. J.-P. Desbiens, *op. cit.*, p. 24-25.
5. Il s'agissait en effet des auteurs réunis autour de la revue *Parti pris*.

Si l'émergence du joual dans la littérature québécoise a fait le bonheur des uns, qui y voyaient un moyen d'expression et de revendication légitime, l'apparition de ce «patois», comme le qualifiaient ses détracteurs, a évidemment irrité les défenseurs de la langue au Québec, pour qui seul le français standard, toujours mal défini, avait sa place, le joual sous toutes ses formes contribuant à la dégradation sociale, politique et culturelle du Québec. S'ensuivit à la télévision, à la radio et dans les journaux surtout une querelle acharnée qui durera une quinzaine d'années. En voici les acteurs.

Les acteurs

Les défenseurs de la langue

Comme nous venons de le préciser, toute la querelle autour du joual a vu le jour à la suite de la parution des *Insolences du frère Untel* en 1960. Selon son auteur, Jean-Paul Desbiens, le Québec était en pleine crise linguistique : les jeunes – sinon la majorité des Québécois – ne savaient plus ni parler ni écrire ; le système scolaire déficitaire parce que laïcisé ne parvenait plus à bien former les jeunes ; et la dégradation culturelle du Québec faisait des ravages. Pessimiste et polémiste, Desbiens a popularisé l'emploi du mot «joual», et son ouvrage a déclenché chez les Québécois une prise de conscience collective sans pareille. Selon Bouchard, «[o]n assiste alors à une phénoménale entreprise d'autocritique collective, comme sans doute peu de peuples en ont connu dans l'histoire[6]». Dès la sortie des *Insolences*, Desbiens s'est assuré l'appui de nombreux lecteurs, qui, d'avis que ses propos étaient justes et surtout opportuns, le félicitaient d'avoir osé aborder le sujet épineux que représentaient la qualité du français au Québec et, plus particulièrement, la question du joual. Dans de nombreux journaux québécois se multipliaient presque quotidiennement les opinions des lecteurs, pour la plupart négatives. En effet, selon Paul Daoust, linguiste québécois qui a consacré sa thèse de doctorat aux jugements sur le joual, «90 % des textes qui ont présenté des jugements ont utilisé le mot en lui donnant une coloration péjorative, surtout au début de la polémique[7]». On constate rapidement que les attitudes et les jugements à l'égard de la langue sont surtout négatifs.

---

6. C. Bouchard, *op. cit.*, p. 231.
7. P. Daoust, « Les jugements sur le joual (1959-1975) à la lumière de la linguistique et de la sociolinguistique », thèse de doctorat, Université de Montréal, Département de linguistique et philologie, 1983, p. 237.

Cajolet-Laganière et Martel se sont eux aussi livrés à un exercice semblable. Après avoir dépouillé le quotidien montréalais *La Presse* de 1960 à 1993 dans le but de recenser toutes les opinions émises sur la qualité de la langue pendant 33 ans, ils concluent que la grande majorité des jugements étaient négatifs. « Les opinions exprimées dans le corpus de *La Presse* sont extrêmement sévères à l'égard de la qualité de la langue. Nous avons repéré et analysé 1 071 articles ; de ces derniers, plus de 90 % sont des jugements négatifs ; moins de 10 % seulement font ressortir un aspect positif de la langue utilisée au Québec[8]. »

À partir de 1960, les opinions négatives sur le joual commencent à se multiplier et contribuent *ipso facto* à inculquer chez nombre de Québécois l'idée que leur langue n'est pas le français. Les défenseurs de la langue, les spécialistes tout comme le commun des mortels prennent la plume pour s'attaquer à la piètre qualité du français des Québécois et, par le fait même, à présager la déchéance du Québec sur tous les plans[9].

> Il s'agit non seulement de la dégénérescence de la langue française, mais également celle de la culture et celle de la nation tout entière. Dégénérescence, déchéance d'un peuple tombé en servitude. Tare de l'esprit et de l'âme, écrit Desbiens, perte de l'esprit de la langue, aliénation, tous ces sentiments très négatifs empliront les textes portant sur le joual. Parce que la langue est le premier et le plus fondamental des modes d'expression d'une culture et d'une identité collectives, ces cris d'alarme, formulés à l'égard de l'état de la langue, amènent à l'aube des années 1960 les Canadiens français à une remise en cause de tous les aspects de l'organisation sociale et politique de la collectivité. C'est en cela, plus particulièrement, que la crise du joual se démarque de tout ce qui avait précédé[10].

Même si les opinions sont en majorité négatives, les tenants du joual, convaincus du bien-fondé de leurs arguments, n'ont pas tardé à réagir aux propos des défenseurs de la langue et à alimenter le débat par l'entremise de leurs œuvres littéraires.

Les tenants

Si la parution des *Insolences du frère Untel* en 1960 a, d'une part, déclenché un tollé et un mouvement de rectification langagière sans égal, elle a, d'autre part, provoqué une réaction contraire, à savoir les

---

8. H. Cajolet-Laganière et P. Martel, *La qualité de la langue au Québec*, Québec, Institut québécois de recherche sur la culture, 1994, p. 17-18.
9. Les chiffres sont éloquents : Daoust aurait répertorié, entre 1959 et 1975, au-delà de 2 500 articles sur le joual, soit une moyenne de trois par jour, ce qui nous autorise à dire que la querelle a fait couler beaucoup d'encre (Daoust, 1983 : 236).
10. C. Bouchard, *op. cit.*, p. 233.

débuts de la littérature joualisante. Au début des années 1960, l'usage, dans la littérature québécoise, de la langue populaire, plus particulièrement du joual, se répandait, surtout chez les partipristes, à savoir les auteurs groupés autour du mouvement et de la revue *Parti pris* (1963-1968), dont André Major, André Brochu, Jacques Renaud, etc. En effet, *Parti pris* représentait un outil de libération par l'entremise duquel les auteurs pouvaient s'exprimer librement, dans le désir d'afficher leur existence, leur réalité. Le joual constituait justement cette langue appauvrie et soumise, reflet de l'état d'âme des Québécois ; lui seul pouvait, aux dires de ses partisans, peindre la réalité québécoise[11].

Parmi les romans faisant emploi du joual, on dénombre, entre autres, *Le cassé* de Jacques Renaud[12] et *Le cabochon* d'André Major[13]. Les chanteurs, notamment Charlebois, s'emparent également du joual. En 1968 paraissent *Les Belles-Sœurs* de Michel Tremblay[14], pièce qui, rédigée en joual, reçoit les éloges de la critique et du public. Le succès foudroyant de la pièce marque l'apogée de cette littérature contestataire et enracine, du moins dans l'esprit d'un certain nombre de gens de lettres, l'idée que le joual correspond bel et bien à une nouvelle langue, bien distincte celle-ci du français standard ou universel. À la question de savoir ce que représente pour lui le joual, Michel Tremblay réplique :

> Le joual ? C'est mon principal moyen d'expression. Je m'étais dit : si jamais j'écris un jour, je ne tricherai pas. Je ferai parler mes personnages avec les expressions qu'ils utilisent dans leur vie de tous les jours. Par souci d'exactitude, ils ne diront pas « mosus » mais « tabarnak » ! Je ne fais pas exprès pour écrire de cette façon. Ce serait stupide de choquer des gens uniquement pour le plaisir. Mes personnages parlent à bâtons rompus, comme dans la vie. Je vous le répète, je ne considère pas ça comme un chef-d'œuvre mais comme un essai. Je pense que c'est la tâche du Mouvement contemporain de faire des essais de ce genre[15].

Nombreux sont ceux qui, dans les années qui suivent, embrassent les idées de Tremblay et de ses prédécesseurs pour tenter de légitimer l'emploi du joual, symbole de l'identité collective, dans la littérature québécoise. Il importe cependant de noter que ce mouvement

---

11. Ce ne sont cependant pas tous les partipristes qui continueront d'adhérer à ce courant de pensée. Déjà en 1965, note Bouchard (1998 : 252), on ressentait chez certains auteurs le désir de renoncer au joual, non pas parce qu'ils y voyaient là un moyen inefficace, mais bien parce qu'ils se rendaient compte des limites de cette langue qui, somme toute, constituait une barrière qui les empêcherait de franchir les frontières étroites du Québec. D'où la mort du mouvement en 1965.
12. J. Renaud, *Le cassé*, Montréal, Éditions Parti-Pris, 1964.
13. A. Major, *Le cabochon*, Montréal, Éditions Parti-Pris, 1964.
14. M. Tremblay, *Les Belles-Sœurs*, Montréal, Holt, Rinehart et Wilson, 1968.
15. M. Tremblay, « Pas « mosus » mais « tabarnak » », *La Presse* (17 décembre 1966) : 3.

contestataire de légitimation ne visait pas, comme le croyaient à tort certains ardents défenseurs de la langue, à faire du joual la langue officielle ou « nationale » des Québécois[16]. À vrai dire, il n'était pas question de prôner l'usage de cette langue dans les communications, dans les écoles, dans l'administration. Le joual n'était qu'un véhicule d'expression et de revendication.

Le débat s'essouffle...

Si l'on s'en tient à Daoust[17], le débat autour du joual perd de sa vigueur à partir du début des années 1970 pour enfin s'essouffler vers 1975. Certes, il est difficile de s'entendre sur une année précise, car, comme on le sait, la question continue de susciter des controverses. Ce qu'on note, toutefois, c'est que le débat ne défraie plus la chronique comme ce fut le cas entre 1960 et 1970. Selon Bibeau :

> La confrontation n'a pas fait de victimes, mais elle a laissé dans les journaux et dans les bibliothèques les noires traces d'échanges vigoureux qui avaient le plus souvent les apparences d'un dialogue de sourds, mais qui ont fait évoluer la situation dans la direction d'un compromis social formulé par l'Association québécoise des professeurs de français, lors de son congrès de 1977. Désormais, la norme linguistique sera le « français standard d'ici » qu'on a défini comme « la variété de français socialement valorisée que la majorité des Québécois francophones tendent à utiliser dans les situations de communication formelle ». Les querelleurs ne se sont pas tous rangés, mais on ne les voit guère plus sur la place[18].

D'après Gendron[19], cet essoufflement s'explique par la révolution sociale et surtout mentale qui s'est produite au cours des années 1960. Dans le sillage de la Révolution tranquille, le Québec s'est progressivement ouvert sur le monde et s'est transformé à bien des égards, y compris sur le plan de la langue. La scolarisation croissante et les progrès de la société québécoise se sont traduits par l'apparition d'une classe moyenne éduquée qui, sans imiter le modèle linguistique français, a opté pour un modèle linguistique plus approprié au rôle qu'elle devait jouer au Québec, dans la francophonie et dans la société internationale[20].

---

16. P. Daoust, *op. cit.*, p. 241.

17. *Ibid.*, p. 2.

18. G. Bibeau, « Le français québécois : évolution et état présent », *Langue et identité : le français et les francophones d'Amérique du Nord*, Québec, Les Presses de l'Université Laval, 1990, p. 13.

19. J.-D. Gendron, « Modèles linguistiques, évolution sociale et normalisation du langage », *Langue et identité : le français et les francophones d'Amérique du Nord*, Québec, Les Presses de l'Université Laval, 1990, p. 371.

20. *Ibid.*, p. 372.

De plus en plus conscients du fait qu'on ne peut plus se permettre de stigmatiser leur langue ou de leur imposer un modèle qui n'est pas le leur, les Québécois se dirigent vers une langue qui leur est propre[21].

Cela dit, qu'en est-il de la perception des Québécois à l'égard de leur langue ? Si l'on s'en tient à Cajolet-Laganière et Martel[22], les Québécois se montraient, en 1970, « extrêmement critiques face à leur performance linguistique », autrement dit la perception était, dans l'ensemble, très négative. Mais on note un net revirement de la tendance quelque vingt ans plus tard : d'après les résultats d'une enquête menée par les auteurs en 1993, « la grande majorité, soit 90 % des personnes interrogées, sont d'avis qu'elles écrivent " très bien ", " assez bien " et sans faire trop de fautes en français. Leur perception est tout aussi positive en ce qui a trait à la langue orale[23] ». Les auteurs tiennent toutefois à préciser que ces opinions ne cadrent pas forcément avec ce qui se dégage des journaux, où, font-ils observer, les points de vue sont le plus souvent alarmistes ou très négatifs.

Néanmoins, encore aujourd'hui, la langue des Québécois suscite la controverse. Si la querelle du joual s'est essoufflée au milieu des années 1970, il serait toutefois illusoire de croire que la langue des Québécois a été depuis exempte de toute critique. En effet, au cours des dernières années, on assiste à un retour au débat des années 1960 à la suite de la parution en 1996 et en 1997 de deux essais de Georges Dor intitulés respectivement *Anna braillé ène shot (Elle a beaucoup pleuré) : essai sur le langage parlé des Québécois*[24] et *Ta mé tu là ? (Ta mère est-elle là ?) : un autre essai sur le langage parlé des Québécois*[25]. Se voulant moins polémiste que Desbiens, Dor brosse un tableau alarmant de la situation du français au Québec en insistant sur l'urgence du travail à accomplir. Dans son premier essai, Dor déplore la piètre qualité de la langue parlée des Québécois qui, estime-t-il, sont dépossédés de leur langue et incapables d'exprimer clairement leurs idées à travers leurs « approximations », leurs « balbutiements » et leurs « tournures de phrases acrobatiques », ce qu'il appelle le « magma d'expressions confuses, tronquées et marmonnées,

21. B. Saint-Jacques, « Le français québécois : langue de communication et symbole d'identité », *Langue et identité : le français et les francophones d'Amérique du Nord*, Québec, Les Presses de l'Université Laval, 1990, p. 235.
22. H. Cajolet-Laganière et P. Martel, *op. cit.*, p. 30.
23. *Ibid.*, p. 31.
24. G. Dor, *Anna braillé ène shot (Elle a beaucoup pleuré) : essai sur le langage parlé des Québécois*, Outremont, Lanctôt éditeur, 1996.
25. *Idem, Ta mé tu là ? (Ta mère est-elle là ?) : un autre essai sur le langage parlé des Québécois*, Outremont, Lanctôt éditeur, 1997.

ce dérivé souvent incompréhensible de la langue française[26] ». S'atta-
quant, entre autres choses, au parler des jeunes et au devoir raté du
ministère de l'Éducation, Dor préconise l'enseignement obligatoire de
la langue parlée dans les écoles québécoises, ce qu'il appelle plus ou
moins humoristiquement « la Loi 101 de l'enseignement de la langue
parlée au Québec ». Pour illustrer, d'une part, à quel point l'enseignement de la langue constitue selon lui une urgence et, d'autre part, l'écart
qui sépare le joual du français standard, Dor parsème son essai de tournures typiquement jouales à l'instar du titre de son livre : « dinzannées
soéxante » (dans les années soixante), « ch't'assez tanné » ! (je suis tellement « tanné »), etc.

Comme on devait s'y attendre, la critique ne tarda pas à suivre.
Tout comme ce fut le cas il y a quelque 30 ans à la suite de la parution
des *Insolences*, les quotidiens québécois s'empressent de publier éditoriaux et opinions du lecteur. Si certains se rallient aux propos de Dor
pour dénoncer la qualité du français au Québec et revendiquer l'intervention du ministère de l'Éducation, d'autres y voient une attaque in-
justifiée contre la langue des Québécois. En réponse à l'essai de Dor, la
linguiste Marty Laforest, en collaboration avec un certain nombre de
ses collègues de l'Université Laval, publie à son tour un essai sur le
français parlé au Québec intitulé *États d'âme, états de langue : essai sur le
français parlé au Québec*. Pour Laforest, il importe avant tout de déterminer si les opinions émises à l'égard de la langue depuis les 30 dernières
années sont en réalité fondées et si, plus précisément, elles relèvent « des
états d'âme ou des états de langue », c'est-à-dire de l'opinion ou du
savoir. Selon Laforest, à force de se faire rebattre les oreilles par les défenseurs de la langue et les promoteurs du bon parler, les Québécois
continuent d'avoir l'impression qu'ils ne savent pas s'exprimer. D'où
le besoin, selon elle, de se pencher plus objectivement sur les caractéristiques de la langue qui font l'objet de toutes ces critiques.

> Qu'en est-il exactement de ces caractéristiques du français québécois qui
> sont constamment pointées du doigt comme des marques de dégénéres-
> cence ou de mauvaise maîtrise de la langue ? Pour remettre en question
> les jugements dont elles sont l'objet, il faut remonter à leur origine, s'arrê-
> ter à leur fonctionnement, examiner les causes de leur condamnation.
> Puisse-t-on en finir avec quelques affirmations aussi gratuites que répan-
> dues sur la langue, de telle sorte que l'espace soit libre pour d'autres
> choses[27].

---

26. *Idem, Anna braillé ène shot*, quatrième de couverture.
27. M. Laforest, *États d'âme, états de langue : essai sur le français parlé au Québec*, Québec,
    Nuit blanche éditeur, 1997, p. 13.

À peine l'essai de Laforest venait-il de sortir que Dor fit paraître sa réponse – intitulée *Ta mé tu là ? (Ta mère est-elle là ?) : un autre essai sur le langage parlé des Québécois* – par laquelle il réplique aux objections des linguistes qui se sont inscrits en faux contre ses affirmations. À la toute fin de l'essai figure une série d'opinions, pour et contre, formulées à l'endroit des propos de Dor à la suite de la parution de son premier livre.

Suivent deux autres essais sur la langue des Québécois, dont celui de Bouchard (1998). Le second, intitulé *Le maquignon et son joual : l'aménagement du français québécois* de Diane Lamonde[28], constitue une critique des moyens entrepris par les linguistes pour aménager la langue au Québec. Loin d'être partisane des linguistes « aménagistes » – qu'elle accuse de vouloir faire du québécois une variété nationale – et convaincue que les efforts de ces derniers furent sans fruit, Lamonde tente de montrer que le joual est bel et bien vivant au Québec. Bref, il s'agit d'une critique sévère des méthodes prescrites par un bon nombre de linguistes et le ministère de l'Éducation.

Somme toute, à en juger par le nombre d'essais publiés et la controverse suscitée ces dernières années, force est de constater qu'il semble y avoir, après quelques années d'accalmie, une véritable reprise du débat sur la langue populaire au Québec.

LE DÉBAT SUR LA LANGUE POPULAIRE AU NOUVEAU-BRUNSWICK (1970-1975)

Tout comme au Québec, la question de la langue en Acadie a occupé une place importante dans les journaux francophones depuis leur fondation à la fin du XIXe siècle. Déjà la querelle entre langue « standard » et langue populaire avait fait surface. En effet, de 1885 à 1886, Pascal Poirier publia anonymement dans le *Moniteur Acadien* une série de textes en franco-acadien pour tenter de réhabiliter le français régional[29]. De 1895 à 1898, une dénommée Marichette publia dans *L'Évangéline* des lettres écrites en langue populaire, lettres qui ne manquèrent pas de provoquer des réactions comme le montrent les propos de l'éditorialiste du *Moniteur Acadien* :

---

28. D. Lamonde, *Le maquignon et son joual : l'aménagement du français québécois*, Montréal, Liber, 1998.
29. P. M. Gérin, *Pascal Poirier, Causerie memramcookienne*, Moncton, Centre d'études acadiennes, 1990, p. 75.

Nous recevons de temps à autre, de petites correspondances genre « Marichette », dans lesquelles le langage que nous parlons est montré sous son plus mauvais aspect. Genre exécrable, s'il en est, qui consiste à entasser en une colonne toutes les fautes de notre parler, ayant soin toutefois d'en bannir toutes les bonnes qualités. Arrivées à notre bureau, ces correspondances ont un chemin tout tracé ; celui du panier. Elles vont au panier et y restent. C'est un sort bien mérité (Éditorial du *Moniteur Acadien*, 24 août 1897 cité dans Gérin, 1990 : 28)[30].

De 1900 à 1970, les articles sur la langue publiés dans *L'Évangéline* consistaient surtout en une série de chroniques de langage ressemblant à toutes les chroniques de langage des journaux francophones[31] (une série de termes à corriger) et, comme elles, assez consensuelles. On regrettait le piètre état de la langue parlée et écrite en Acadie et on cherchait une solution au problème.

L'objectif de cette recherche étant de comparer les débats et les enjeux liés à la question linguistique en Acadie et au Québec, nous avons cherché les traces d'une possible interinfluence linguistique entre les deux communautés qui se serait manifestée dans les journaux par l'entremise d'éditoriaux ou de lettres à l'opinion du lecteur. Si nous n'avons pratiquement rien trouvé pour la période des années soixante, il en va tout autrement pour le début des années soixante-dix. En effet, à cette époque, trois événements culturels ont secoué la conscience linguistique des Acadiens et, parmi ceux-ci, deux sont attribuables à des Québécois, soit les films : *L'Acadie ! L'Acadie !*, réalisé par Pierre Perrault et Michel Brault et *L'éloge du chiac*, réalisé par Michel Brault. Le troisième événement, et non le moindre, fut la présentation au Nouveau-Brunswick de la pièce de théâtre *La Sagouine* d'Antonine Maillet. Ces événements eurent pour effet de forcer une réflexion autre sur la langue, une réflexion englobant la société linguistique dans ses dimensions sociale et politique ; en lieu et place des chroniques de langue portant sur les bons usages conseillés apparaissent des lettres et des éditoriaux proposant une analyse globalisante de la situation. Nous verrons que l'interprétation donnée à l'analyse de la situation sociolinguistique présentée dans les films n'a pas suscité les mêmes réactions dans les deux provinces. Regardons de plus près les trois événements.

---

30. Les lettres de Marichette furent publiées dans *L'Évangéline* qui admettait plus volontiers les textes écrits en français régional (P. Gérin et P. M. Gérin, *Marichette, lettres acadiennes 1895-1898*, édition commentée, Sherbrooke, Éditions Naaman, 1982).

31. Voir à cet égard l'article de Cellard sur les chroniques de langage : J. Cellard, « Les chroniques du langage », *La norme linguistique*, Conseil de la langue française, gouvernement du Québec, Le Robert, 1993, p. 651-666 (Coll. « L'ordre des mots »).

Nous commencerons par décrire brièvement les événements, puis nous examinerons les réactions qu'ils ont suscitées dans *L'Évangéline* et dans *Le Devoir*. Ensuite, nous tenterons de montrer que, vingt ans plus tard, les attitudes à l'égard de la ou des langues en Acadie se sont modifiées et que celles-ci se traduisent par l'emploi, sur la place publique, de variétés linguistiques longtemps stigmatisées. Finalement, nous essayerons de voir si et dans quelle mesure ce mouvement d'une identité linguistique renouvelée participe d'une volonté d'autonomie culturelle.

La publication de *La Sagouine*[32]

En 1971, Antonine Maillet publie *La Sagouine* qui connaît un succès retentissant en Acadie des Maritimes, au Québec et en France. Maillet met en scène une vieille dame d'origine très modeste qui gagne sa vie comme femme de ménage et qui réfléchit sur le monde qui l'entoure en français, mais dans son français à elle. En effet, Antonine Maillet use d'une langue qui regorge d'archaïsmes dont une majorité sont encore en usage dans le sud-est du Nouveau-Brunswick. Cette langue, traditionnellement réservée à un usage oral et privé, était alors entendue par des milliers de francophones du monde entier, ce qui a eu pour effet de lui donner une reconnaissance officielle et une certaine légitimité.

Des films qui dérangent

En 1971 paraît également le film *L'Acadie! L'Acadie!* Il s'agit d'un documentaire ou film-témoin qui relate les événements entourant deux grèves étudiantes à l'Université de Moncton dans les années 1968 et 1969, grèves dont les objectifs premiers étaient de lutter contre une augmentation des droits de scolarité. Se greffent à ces événements les luttes des étudiants pour obtenir des services en français à l'hôtel de ville de Moncton, luttes qui serviront de fil conducteur au film. Il montre également l'écart économique et culturel qui sépare les francophones des anglophones du Nouveau-Brunswick, ces derniers étant nettement favorisés. Résolument militant, *L'Acadie! L'Acadie!* rompt avec le discours traditionnel véhiculé par l'élite acadienne d'alors qui avait toujours prôné le bon-ententisme et la patience pour l'obtention de droits linguistiques. Il illustre la minorisation linguistique des Acadiens sur

---

32. A. Maillet, *La Sagouine*, Québec, Éditions Leméac, 1971.

le plan social et montre que les droits des francophones inscrits dans *La Loi sur les langues officielles* sont de portée limitée et ne garantissent pas une égalité dans les faits.

En 1970, *L'éloge du chiac* fait entendre des élèves âgés de 12 à 14 ans d'une école intermédiaire française de Moncton qui discutent de la langue qu'ils parlent ; certains d'entre eux discutent en chiac, d'autres réclament le chiac comme leur langue maternelle et en vantent les mérites.

Ce film et surtout *La Sagouine* ont, pour leur part, marqué le discours entourant la langue en Acadie puisque celui-ci ne pouvait plus faire fi de la langue populaire ; un débat, très timide[33] il est vrai, s'est alors amorcé dans *L'Évangéline* sur la langue parlée en Acadie. En fait, dans les deux cas, c'était la première fois que l'on montrait la langue acadienne telle qu'elle était parlée : dans le premier, à travers le prisme de la représentation théâtrale, c'est-à-dire à partir d'un texte construit et, dans l'autre, à partir d'un documentaire qui avait filmé *in vivo* des jeunes parlant assez « naturellement ». La langue de *La Sagouine* fut mieux accueillie que la langue illustrée dans *L'éloge du chiac*, sans doute parce que les archaïsmes sont plus acceptés dans la langue des vieilles personnes que les anglicismes dans celle des adolescents. Mais c'est assurément le fait de revendiquer une certaine légitimité pour le chiac qui a soulevé les passions.

Les poètes acadiens avaient déjà parlé du chiac au début des années 1970, soit pour en faire le symbole de l'aliénation collective acadienne[34], soit pour provoquer et contester l'élite acadienne d'alors, gardienne du français « correct » comme dans ce poème *Chu pas content* de Gérald Leblanc écrit en 1975 : « Chu pas content de la manière qu'y handlont le langage (à l'Université de Moncton par exemple), ça fait que j'écris. J'écris en acadien, *par exprès*, contrairement à ce qu'en pensent les profs, ce n'est pas un caprice mais une lutte[35]. »

Il y eut également « Tableau de back yard » dans *Acadie Rock* de Guy Arsenault[36], considéré comme le texte fondateur de la poésie acadienne caractérisé par l'emploi de vieux mots acadiens (bête à cosse, hardes de

---

33. Quand on constate le nombre important d'articles publiés au Québec sur la question du joual (Bouchard, 1998 : 231), nous pouvons aisément affirmer que nous n'avons pas eu en Acadie notre querelle du chiac comme le Québec a eu sa querelle du joual.
34. R. LeBlanc, *Cri de Terre*, Éditions d'Acadie, 1972.
35. G. Leblanc, « Chu pas content » (écrit en 1975, d'abord publié en 1977 aux Éditions Parti-Pris, Montréal), *L'Extrême frontière*, Éditions d'Acadie, 1988, p. 43.
36. G. Arsenault, *Acadie Rock*, Éditions d'Acadie, 1973.

dimanche) et très peu de mots anglais, la plupart étant phonétiquement intégrés au français (chêd pour « shed », candé pour « candy ») ; en somme une langue semblable à celle illustrée dans *L'Éloge du chiac*.

Ces recueils de poésie qui ont profondément marqué la littérature acadienne n'ont pas suscité beaucoup de réactions dans *L'Évangéline*. Il y eut des articles pour saluer la parution des recueils, mais aucun ne porta directement sur la ou les langues utilisées et aucun n'eut autant de répercussions que ceux qu'avaient suscités les trois événements retenus.

Les articles de *L'Évangéline*, choisis en fonction des tendances les plus souvent exprimées[37], illustrent l'amorce du débat acadien sur la légitimité des usages en Acadie. Ces articles reflètent les mouvements contradictoires qui étaient en train de façonner le sentiment identitaire acadien, surtout en ce qui a trait à la langue *parlée* dans le milieu.

L'Acadie ! L'Acadie ![38]

Nous reproduisons d'abord un extrait des propos du coréalisateur de *L'Acadie ! L'Acadie !*, Pierre Perrault, qui donne ses impressions sur les événements de l'Université de Moncton après la sortie de son film. Rappelons que ce film documentaire montrait des étudiants filmés sur le vif :

> À l'Université de Moncton il s'est passé une chose fondamentale : c'est la prise de parole. Si les gens d'ici apparaissent silencieux et effacés c'est qu'ils n'ont pas eu l'occasion de prendre la parole. Je suis sûr que la parole du film est contenue dans tous les Acadiens. Et je suis sûr qu'ils ne se reconnaîtront pas. Ils diront : « C'est gens-là sont des petites têtes brûlées, nous autres on est [sic] pas comme ça » [il fait allusion aux manifestations montrées dans le film pour l'obtention de services en français à Moncton, pour le gel des droits de scolarité à l'Université de Moncton, manifestations qui

---

37. Nous avons fait l'inventaire de tous les articles, éditoriaux, opinions du lecteur de *L'Évangéline* de 1968 à 1975 et avons choisi les plus pertinents pour illustrer le vent sociolinguistique qui soufflait sur l'Acadie.
38. Même si *L'Acadie ! L'Acadie !* traite du statut de la langue plutôt que de la légitimité des différents usages, nous croyons que l'illustration des revendications pour obtenir plus de français dans le sud-est de la province est liée au fait de revendiquer une pluralité d'usages linguistiques pour les francophones : en effet, le film montre le début d'une quête d'autonomie linguistique et culturelle à l'égard de « l'autre », que ce dernier soit l'anglophone, le Québécois, ou encore l'Acadien autre, qui refuse de se définir par rapport aux mouvements de revendications présentés dans le film. Bien que ce mouvement autonomiste soit timide et marqué par l'ambivalence, il reste important puisqu'il porte en lui le germe d'une transformation de l'Acadie qui, d'une société assez fermée sur elle-même, deviendra une société s'ouvrant sur le monde tout en prenant conscience de sa spécificité. Et la reconnaissance des différentes variétés d'une langue n'est pas exclue de ce processus.

constituaient une première à Moncton ; d'habitude, des moyens plus discrets[39] étaient préconisés pour tenter d'obtenir, au compte-gouttes, des droits pour les francophones acadiens]. Quelques-uns se reconnaîtront, d'autres refuseront. Ce que je montre dans ce film, c'est l'Acadien. L'Acadien peut être libéré. Je crois que ce film sera très difficile, très pénible à voir en Acadie, un peu comme L'éloge du chiac, mais plus encore[40].

Dans son éditorial du 10 janvier 1972, Claude Bourque, éditorialiste, donne son appui au message principal véhiculé dans le film : « Il y a une grande leçon à tirer de cet excellent film, il faut cesser d'avoir peur. C'est la peur qui fera de l'Acadie un détail[41]. Le courage et l'optimisme feront de nous un peuple dynamique. C'est nous qui bâtirons l'Acadie et personne d'autre ». Et dans son éditorial intitulé Un appel au bon sens quelques jours plus tard : « Le film L'Acadie! L'Acadie! vient de secouer les Acadiens de leur léthargie et d'éveiller certains anglophones aux problèmes du bilinguisme à Moncton ».

Le film L'Acadie! L'Acadie! s'inscrit donc dans un mouvement « néo-nationaliste » commencé au milieu des années soixante et ses protagonistes seront les prototypes de « ces orphelins culturels, contestataires des années 1960, qui seront les premiers et les plus actifs dans le projet critique de réappropriation collective qui s'annonce alors[42] ». Cette nouvelle identité tentera de s'affirmer à partir de la fin des années soixante et sera définie sur un mode qui rompt avec les symboles traditionnels de l'acadianité, y compris avec le français dit « standard » présenté comme le seul modèle possible. Les interrogations étudiantes, essentiellement de nature politique et linguistique, rejoignaient celles des indépendantistes du Québec qui revendiquaient (et qui revendiquent encore) un Québec indépendant pour s'épanouir pleinement en français.

Les articles parus au Québec qui ont salué le succès de leurs cinéastes ont traité de la question acadienne avec beaucoup d'empathie

---

39. Certains « anciens » se sont d'ailleurs sentis trahis par ces mouvements bruyants surtout lorsque ceux-ci étaient qualifiés de « premier réveil » des Acadiens. Une lettre à l'opinion du lecteur du 4 février 1972, signé par Alphonse A. Arsenault et intitulée « Les jeunes contestataires ne doivent pas oublier le travail accompli par leurs aînés » s'achève par ces lignes : « Croyez-vous fougueux partisans du bilinguisme à poings fermés que l'école où la plupart d'entre vous avez reçu un enseignement primaire serait encore française sans le dévouement de ces devanciers ? Croyez-vous partisans acadiens, que l'Université de Moncton où vous avez filmé vos revendications existerait sans vos devanciers ? »

40. L'Évangéline (7 janvier 1972).

41. Une des protagonistes affirme à la fin du film que l'Acadie, finalement, c'est un détail.

42. G. Allain, I. McKee-Allain et J.-Y. Thériault, « La société acadienne : lectures et conjonctures », dans J. Daigle, dir., L'Acadie des Maritimes, Moncton, Chaire d'études acadiennes, Université de Moncton, 1993, p. 357.

en montrant la ressemblance entre les peuples ; Fernand Dumont qui, lors d'une table ronde, commente les deux films de Perrault, *L'Acadie ! L'Acadie !* et *Un pays sans bons sens*, pose le problème de la survivance des deux peuples mais surtout il met en garde les Québécois contre un éventuel destin qui pourrait ressembler à celui des Acadiens : « Ce film sur l'Acadie a une signification naturellement tragique pour un Québécois. Un Québécois ne peut pas le regarder sans songer que c'est peut-être cela l'avenir du Québec dans vingt ans, trente ans[43]… », et Michel Brûlé d'ajouter « Le film « *L'Acadie ! L'Acadie !* » pose la question [de la survivance] d'une manière plus aiguë parce que la mort est plus près[44] ». Les étudiants leaders du film ont partagé, par moments, les interrogations des Québécois quant à leur possibilité de s'épanouir en français chez eux ; ce sont d'ailleurs ces réflexions qui ont retenu l'attention d'un lecteur : « Michel Blanchard, Bernard Gauvin et Irène Doiron ont attiré sur eux la sympathie et l'amitié de milliers de Québécois, j'en suis sûr. Cependant dans cette lutte pour la liberté qui semble perdue d'avance, ils ont exprimé le désir de venir se réfugier au Québec où, d'après Bernard Gauvin, « je pourrai devenir un homme, où je pourrai m'épanouir de façon totale ». Serait-ce déjà la fin ? Le processus d'assimilation est-il déjà trop avancé ? D'après eux, oui. Au Québec, il y a encore de l'espoir de s'en sortir, ajoutent-ils[45] ». Or, même si le film se termine sur une note tragique par, entre autres, la fermeture du Département de sociologie de l'Université de Moncton, par le départ des principaux contestataires étudiants vers d'autres lieux, et surtout par les paroles d'Irène Doiron, selon qui « l'Acadie, c'est un détail », le film eut des répercussions tout autres en Acadie.

Le film a contribué avec d'autres événements[46] à propulser l'Acadie dans la modernité et revêt une signification particulière en ce sens que les Acadiens se sont vus en action pour la première fois à l'écran ; ils ont pu constater *de visu* l'affront du maire Jones à leur égard et à l'égard des francophones, les injustices subies par les vieillards de Moncton qui n'avaient pas le droit de parler français, etc. Beaucoup d'Acadiens savaient qu'ils étaient victimes d'injustices et qu'ils devaient se

---

43. *Le Devoir* (8 janvier 1972) : 17.
44. *Ibid.*
45. *Le Devoir* (4 mars 1972) : 14.
46. Nous reconnaissons évidemment l'apport important du gouvernement Robichaud aux politiques de développement des régions acadiennes, des regroupements communautaires créés pour stimuler le développement des régions, etc. Pour plus de détails sur la dimension proprement sociologique de l'Acadie de cette époque, voir l'article de Allain, McKee-Allain et Thériault (1993) ainsi que la bibliographie qui lui est rattachée.

battre pour obtenir le moindre droit, mais l'image vivante de cette situation livrée à la télévision nationale a valu plus de mille mots, pour
paraphraser le vieil adage. Conscients de problèmes aigus liés à leur
difficulté d'être et de vivre en français, les étudiants-témoins du film
ont cherché des causes pour expliquer leurs problèmes ; ils ont examiné
les retombées concrètes du tout nouveau statut de la langue française
au Nouveau-Brunswick et ont constaté que l'égalité dans les faits n'existait pas pour les francophones. Ils se sont demandé si le français n'avait
jamais eu ou n'aurait jamais droit de cité au Nouveau-Brunswick. Le
film a donc permis de poser des questions, et de documentaire québécois conçu au départ comme une réflexion portant sur la tragédie d'un
peuple menant une lutte quasi désespérée pour survivre en français
(lutte vouée à l'échec si l'on s'en tient aux conclusions du film), il est
devenu, en Acadie, un instrument de conscientisation à l'égard de la
revitalisation de la culture et de la langue acadienne. Cependant, pour
revenir au débat sur la langue, l'interrogation linguistique du film portait moins sur la qualité du français parlé en Acadie que sur son statut.
Ce sont *La Sagouine* et *L'éloge du chiac* qui assumèrent ce rôle.

La Sagouine

Avec *La Sagouine*, on posait la question de la légitimité de l'usage
de l'acadien traditionnel en Acadie tout comme la question s'était po-
sée au Québec avec *Les Belles-Sœurs* de Tremblay. Voici quelques-unes
des opinions exprimées à cet égard ; on observera que les opinions sont
contradictoires et constituent l'amorce du débat qui continue d'alimenter les discussions à ce jour :

Le 24 août 1971 – Éditorial non signé intitulé « La Sagouine »

Des snobs regretteront aussi le parler archaïque de la Sagouine, donc le
parler prêté à l'héroïne tout le long du livre. Nous croyons au contraire
que c'est une des caractéristiques charmantes de ce volume. Il n'est pas
question de recommander le maintien de ce vieux parler de chez nous
quoique nous devions pas [sic] en avoir honte. Nous devons tendre au
français universel comme tous les Français du monde. Mais il reste un
fait ; c'est que les couches populaires acadiennes ont conservé, à cause de
conditions historiques et démographiques, le vieux parler du XVIIᵉ siècle
que leurs ancêtres avaient apporté du Poitou. Ce vieux parler n'est pas un
patois ni une langue bâtarde, mais celle qui se parlait à la cour d'Henri IV.
Et si nous devons mener une lutte aux anglicismes, genre « chiac », si nous
devons tendre au français universel, nous n'avons pas à rougir du vieux
langage de nos ancêtres qui était considéré le plus beau parler de France
d'alors, et dont malheureusement trop de vocables riches et expressifs ont
disparu du français moderne sans être remplacés. Cobir, faire zire, etc. sont

de vieilles expressions françaises dont on ne trouve plus d'équivalents aujourd'hui.

Le 10 février 72 – Chronique non signée – Le coin à Piquine – « Notre parler acadien »

[...] Les lecteurs auront compris qu'il ne s'agit pas de vouloir faire revivre notre parler archaïque, quels que soient ses titres de noblesse passé. Nous ne croyons pas qu'il serait avantageux pour nous de cultiver un parler qui nous couperait de la francophonie universelle et nous isolerait à nos dépens. Il est évident qu'il faut s'appliquer à parler le bon français moderne à nos enfants et inciter ceux-ci à le parler correctement.

Le 14 février 1972 – « La Sagouine et la Piquine » – Hervé Richard

[...] En faisant la lecture de la Piquine dans notre journal et quelquefois quand la *Sagouine* se fait entendre à la télévision, on ne cesse de nous ahurir, de nous fatiguer, de nous importuner avec une surabondance d'expressions exagérées du quinzième et du seizième siècle dont la plupart n'ont jamais existé, expressions que leurs auteurs se plaisent à inventer. En lisant la PIQUINE, on se croirait en Chine. Si l'on veut absolument faire un retour vers le passé, alors que l'on se serve du latin, langue autrefois répandue en Europe, plutôt que de nous servir des mots incompréhensibles [...].

L'éloge du chiac

Bien que le film de Michel Brault ait été présenté à la télévision nationale, selon nos recherches, les journaux québécois n'ont pas commenté le film. C'est en Acadie qu'il a suscité des réactions, et plus souvent qu'autrement des réactions virulentes à l'égard de la langue parlée par les jeunes protagonistes du film. Dans un éditorial non signé[47] intitulé « Le shiac[48] » on déplore d'abord que le film ait été montré à la chaîne nationale et on affirme :

Beaucoup de téléspectateurs acadiens ont été furieux. Dans un certain sens, ils avaient raison. Le défaut qu'on peut lui reprocher [...], celui de ne montrer qu'un aspect de la réalité et de la présenter de telle façon qu'il semble que ce soit la seule et entière réalité. D'abord, nous croyons que le terme lui-même de « Shiac » n'est plus en usage et est oublié depuis longtemps. Pourquoi le ressusciter ? Mais passons, car ce n'est pas grave. Ce qui est certain, c'est que le terme désignait autrefois les parlers des Acadiens de la seule région de Moncton. Or, si l'on nous dit bien que le film fut tourné à

---

47. *L'Évangéline* (4 février 1970).
48. Le « chiac » s'écrivait « shiac » ou « chiac » selon les personnes et selon les textes dans les années soixante et soixante-dix. Il semble qu'aujourd'hui ce soit le « chiac » avec un « c » qui tende à s'imposer comme orthographe d'usage.

Moncton, on ne précise pas suffisamment que ce parler n'est pas celui de tous les Acadiens, même de Moncton.

Il est vrai que l'on trouve une classe d'Acadiens à Moncton et dans certains autres milieux qui déflorent leur langue française par des anglicismes nombreux et affreux. Mais qui leur jettera la pierre ? Qui dénombrera les parents acadiens d'aujourd'hui qui n'ont pas pu aller à des écoles françaises, qui n'ont pas pu poursuivre leurs études en français parce que les écoles françaises faisaient défaut ? À part quelques exceptions, les écoles secondaires en milieu acadien sont un phénomène tout récent et à Moncton, un phénomène de moins de dix ans. Dans bien des centres, pour les Acadiens à Moncton, il n'y avait pas de choix : ils devaient poursuivre leurs études en anglais ou rester ignorants.

Les éditorialistes craignaient comme beaucoup d'Acadiens, et ce sentiment subsiste aujourd'hui, que le chiac ne soit considéré comme LA langue parlée par tous les Acadiens du Sud-Est. Ils déplorent que le « shiac » soit « ressuscité » ; ils nient presque la réalité du chiac et montrent la stigmatisation dont il est l'objet. En outre, ils donnent plus loin dans le texte des raisons qui expliquent que la langue française ait pu s'angliciser et portent un regard compatissant sur leurs compatriotes qui n'ont pas eu la chance d'étudier en français.

Les lettres suivantes reflètent les opinions contradictoires suscitées par le film :

> [...] Récemment un film choc de Michel Brault illustrant notre français petit nègre chez les enseignants et élèves des écoles françaises a rendu furieux les Acadiens que Geneviève Massignon décrivait comme « de petites perfections qui attendent béatement leur récompense éternelle ».

> Allez-vous, enseignants français, continuer longtemps à jouer le jeu de l'autruche et prétendre que tout marche bien dans le meilleur des mondes ? Allez-vous continuer à contribuer professionnellement à la disparition du français dans notre province, à un tel point que dans trois générations, seule une petite élite parlera encore le français dans les salons snobs des bourgeois du Nouveau-Brunswick[49] ?

Une lectrice plaide pour que les lecteurs reconnaissent que le « shiac » est la langue socio-maternelle de la majorité des locuteurs du Sud-Est du Nouveau-Brunswick et que tous les locuteurs acadiens ne sont pas issus de la même classe sociale :

> [...] On n'aime pas le nom shiac ! Trouvez-moi un autre nom qui veut dire mêler deux langues et on nous ennuiera pas [sic] avec le mot [...]. La seule solution est d'avoir une grande foi dans l'intelligence de nos enfants et de se dire qu'ils sont capables d'apprendre le français, l'anglais et le shiac.

---

49. *L'Évangéline* (12 février 1970).

[...] Est-ce que le seul acadien est le docteur, l'avocat ou celui qui tient un degrés [sic] de l'Université de Moncton ?

Moi je le vois aussi comme pêcheur, fermier, travailleur d'usine, bûcheron, charpentier et « brosseu » (buveur de bière) de plus ou moins shiac [...].

Il existe [sic] que 38 % de francophones aux Maritimes et on a besoin jusqu'au dernier shiac[50] !

Le 26 mars 1970 – opinion du lecteur – « Au sujet des « shiacs » – signée : ACADIEN

[...] Le fait reste cependant qu'en continuant de parler « SHIAC », les Acadiens parlent un langage qui n'est pas une langue et qui n'est reconnu nulle part ailleurs dans l'Univers. À ce point de vue ils ont tout à perdre et rien à gagner. Madame Thibodeau fait état de l'importance qu'il y a pour les francophones des Provinces maritimes de conserver leur nombre actuel de population.

Pourtant, rien ne saurait contribuer davantage à réduire le nombre des vrais Acadiens que l'usage d'un langage qu'eux seuls comprennent. En effet, conscients de la pauvreté de leur langage que font souvent les Acadiens, face à une situation qui leur impose de s'exprimer devant les gens autres que des Acadiens ? Invariablement ils se tournent vers l'usage de l'anglais.

De façon générale, les auteurs des lettres publiées dans la rubrique de l'opinion du lecteur de cette époque ont rabroué les réalisateurs de *L'éloge du chiac*. Dans l'une d'entre elles, on craint qu'il ne mène tout droit à l'assimilation, dans une autre, on prévient que le chiac pourrait créer un ghetto linguistique dans lequel s'enfermeraient les Acadiens. En outre, l'auteur de la lettre « La raison pour le shiac » essaie de rendre compte de l'aspect social de la variation en expliquant les différentes variétés du français à partir de la stratification sociale de la société acadienne.

Ces trois événements ont constitué un tournant dans l'histoire moderne de la langue acadienne puisqu'ils ont inscrit sur papier et sur pellicule des voix discordantes quant à l'analyse que l'on faisait traditionnellement de la situation linguistique acadienne. Des opinions contradictoires sur la langue avaient déjà émergé, mais de façon sporadique, et restaient cantonnées dans le quotidien, alors que les films et la pièce de théâtre ont rejoint une partie importante de la population acadienne et ont contribué à briser le consensus latent qui régnait, et sur la langue acadienne et sur son statut.

---

50. *L'Évangéline* (12 mars 1970).

Les événements dont il a été question ont eu lieu dans le sud-est du Nouveau-Brunswick, région minoritaire francophone dont le français fut longtemps stigmatisé. Or, de nombreux artistes acadiens demeurent dans la région de Moncton et certains d'entre eux ont écrit en chiac et sur le chiac, d'autres ont chanté en chiac et ont obtenu un succès éclatant[51]. Tout cela a contribué à transformer l'identité acadienne conçue non plus comme identique partout en Acadie mais comme multiple et plurielle, conçue non plus autour du pôle unique d'un seul français, le même pour tous et le seul valable, mais comme pouvant admettre l'existence d'autres variétés de français.

Voyons maintenant comment, une vingtaine d'années plus tard, ces variétés, surtout le chiac, s'intègrent dans le processus identitaire de certains Acadiens.

VINGT ANS PLUS TARD : LA LANGUE POPULAIRE SUR LA PLACE PUBLIQUE EN ACADIE

La situation de la langue au Québec diffère de celle du Nouveau-Brunswick. Les francophones sont majoritaires dans le premier cas, minoritaires dans l'autre. Les premiers sont beaucoup plus assurés de pouvoir vivre pleinement en français que les seconds. Si le joual est parlé par des comédiens qui incarnent des personnages québécois, comme dans l'émission *La Petite Vie* par exemple, il est sans doute plus rarement utilisé comme véhicule linguistique sur la place publique. Or, en Acadie du Sud-Est, le chiac tient lieu de parole publique dans certaines situations formelles de communication. L'exemple fourni par la langue des animateurs de la radio communautaire de la région, Radio-Beauséjour, nous paraît important en raison du rôle que joue cette radio dans la société pour le développement de la langue française en Acadie.

En 1994, Radio-Beauséjour entre en ondes dans le sud-est de la province. Elle réussit le tour de force de rejoindre 54 % de son auditoire potentiel en trois ans, soit plus de 35 000 francophones des comtés de Kent et de Westmorland, ce qu'aucune autre radio, francophone ou

---

51. Nous pensons notamment au groupe de musiciens *1755*, populaire auprès de toutes les couches de la société acadienne depuis le milieu des années 1970 ; grâce à ce groupe, les chansons françaises (ou chiac) ont fait partie du répertoire musical de nombreux jeunes qui auparavant n'écoutaient que des chansons en langue anglaise.

anglophone, n'avait jamais réussi, nous apprend *Le Journal*[52] (semaine du 21-28 juin 1997) : « [...] l'essentiel de nos auditeurs écoutaient la radio anglaise ou n'écoutaient pas la radio du tout » rappelle le directeur de la radio communautaire. L'élément intéressant du phénomène réside dans le registre de langue utilisé.

Les animateurs de Radio-Beauséjour sont pour la plupart des bénévoles qui emploient leur français, le « français de la rue » dit Gilles Arsenault, directeur général de la radio, et ajoute-t-il, « c'est probablement pour cela que les gens du Sud-Est s'y retrouvent ». La popularité de Radio-Beauséjour auprès des auditeurs francophones de la région est incontestablement liée au registre de langue utilisé par ses animateurs[53] ; les auditeurs s'y reconnaissent et n'hésitent pas à téléphoner pour donner leur opinion, pour demander qu'on joue telle chanson, pour y faire des annonces, etc., situation qui tranche avec celle de la radio nationale où il est beaucoup plus rare d'entendre des gens du Sud-Est s'exprimer librement.

Or, en milieu minoritaire, où les locuteurs francophones ont traditionnellement écouté la radio anglophone (sauf pour l'élite intellectuelle qui écoute Radio-Canada et qui lui fournit la plus grande portion de son 8 % d'audience, et CKUM, la radio des étudiants universitaires, écoutée par 5 % de la population du sud-est du Nouveau-Brunswick), ce phénomène laisse entrevoir un retournement de la situation et un regain de vie de la culture d'expression française. Radio-Beauséjour fait la promotion de la musique francophone ; on y diffuse la musique francophone de l'Acadie, du Québec, de la France, de la Belgique, de l'Afrique, etc. La radio communautaire crée donc un espace public, un lieu de rencontre où il est possible de rejoindre les gens. Et les animateurs le font à travers leur langue, souvent le chiac, et c'est à travers elle que se reconnaît une majorité de locuteurs francophones de la région. En outre, il est probable que si Radio-Beauséjour continue à favoriser la communication entre les francophones des régions minoritaires, elle permettra du même coup à ces derniers d'entrer en contact avec des locuteurs ayant divers registres de langue, ce qui leur donnera l'occasion d'élargir leur propre répertoire linguistique sans qu'ils se sentent lésés dans leur identité.

---

52. *Le Journal*, hebdomadaire, a vu le jour en mars 1997 ; il paraissait le samedi, était affilié au *Telegraph Journal*, quotidien provincial, anglophone, et il espérait donner une voix nouvelle aux francophones de la province. Il a fermé ses portes le 17 février 1998. Un autre hebdomadaire, *L'Étoile*, lui succède depuis mars 1998.

53. D'ailleurs, la signature et le slogan de Radio-Beauséjour est « CJSE FM 89,5, l'accent d'ici ».

Toutefois, même si le chiac est parlé par un nombre important de francophones du Sud-Est, il demeure très contesté. En fait, « la question du chiac » pose tout le problème de « concilier les représentations de la langue à la fois comme instrument et comme symbole[54] ». Si, comme symbole, le chiac réussit à donner une identité francophone aux Acadiens, qui, auparavant, en raison du stigmate qui frappait leur langue, préféraient parler anglais, il ne réussit pas toujours à servir d'instrument véhiculaire francophone pour nommer les choses. La question suivante reste donc entière : Est-ce que le chiac est un « rituel de passage » selon la formule de Chiasson[55], c'est-à-dire le signe distinctif du « glissement progressif [...] vers l'anglais[56] », ou encore est-ce que le chiac peut constituer une voie permettant l'accès à un français plus standardisé ?

Pour le dire autrement, il se peut que l'exhibition du chiac comme emblème identitaire soit le passage obligé d'une révolte contre un ordre linguistique établi qui a longtemps rejeté la langue que parlaient les gens. Il se pourrait également, comme ce fut le cas pour le joual au Québec, que cette période soit transitoire et que les parlants chiac eux-mêmes décident que le chiac ne peut pas satisfaire à toutes les situations de communication. En effet, au Québec, les linguistes québécois, après des années de discussion, classent maintenant le joual comme un registre de langue répondant à des besoins précis de communication :

> La confusion autour du mot *joual* a duré longtemps [...]. La plupart des linguistes, de leur côté, se sont mis d'accord pour en faire un niveau de langue du français du Québec, car le français parlé et écrit au Québec comporte une véritable hiérarchisation sociolinguistique. Le niveau « populaire » de ce parler, selon qu'il est perçu péjorativement, serait du *joual*. Il demeure qu'au mot *joual* est associée la notion d'identification collective québécoise ; il distingue le français du Québec de toutes les autres variétés existant dans la francophonie. Aujourd'hui, nous considérons généralement le mot joual comme un concept métalinguistique[57].

* * *

54. N. Gueunier, « La crise du français en France », dans J. Maurais, dir., *La crise des langues*, Québec, Conseil de la langue française ; Paris, Le Robert, 1985, p. 32 (Coll. « L'ordre des mots »).

55. H. Chiasson, « Traversées », dans R. Boudreau et J. Morency, dir., *Tangence : Le postmoderne acadien*, n° 58, Rimouski-Québec, Conseil des arts et des lettres du Québec, 1998, p. 86.

56. *Ibid.*, p. 86.

57. H. Cajolet-Laganière et P. Martel, *op. cit.*, p. 67-68.

Il ressort de cet examen que la langue populaire a été, au Québec comme en Acadie, un objet de contestation. Si le joual au Québec a d'abord fait l'objet de critiques au tout début des années soixante pour ensuite prendre la forme d'une véritable querelle dès la parution des *Belles-Sœurs* de Tremblay en 1968, il faudra attendre jusqu'au début des années 1970 avec la publication de *La Sagouine* et la diffusion des films précités avant que ne soit amorcé le débat sur la langue populaire en Acadie. Malgré ce léger décalage, est-ce possible d'établir un parallèle entre ces deux événements ? Si oui, en quoi la querelle du joual se distingue-t-elle du débat sur la langue populaire au Nouveau-Brunswick ?

Au Québec, à partir de la Révolution tranquille, même s'il sera toujours question de la qualité de la langue, le débat se déplacera et les intervenants se demanderont comment assurer l'appropriation du français par le plus grand nombre de Québécois possible avec toutes les variations linguistiques que cela suppose. On cherchait à donner à tous l'occasion de prendre la parole. En Acadie, c'est le même phénomène qui s'est produit, c'est-à-dire que le débat sur la langue, bien que timide, a permis aux locuteurs francophones de prendre conscience des différentes variétés linguistiques et de s'affirmer en puisant dans le réservoir de ces différences. Dans plusieurs productions culturelles récentes, les variétés du français acadien se chevauchent : pensons aux pièces de théâtre (*Laurie ou la vie de galerie* (1998)[58] et *L'exil d'Alexa*[59] d'Herménégilde Chiasson, *Moncton Sable* (1997)[60] de France Daigle), aux romans (*Pas Pire*[61] de France Daigle, *Moncton Mantra*[62] de Gérald Leblanc) et à la musique (Zéro Celsius, Marie-Jo Thério, Les Méchants Maquereaux, etc.). On assiste en somme à la mise en scène d'une multitude de registres et de variétés linguistiques reflétant une Acadie plurielle et diversifiée. Cette représentation d'une Acadie moderne en rupture avec l'image traditionnelle d'une Acadie mythique participe d'une volonté d'autonomiser la culture en Acadie et de montrer la réalité telle qu'elle est sans en occulter les stigmates. Ces artistes acadiens, sans vouloir rompre les liens avec les francophones d'ailleurs (pensons aux collaborations entre les troupes de théâtres acadiennes et celles de l'Ontario, du Québec, de la France et de la Belgique) veulent marquer leur spécificité et faire montre d'une identité qui s'appuie sur une acceptation de la diversité qui appelle à la reconnaissance de différentes variétés

---

58. Pièce non publiée.
59. H. Chiasson, *L'exil d'Alexa*, Moncton, Éditions Perce-Neige, 1993.
60. Pièce non publiée.
61. F. Daigle, *Pas Pire*, Moncton, Les Éditions d'Acadie, 1998.
62. G. Leblanc, *Moncton Mantra*, Éditions Perce-Neige, 1997.

linguistiques même si certaines d'entre elles montrent les traces d'une possible anglicisation.

La question qui se pose à l'aube du troisième millénaire est de savoir ce qu'il adviendra des communautés acadienne et québécoise dans l'avenir. Leur entrée dans la modernité se concrétise par la multiplication de contacts avec *les autres*, francophones d'ailleurs et anglophones, et par une redéfinition des rapports entretenus avec eux. Pour les Québécois, l'avenir du français semble assuré ou du moins il n'y a pas péril en la demeure. Pour l'Acadie, c'est autre chose. Va-t-on assister à un éclatement de la société acadienne où ses membres se fonderont dans une masse hétérogène et perdront leur spécificité ou, au contraire, va-t-on voir la communauté acadienne se renforcir pour finalement prendre une place grandissante au sein de la francophonie ? Chose certaine, pour assurer le développement d'une langue, il faut d'abord lui permettre d'étendre ses domaines d'utilisation et donc d'augmenter le nombre de ses locuteurs. C'est ce qui semble se produire dans certaines régions du Nouveau-Brunswick.

CHAPITRE 9

La réception de la littérature acadienne au Québec depuis 1970

Jean Levasseur

« Au pays de la Sagouine, rien n'a changé. Rien ne changera, parce que nous sommes un témoignage ». Cette libre adaptation du célèbre passage de *Maria Chapdelaine* de Louis Hémon pourrait-elle être un reflet fidèle de la perception québécoise de la culture acadienne des trente dernières années ? C'est du moins ce que semble croire Herménégilde Chiasson, chantre de l'Acadie et écho d'une multitude de voix de chez lui, des voix fatiguées de faire s'affronter leur modernité contre la puissante image dite « folklorisante » de *La Sagouine*, née en 1971. Comme bien d'autres, Chiasson répète à qui veut bien l'entendre que cette « image acadienne est fabriquée au Québec, par des Acadiens qui vivent au Québec », et que cette province « joue le même rôle envers [l'Acadie] que celui que la France a joué par rapport au Québec durant un certain temps[1] » : celui d'un peuple imposant une « inféodation [dont on n'a su se] départir[2] ». Dures paroles envers cette province qui, pendant près d'un siècle, et jusqu'à la Révolution tranquille, a participé activement à la survie et au développement des diverses cultures canadiennes-françaises, via d'abord les institutions religieuses, puis par la formation des élites. Les années 1970 et 1980 furent toutefois les témoins d'une rupture progressive, politique et culturelle, entre l'Acadie et le Québec, rupture provoquée par une redéfinition de la représentation traditionnelle

---

1. Mourad Ali-Khodja, « Table ronde sur l'identité et la création culturelles en Acadie », *Revue de l'Université de Moncton*, 27-2 (1994) : 208.
2. Herménégilde Chiasson cité par Laurent Laplante, « L'Acadie : mythes, défis et résonances », *Nuit blanche*, 72 (1994) : 54.

Une image romancée de l'Acadie traditionnelle : un conte de Paul Desmarins,
publié à Montréal aux éditions Granger Frères en 1955.

Avant-propos

*Petits enfants d'Acadie, du Québec et de tout le Canada français, voici un conte qui est beaucoup
plus qu'un conte. Il suffirait de changer quelques détails, d'en ajouter de trop cruels pour que je les
rapporte, et vous auriez un récit de la plus exacte vérité.*

*Je le tiens de mon grand-père, qui le tenait lui-même de son grand-père. Or le papa de ce dernier
fut l'un des quatorze mille Acadiens chassés de leur pays par les Anglais, à l'automne de 1755.*

Je vous le transmets à mon tour, afin qu'il ne se perde pas.

*« Ne jetez jamais les perles aux pourceaux », enseignait Jésus. Les souffrances de petits enfants
sont des perles précieuses. Elles ont le pouvoir d'accomplir des miracles. Sans le savoir, Josette a
contribué généreusement au miracle de la survivance acadienne. C'est pourquoi ce qu'elle a fait sera
raconté à sa louange, de génération en génération.*

Pour vous je prête ma plume au récit, mais c'est la voix de mon aïeul que vous allez entendre.

du Canada francophone[3]. Certes, les deux communautés optèrent pour une revalorisation et une affirmation fière et ouverte de leur identité; mais ces expressions nationalistes empruntèrent, pour des raisons démographiques évidentes, des chemins forts différents.

DES ORIGINES QUÉBÉCOISES DE L'ACADIE

Trois facteurs substantiels témoignent de la façon dont le Québec interpréta la culture et la littérature de ce peuple qui se détachait peu à peu de lui et de ses aspirations nationales. Tout d'abord, son incapacité à former des chroniqueurs réguliers, au fait de la véritable réalité acadienne, amena l'élite culturelle québécoise à répéter passivement les voix et opinions les plus à la mode ou les plus puissantes de l'Acadie, dont le cœur intellectuel se situait à Moncton. Cette perception sans perspective, au goût du jour, entraîna dans son sillon une multitude de contradictions jamais contestées, ni même remarquées, qui lui firent également oublier que l'Acadie était beaucoup plus que le simple Moncton, plus encore même que le Nouveau-Brunswick. Simultanément, il apparut dans ses mœurs médiatiques un évident désir de récupération politique et culturelle de ce coin de pays, récupération entreprise à des fins partisanes (nationalistes) alors que l'intérêt pour ce territoire et ce peuple augmentait ou diminuait en fonction de l'évolution du débat constitutionnel. L'apparente sympathie intellectuelle envers l'Acadie se trouvera toutefois contredite par l'imposante et incontournable indifférence affichée par un monde de l'éducation un peu plus à l'écart de ces débats ponctuels et partisans. Finalement, il serait impossible de ne pas souligner la présence d'un troisième élément, plus minoritaire certes mais tout aussi incontournable, celui d'un «impérialisme» à la québécoise indistinctement issu d'un certain degré d'ethnocentrisme et d'un autre de «paresse journalistique[4]», elle-même caractéristique de l'évolution des médias québécois au cours des dernières décennies. Cette dernière particularité de la perception de l'Acadie amena le Québec à privilégier non pas l'ensemble de la production littéraire de ce représentant de la francophonie, pourtant facilement accessible, mais plutôt celle des écrivains acadiens résidant au Québec ou en visite régulière pour des salons du livre ou des éditions d'œuvres dans des maisons québécoises. Les premiers deviendront quelquefois même des «Québécois pure laine», pendant que l'on répétera avec une certaine condescendance les plaintes et critiques des seconds.

---

3. Fernand Harvey, « Les relations culturelles Québec-Acadie. Analyse d'une mutation », *Les Cahiers des dix*, 53 (1999) : 236.
4. Jean Charron, *La production de l'actualité*, Montréal, Boréal, 1994, p. 113.

Le texte, la création littéraire, n'existe vraiment qu'à partir du moment où il se trouve un lecteur. Et, la plupart du temps, le premier lecteur québécois de texte acadien sera le journaliste, le chroniqueur littéraire, son premier *public initié*[5]. C'est lui qui donnera vie ou mort aux créations artistiques de l'Acadie. Règle générale, le lecteur de quotidien ou de revue spécialisée assiste, souvent sans s'en rendre vraiment compte, à une représentation de l'acte de lecture ; parce que cette expression de la *réception* de la culture (acadienne ou autre) se veut pour lui une porte d'entrée sur un monde qu'il ne connaît/qu'il ne connaissait pas, ou peu, ce « second » lecteur en acceptera bien sûr les conclusions. L'acte de lecture, Wolfgang Iser nous l'a depuis longtemps démontré, n'est toutefois pas un geste de complète passivité ; il implique au contraire une interminable série d'échanges muets mais dynamiques où le lecteur absorbe, évalue, juge, critique, accepte, réfute le texte en présence, confronte ses croyances et ses valeurs, remet l'autre en question en simultanéité avec son propre questionnement de soi. Il était donc logique et normal que ce premier public devienne le point de départ de notre recherche.

Dans le cadre du travail préparatoire à l'évaluation de cette *réception* de la littérature acadienne au Québec, nous avons d'abord procédé à la sélection d'une vingtaine d'auteurs contemporains, en tenant compte de leur reconnaissance publique (succès), de leur genre de prédilection (roman, poésie, etc.), de leur lieu de résidence, et de leur sexe, avec comme but ultime l'atteinte d'un équilibre à tout le moins relatif[6]. Nous avons par la suite recueilli un maximum de documentation sur ces auteurs et leurs œuvres en dépouillant trente ans de publication de trois grands quotidiens québécois (*La Presse*, *Le Devoir* et *Le Soleil*), et des meilleures revues spécialisées du Québec (*Études françaises*, *Voix et images*, *Lettres québécoises*, *Québec français*). À titre référentiel et comparatif, nous avons également récupéré une quantité considérable de textes traitant de divers aspects (politiques, culturels, sociaux, touristiques, etc.) de l'Acadie, pour un total de plusieurs centaines d'articles. Et, puisque le monde de l'éducation n'est jamais étranger à la formation de nouveaux lecteurs, nous avons également tenu compte, dans la mesure du possible, de l'évolution des cours et des corpus de lecture dans les collèges et universités du Québec. Puisque le lecteur de quotidien et de revue participe lui aussi

---

5. Paul Zumthor, *Performance, réception, lecture*, Longueuil, Le Préambule, 1990, p. 51.
6. Ces écrivains sont Herménégilde Chiasson, Gracia Couturier, Calixte Duguay, France Daigle, Jacques Gauthier, Laval Goupil, Claude Le Bouthillier, Dyane Léger, Ulysse Landry, Antonine Maillet, Robert Pichette, Martin Pître, Claude Renaud, Jacques Savoie, Sylvain Rivière, Serge Patrice Thibodeau, Rose Després, Raymond Guy Leblanc et Régis Brun.

de son expérience personnelle, nous ne pouvions œuvrer que vers un *horizon d'attente*, pour reprendre l'expression de Hans Robert Jauss. Les motivations individuelles des chroniqueurs, et celles de leurs lecteurs, jouent un rôle certain dans la forme que prendra la réception d'un texte ; il est donc impossible de recréer avec certitude un moment passé de perception de l'Histoire. L'étendue de notre corpus et l'imposante quantité de documentation à notre disposition ont toutefois, à notre avis, pu limiter les effets de ces multiples individualités.

Il était bien sûr fort à propos que Marguerite Maillet mentionne le nom de son homonyme dans la phrase initiale de la première *Histoire de la littérature acadienne*, ce « phénomène si récent, écrivait Melvin Gallant en 1981, que l'on peut presque dire qu'[il] commence avec Antonine Maillet[7] ». Pour le Québec contemporain, l'Acadie naîtra toutefois non pas avec une mais bien deux créations artistiques presque simultanées : *L'Acadie !, L'Acadie !*, film documentaire choc des Québécois Pierre Perrault et Michel Brault (1971), et bien sûr *La Sagouine*, œuvre dramatique d'abord publiée aux Éditions Leméac dans sa nouvelle collection « Répertoire acadien » (1971), qui ne comprendra d'ailleurs jamais que ce seul titre, puis jouée au Québec à partir d'octobre 1972. L'accueil que l'on fera à chacune de ces deux productions permettra d'entrevoir déjà les structures essentielles des tendances de la réception québécoise de la culture acadienne : la récupération à des fins partisanes, et le commentaire passif, issu d'une ignorance du fait acadien.

Dans le premier cas, une élite québécoise de plus en plus nationaliste témoignera d'une apparente sympathie à la « cause acadienne », une cause semblable à la leur, affirment-ils fréquemment. Tout en reconnaissant à l'occasion son sensationnalisme, on notera du film qu'il témoigne de la survivance de l'Acadie, du droit de vivre en français dans tout le Canada, et qu'il « pose avec angoisse et franchise tout le problème de la minorité francophone canadienne[8] ». L'automne de 1971 et l'hiver suivant, où l'on discutera fréquemment, entre autres choses, de sa traduction anglaise et de sa version télévisuelle, donneront aux lecteurs de quotidiens la possibilité de découvrir les problèmes linguistiques de cette région du Canada, et surtout « le drame de la survivance acadienne[9] ». Déjà, on abordera l'idée du (manque de) pouvoir poli-

---

7. Melvin Gallant, introduction à Henri-Bernard Boivin, *Littérature acadienne 1960-1980 : bibliographie*, Québec, ministère des Affaires culturelles, Bibliothèque nationale du Québec, 1981, p. 7.
8. Jean-Pierre Tadros, « L'Acadie, l'Acadie sur le petit écran, Bonnaccord Street, un cul-de-sac ? », *Le Devoir* (8 janvier 1972).
9. Jean-Pierre Tadros, « L'Acadie, l'Acadie. Lorsqu'un petit détour devient un problème », *Le Devoir* (12 février 1972).

ANTONINE MAILLET

LA SAGOUINE

pièce pour une femme seule

collection répertoire acadien

LEMEAC

Publication de la pièce *La Sagouine* aux Éditions Leméac en 1971.

tique de ce peuple, ce qui permettra à la discussion de glisser rapidement vers les conséquences d'une éventuelle indépendance du Québec. Peu de cas sera fait toutefois des critiques négatives du film, lequel aurait fait « passer [les Acadiens] pour une bande d'arriérés[10] », et de la réponse cinématographique de Léonard Forest, un Acadien, qui présentera dans *Un soleil pas comme ailleurs* (1972) une image beaucoup plus optimiste de ce territoire, de ce peuple et de son avenir.

---

10. *Idem.*

La Sagouine interprétée par Viola Léger.
Photo : gracieuseté du Pays de la Sagouine, Bouctouche, N.-B.

Coïncidence, le « drame de la survivance acadienne » sera person-
nifié sur scène par, nous dira vingt ans plus tard Chiasson, « une femme
qui parle toute seule, qui à toute fin pratique est folle[11] ». Cette image
folklorisante collée à la Sagouine et à Antonine Maillet, deux décennies
après les acclamations premières, sera le fruit de la nouvelle génération
montante d'écrivains monctoniens qui s'inscrivait en faux contre la
perception québécoise de l'Acadie. À partir de ce moment, les médias
québécois reprendront résolument, et ce en contradiction totale avec
les tendances critiques des années 1970, les opinions du groupe de
Moncton. Là débutait à notre avis le véritable drame acadien.

---

11. Mourad Ali-Khodja, *op. cit.*, p. 221.

LA MÉCONNAISSANCE DU FAIT CULTUREL ACADIEN

À la fois sympathique et un peu condescendant, le Québec médiatique ne saura ou ne pourra, pour des raisons peut-être reliées à la difficile économie des quotidiens, former des spécialistes de la culture acadienne. Par ignorance donc, ou par désir de ne pas se mêler d'un conflit qu'il ne comprenait pas, il se contentera de répéter dans ses pages les opinions de ceux aux voix les plus tonitruantes. *La Sagouine* demeure à ce jour le meilleur exemple de cette méconnaissance de l'Acadie. Les critiques québécois seront ainsi unanimes, dans les années 1970, à souligner l'*universalisme* de ce personnage (et de tous ceux qu'Antonine Maillet créera dans cette décennie). *La Sagouine*, œuvre folklorique ? Jamais au grand jamais ; Michel Bélair du *Devoir* y voit au contraire la « tragédie [...] d'une femme vraie qui porte en elle la sagesse et la résignation de l'humanité tout entière[12] ». Albert Brie renchérit : « [Maillet] recompose par petites pièces la trame hétéroclite d'un monde dont le critère suprême est la loi du plus fort, du plus riche[13] ». Ivanhoé Beaulieu compare même cette œuvre dramatique aux textes de Simone de Beauvoir et au « statut traditionnellement dévolu à la femme dans une société paysanne[14] ». La France abondera d'ailleurs dans le même sens, sous la plume de Patrick de Rosbo du *Quotidien de Paris* (dont les opinions seront reprises au Québec), qui verra dans *La Sagouine* tout sauf une œuvre locale : « Nous lui [Maillet] devons ce que le Théâtre peut nous offrir de plus indéracinable, de plus indicible, de plus profond : l'incarnation d'une vie dont l'éblouissement dépasse de loin toute piété, tout cri, tout malheur[15] ». En 1980 encore, les pages du *Devoir* s'ouvriront à Victor Dionne, professeur de philosophie à l'Université de Moncton, qui affirmera : « Comment ne pas voir et reconnaître qu'une Antonine Maillet [...] – prototype pour plusieurs de la renaissance acadienne – est le fruit d'une certaine culture universelle[16] » ?

Alors, comment cette universelle *Sagouine* en vint-elle donc un jour à être réduite au statut de vieille femme folle qui parle toute seule, et ce

---

12. Michel Bélair, « La Sagouine au Rideau-Vert : un moment privilégié », *Le Devoir* (10 mars 1973).
13. Albert Brie, « La Sagouine raconte la femme qui " labeure " », *Le Devoir* (25 septembre 1973).
14. Ivanhoé Beaulieu, « Ç'a quasiment trop l'allure de la vérité », *Le Devoir* (20 octobre 1973).
15. Patrick de Rosbo cité par Renée Maheu, « La rentrée à Paris aux accents de La Sagouine », *Le Devoir* (9 octobre 1976).
16. Victor Dionne, « Propos sur un certain nationalisme », *Le Devoir* (13 février 1980).

sans qu'aucun critique québécois ne réagisse[17]? D'abord, grâce à l'émergence de critiques acerbes et répétées prononcées par cette nouvelle génération de poètes acadiens (le genre littéraire est ici important, comme nous le verrons plus loin) peu encline à retourner dans le passé pour exprimer ses émotions et passions ; ensuite, par une culture médiatique québécoise ignorante de la réalité acadienne, et consciente du fait que le folklore n'avait plus bonne presse dans le Québec des années 1980. Ces critiques nous arrivaient en effet au moment où « la vague rétro-folklorique qui déferlait sur le Québec s'était résolument résorbée[18] » ; finis les Séguin (1976), Beau Dommage (1977), Harmonium (1978), Octobre (1982), Garolou (1983), finie l'époque de « l'idéologie fraternelle hippie » et bienvenue, concluait Robert Giroux, au « style de vie petit-bourgeois[19] ». Ainsi, lorsqu'en 1981 Herménégilde Chiasson écorche Antonine Maillet, Léonard Forest, Édith Butler, et bientôt son bon ami Jacques Savoie, en affirmant que leur déménagement à Montréal avait eu pour conséquence de les « larguer » et d'engendrer en eux « une Acadie extrêmement mythique[20] », détachée de la réalité, nul critique québécois ne cherchera à analyser ou évaluer cette information, ni même à confronter ces déclarations avec les éventuelles réactions des personnes concernées. Nulle réaction non plus lorsque le professeur de littérature des Maritimes Hans Runte fera une sortie en règle contre « les écrivains folklorisants que semble souvent animer le seul souci d'épater le bourgeois québécois ou parisien[21] », affirmation fréquemment reprise en substance par Chiasson et son groupe[22]. « L'Acadie, c'est plus que la mémoire et qu'Antonine Maillet[23] » écrira donc résolument Jean

17. Sans toutefois entreprendre un débat de fond sur les affirmations de certains écrivains monctoniens et le changement de cap de la vision québécoise de l'œuvre d'Antonine Maillet, Michel Lord nous parlera en 1982, et il sera le seul à le faire, d'un nouveau « paradoxe Antonine Maillet », soulignant qu'elle utilisait abondamment le « peuple acadien comme source et matériau de base de son œuvre » tout en refusant l'étiquette régionaliste ; mais, ajoute-t-il justement, « à ce compte, Madame Bovary et Thérèse Desqueyroux seraient des romans régionalistes puisqu'ils se passent en province ». Michel Lord, « La saga de la parole », *Lettres québécoises*, 25 (1982) : 27.
18. Gilles Lamontagne, « Viola Léger et La Sagouine : « Elle peut me tuer » », *La Presse* (21 avril 1984).
19. Robert Giroux *et al.*, *Le guide de la chanson québécoise*, Montréal, Tryptique, 1996, p. 129.
20. Jean Royer, « Herménégilde Chiasson : l'Acadie réelle », *Le Devoir* (3 mars 1981).
21. Jules Tessier et Pierre-Louis Vaillancourt, dir., *Les autres littératures d'expresion française en Amérique du Nord*, Ottawa, Éditions de l'Université d'Ottawa, 1987 (Cahiers du CRCFF 24). Cité par Dean R. Louder, « Les autres littératures d'expression française du Nord », compte rendu, VI 38 (hiver 1998) : 335.
22. Francine Bordeleau, « Littérature acadienne : pour en finir avec Évangéline », *Lettres québécoises*, 76 (1994) : 23.
23. Jean Royer, « L'Acadie des poètes », *Le Devoir* (22 novembre 1980).

Royer à la lecture de l'antifolklorique *Mourir à Scoudouc* d'Herménégilde Chiasson (1980). Malgré donc l'évident déplacement d'un conflit idéologique de Moncton à Montréal, notre intelligentsia littéraire ne sut jamais démontrer un intérêt palpable qui aurait amené à la recherche d'une meilleure compréhension de la situation culturelle acadienne[24].

Une connaissance un peu plus approfondie de ce débat aurait justement pu permettre de relever un certain nombre de contradictions d'importance, dont par exemple l'indiscutable modernité d'un Jacques Savoie, qui n'avait plus jamais cherché, depuis son premier roman *Raconte-moi Massabielle* (1979), à exploiter la veine historique acadienne dans ses écrits romanesques[25]. Ou encore cette autre contradiction que soulève inconsciemment en 1985 Marcel Ouellette, directeur général des Éditions d'Acadie, lorsqu'il affirme « que la production écrite la plus abondante *en Acadie* est celle qui s'intéresse au folklore et au quotidien[26] » (nous soulignons). Il mentionne à cet effet les innombrables monographies paroissiales ou familiales écrites tant au Nouveau-Brunswick qu'en Nouvelle-Écosse ou à l'île du Prince-Édouard. Si les Chiasson et Runte ont raison de relever la préférence de certains artistes acadiens résidant au Québec pour l'histoire de leurs ancêtres (Maillet, Gauthier, Butler, etc.), ils semblent toutefois faire abstraction, tout comme les chroniqueurs québécois, de la présence abondante de textes d'Acadiens résidant en Acadie, qui eux aussi utilisent l'Histoire comme toile de fond plus ou moins vivante ou active de leur œuvre. Signalons ainsi, à simple titre d'exemple, *Louis Mailloux* de Calixte Duguay et Jules Boudreau (1975, œuvre théâtrale, constamment reprise depuis), *Cochu et le Soleil* de Jules Boudreau (1977), *Adieu, p'ti Chipagan* de Louis Haché

---

24. L'influent critique théâtral Robert Lévesque sera sans doute, bien malgré lui peut-être, la voix la plus explosive et tonitruante du Québec littéraire, celle qui décriera le plus souvent cette utilisation du passé, dans laquelle il ne remarquera aucune trace d'universalisme. À tort ou à raison, il verra plutôt dans l'œuvre dramatique d'Antonine Maillet l'exemple d'un « folklorisme dépassé » qui tente de faire « vivre une Acadie mythique » (« La joyeuse criée » au Rideau-Vert : un folklorisme à bout de souffle », *Le Devoir* (14 décembre 1982), l'expression d'un « plaisir banal [...] et abominable du voyage organisé en folklorisme de bon aloi » (« Un Rabelais folklorique », *Le Devoir* (6 avril 1983) ou, « comme celui, jadis, de Félix Leclerc » [auquel il se réfère pour parler de « bluettes folklorico-simplistes »] celle « d'un genre dépassé, désuet, lourdement fait de bons sentiments [...] plat, mal foutu, bon enfant... moralisateur » (« Les Moineau et les Pinson au paradis », *Le Devoir*, 9 octobre 1986).

25. Jean-Paul Soulié de *La Presse* releva ce point en 1988, dans un article sur Savoie, mais encore une fois, il ne sut établir de liens « éduqués » avec le conflit des « anciens et des modernes » pourtant brûlant d'actualité alors. Jean-Paul Soulié, « Jacques Savoie. Entre l'eau et la terre », *La Presse* (12 novembre 1988).

26. Marcel Ouellette, « L'écriture du quotidien », *Québec français*, 60 (décembre 1985) : 38.

(1979), *Les entretiens du village* d'Émery Leblanc (1979), *L'oiseau de la vérité et autres contes des pêcheurs acadiens de l'île du Cap-Breton* de Gérald Aucoin (1980), *Le borgo de l'écumeuse* de Claude Le Bouthillier (1998), les multiples travaux d'Anselme Chiasson sur la littérature orale (une quinzaine d'ouvrages publiés entre 1969 et 1995) et même l'*Histoire en histoire* d'Herménégilde Chiasson lui-même (1980), où il raconte un aspect de la vie du négociant et colonisateur Nicolas Denys (1598-1688). Les Éditions d'Acadie, sises à Moncton, n'hésitent pas non plus à publier des textes de Québécois (*D'amours et d'aventures* de Lorraine Létourneau, 1996) ou de Français (*Au service du roi* de Jeanne Ducluzeau, 1996) qui empruntent eux aussi à la veine historique (acadienne) la dynamique de leurs récits. Entre le roman ou le drame historique et l'idée de folklorisation, il n'y a qu'un léger degré de différence, un simple degré d'interprétation facilement oublié lorsque la lecture en est « étrangère », qu'elle soit québécoise ou française.

Les chroniqueurs québécois furent donc incapables de remarquer, en réponse aux critiques qui leur étaient faites (le Québec aurait été responsable de la création de cette image exotique), que l'Acadie elle-même avait joué un rôle de premier plan dans l'élaboration de cette image folklorique dans son imaginaire populaire. La culture va bien au-delà de la simple littérature et force est d'admettre que des événements comme l'annuelle Fête nationale des Acadiens ou les Grandes Retrouvailles, malgré leur désir exprimé d'être tournés vers la modernité, jouent amplement sur l'idée de passé, d'histoire, et de folklore. Toutes ces manifestations, estivales, furent toujours amplement couvertes par des médias québécois alors en mal de nouvelles, les politiciens se trouvant alors bien sûr en période de repos. Et puisqu'il est question de vacances, il serait également impossible de faire abstraction des multiples et abondantes campagnes de promotion touristique des Maritimes, qui vantent depuis longtemps aux habitants du Québec et du Canada les douceurs de l'exotisme acadien. Le Québécois a depuis longtemps compris qu'il doit inclure, lors de son périple dans les provinces maritimes, une visite au Village acadien de Caraquet, au Pays de la Sagouine (« en voie de devenir la principale industrie de Bouctouche[27] »), au Parc national de Grand-Pré (« petit village-symbole où débuta la Déportation[28] »), au Village des pionniers acadiens de Mount Carmel (ÎPE), au Musée acadien de Miscouche, etc., tous des

---

27. Gérald Leblanc, « Caraquet : cœur de la péninsule et capitale de l'Acadie », *La Presse* (17 mai 1997).
28. Normand Cazelais, « Les Maritimes commencent à faire des vagues », *Le Devoir* (26 avril 1996).

lieux qui renvoient à l'histoire de l'Acadie et à l'incontournable Grand Dérangement. Effectivement donc, le Québec se créa une image exotique et quelque peu passéiste de l'Acadie, mais pas uniquement pour les raisons invoquées par les artistes et critiques acadiens. Ces contradictions ne furent toutefois jamais clairement relevées par les médias québécois.

Cette méconnaissance culturelle, alimentée par une génération d'écrivains et de critiques acadiens qui demandait du Québec, avec raison peut-être, la même couverture médiatique qu'une Antonine Maillet, se trouvera constamment réitérée dans les années 1980 et 1990. Comment alors ne pas être surpris par l'affirmation de Myriame El Yamani du *Devoir* qui, en 1991 encore, écrivait que la Semaine acadienne alors en préparation au Québec serait « en fait *un premier pas* vers une défolkorisation d'une certaine Acadie[29] » (nous soulignons), une défolklorisation qui avait pourtant été résolument entreprise dans les années 1970 avec des textes comme *Cri de terre* (Raymond Guy Leblanc, 1976), *Tabous aux épines de sang* (Ulysse Landry, 1977) et *Mourir à Scoudouc* (Herménégilde Chiasson, 1980)? Ou encore ce texte de *La Presse* de 1995 qui croyait nécessaire d'affirmer que *Le quatuor de l'errance* de Serge Patrice Thibodeau (publié aux Éditions de l'Hexagone) n'était pas « tourné vers le retour à l'Acadie folklorique[30] »? Pourquoi, sinon par ignorance, ce besoin de parler encore folklore alors que la dominante de la poésie acadienne, le genre de prédilection de l'Acadie des années 1980 et 1990, s'était depuis vingt ans clairement et résolument inscrit dans la modernité?

LA RÉCUPÉRATION POLITIQUE À DES FINS PARTISANES

Alors que naissait la Sagouine apparaissait également au Québec un film de Pierre Perrault et Michel Brault qui permettait au Québec de « découvrir », comme nous l'avons vu brièvement, une certaine Acadie, l'image d'une Acadie exploitée et en voie de disparition, que déjà les Acadiens eux-mêmes rejetaient. Les années 1970 furent pour un moment celles de l'union idéologique entre deux peuples, ou plutôt celles d'un peuple paternaliste (maternaliste) envers un autre. Les intellectuels nationalistes du Québec se découvrirent ainsi des liens, des affini-

---

29. Myriame El Yamani, « Herménégilde Chiasson : figure marquante d'une Acadie moderne », *Le Devoir* (7 octobre 1991).
30. Gilles Toupin, « La folle bourlingue de Serge Patrice Thibodeau », *La Presse* (19 novembre 1995).

tés, avec une Acadie jusqu'alors inconnue, et que l'on apprenait soudainement tourmentée, exploitée, oubliée. Qui plus est, l'Acadie se dotait au même moment, en partie en réaction au mépris du maire raciste de Moncton Leonard Jones, d'un parti indépendantiste, calqué sur le Parti québécois. Il n'y avait donc qu'un pas à franchir pour que les deux peuples ne fassent qu'un : « La conjoncture politique veut qu'il soit bon, à droite et à gauche, de récupérer les minorités francophones du Canada, et à plus forte raison la seule autre minorité qui peut prétendre à une vie culturelle distincte puisqu'elle a ses origines propres, son histoire bien à elle[31] ». Emportés par l'enivrante et sincère fougue nationaliste de l'époque, de nombreux intellectuels québécois franchirent allègrement ce pas, ne se préoccupant toutefois que fort peu du caractère distinct de cette Acadie. Cette dernière devint ainsi rapidement un *P'tit Québec* ; et ce sont ses propres peurs que le Québec projeta alors sur sa version personnelle de ce peuple. « Qu'il s'agisse finalement du Québec ou de l'Acadie, c'est toujours le même problème[32] » scandait déjà Jean-Pierre Tadros en 1972 ; « L'Acadie reste toujours fascinante pour nous. On porte attention aux voix qui nous parviennent de ce coin du Canada que l'on voudrait croire encore français[33] » poursuivait entre autres Yves Taschereau en 1975. « Hors du Québec et de l'Acadie du Nouveau-Brunswick, il n'y a à peu près plus d'espoir de survie à long terme pour la francophonie canadienne[34] » affirmait cette même année *Le Devoir*. « En 78, les Nègres blancs d'Amérique ne sont peut-être plus les Québécois mais les Acadiens[35] » renchérissait Nathalie Petrowski, sans toutefois apporter d'exemples concrets de cette exploitation ou de cette acculturation, dans son texte sur les festivités annuelles de l'Acadie. Réginald Martel résume bien l'atmosphère pré-référendaire lorsqu'il écrit, en 1978 : « Après tout, les Acadiens ne sont pas un peuple comme les autres. Je veux dire par là qu'ils sont un peuple un peu comme le nôtre [...]. Et si on ajoute qu'Acadiens et Québécois ont été les uns et les autres minorisés par l'histoire, on est bien près de les associer presque entièrement, quitte à négliger les traits spécifiques d'acadianité ou de québécité que les siècles ont pu créer et accentuer[36] ». Ce genre d'exemple est légion.

31. Pierre-André Arcand, « La Sagouine, de Moncton à Montréal », *Études françaises*, 10, 2 (1974) : 194.
32. Jean-Pierre Tadros, « L'Acadie, l'Acadie sur le petit écran. Bonnaccord Street, un cul-de-sac ? », *Le Devoir* (8 janvier 1972).
33. Yves Taschereau, « Edith Butler sans l'Acadie ? », *Le Devoir* (17 avril 1975).
34. Presse canadienne, « Il ne reste plus que le Québec et l'Acadie ? », *Le Devoir* (17 août 1978).
35. Nathalie Petrowski, « Viens voir l'Acadie en fête », *Le Devoir* (21 août 1978).
36. Réginald Martel, « Et si la dissidence portait l'espérance ? », *La Presse* (27 mai 1978).

Comme il se doit donc, le journalisme littéraire participera abondamment de cette *sympathique* récupération politique. Bien sûr, ce sont les personnages universels d'Antonine Maillet qui se transformeront les premiers, sous la plume de plusieurs, en représentations d'un Québec en crise. Dans une chronique sur *Mariaagelas*, Réginald Martel affirme que «les deux peuples perdus à eux-mêmes» ne pourraient un jour que participer à leurs «retrouvailles[37]». Adrien Gruslin perçoit ce même texte comme une «œuvre de déracinés, combien applicable au contexte québécois[38]». Et lorsque Mme Maillet reçoit le prix Goncourt, la récupération atteint ses plus hauts sommets. À six mois du premier référendum québécois, Pierre Beaudry écrit ainsi, dans un texte du souverainiste *Devoir* intitulé «Le prix Goncourt et *notre* identité» (nous soulignons): «C'est dans leurs deux siècles de résistance à l'assimilation que résident les plus légitimes motifs de fierté des Québécois et, à plus forte raison, des Acadiens. Ils ont donc tous le droit de s'enorgueillir de la réussite que concrétise à cet égard l'attribution du prix Goncourt à l'une des leurs[39]». La présence du terme «Québécois» avant celui d'«Acadien» est ici, à notre avis, indéniablement symptomatique d'un certain ethnocentrisme, et ce malgré la présence subséquente, donc secondaire, de l'expression «et à plus forte raison, des Acadiens». Le Québec post-référendaire, on le conçoit, réduisit la fréquence de ses tendances assimilatrices. Ponctuellement toutefois, il est encore possible de lire des textes comme celui de Jean-Paul Soulié sur Jacques Savoie (1984), où le message idéologique personnel prend plus d'importance que l'information sur l'œuvre littéraire ou sur l'auteur: «Né à Edmonston, Jacques Savoie est Acadien, un mot qui évoque beaucoup de choses: la Déportation, Évangéline, la Sagouine... Mais Savoie pense plutôt à Beausoleil Broussard. Ce pirate, contemporain d'Évangéline, avait reçu les Anglais à coups de fusil. En soi, c'est une réaction fort sympathique[40]». En 1999 encore, Pierre Dallaire, délégué du Québec dans les provinces atlantiques de 1991 à 1998 et aujourd'hui conseiller spécial du Bloc québécois, reconnaissait l'ignorance du Québec envers l'Acadie, mais ajoutait bien sûr, comme si la comparaison à pire que soi était une justification: «Il ne s'agit pas d'une ignorance qui borde le mépris, comme celle de nombreux anglophones qui sont voisins d'Acadiens[41]».

---

37. Réginald Martel, «L'Évangéline selon Antonine», *La Presse* (16 mars 1974).
38. Adrien Gruslin, «En racontant Évangéline Deusse», *Le Devoir* (9 mars 1976).
39. Pierre Beaudry, «Le prix Goncourt et notre identité», *Le Devoir* (24 décembre 1979).
40. Jean-Paul Soulié, «L'écriture du jamais vu», *La Presse* (26 mai 1984).
41. Patrice Dallaire, *Regard sur l'Acadie et ses rapports avec le Québec*, Moncton, Éditions d'Acadie, 1999 : 21.

Cet intérêt partisan pour l'Acadie et sa culture s'exemplifie le mieux par son absence, encore vingt ans plus tard, des maisons d'éducation du Québec. Pourtant, l'« enseignement du français [...] représente une voie d'accès privilégiée à la culture littéraire. [Les cours de littérature dans les cégeps constituent] l'occasion ultime, en milieu scolaire, d'une initiation à la littérature et à la vie culturelle. [...] Plus précisément, les connaissances et les goûts développés durant les études constituent souvent la nécessaire condition des intérêts et des habitudes de lecture[42] » écrit Max Roy dans son étude sur l'enseignement de la littérature au niveau collégial entre 1990 et 1996. Comment le Québec exploita-t-il cette possibilité qui s'offrait à lui d'ouvrir l'intellect de ses enfants à la culture acadienne (ou canadienne-française)? Dans un document intitulé *Des collèges pour le Québec au XXIe siècle* publié en 1993, le gouvernement québécois élaborait ses objectifs en matière d'éducation culturelle à l'aube du troisième millénaire : « L'insertion des œuvres marquantes dans les courants et les tendances littéraires, nous affirmait-il alors, ouvre sur le dialogue des œuvres et des époques ; la nôtre actualise le sens de l'héritage culturel[43] ». Bien que jamais défini, il semble que cet héritage culturel ne comportait toutefois rien qui n'habitât à l'extérieur des frontières politiques de la province. En aucun moment en effet le nouveau programme, encore en vigueur aujourd'hui, ne suggérait-il une introduction, une conscientisation à la littérature canadienne-française, ou à la littérature acadienne. Ces dernières semblent d'ailleurs simplement ne pas exister dans la pensée des pédagogues décideurs. Inconsciemment sans doute, l'étude de Max Roy emprunte elle aussi cette direction ethnocentrique. La littérature « québécoise » s'oppose ainsi à la « littérature française » et aux littératures « d'autres provenances », ces œuvres étrangères traduites en français. Jamais ne mentionne-t-il l'existence d'une littérature acadienne ou canadienne-française. Roy découvre ainsi que, dans la première décennie d'existence des cégeps (1968-1978), la littérature québécoise représentait 37,6 % des œuvres étudiées ; de 1990 à 1996, cette proportion atteignait 42,3 %. Et parmi les « auteurs étrangers » les plus souvent cités dans les 1 299 plans de cours de son corpus, jamais n'est-il question d'auteurs acadiens ou canadiens-français ; pas de Maurice Constantin-Weyer ni de George Bugnet. Et pas même de Jacques Savoie ou d'Antonine Maillet. La Franco-Manitobaine Gabrielle Roy, quant à elle, fait partie des auteurs « québécois ».

---

42. Max Roy, *La littérature québécoise au collège (1990-1996)*, Montréal, XYZ, 1998, p. 18.
43. Québec (province), ministère de l'Enseignement supérieur et de la Science, *Des collèges pour le Québec au XXIe siècle : l'enseignement collégial québécois : orientations d'avenir et mesures de renouveau*, Québec, ministère de l'Enseignement supérieur et de la Science, 1993, p. 35.

Cette situation se répercute également dans les institutions de haut savoir. Les universités québécoises présentent aujourd'hui une panoplie surprenante de cours sur les littératures de la francophonie ; maghrébine, africaine, antillaise, négro-africaine, belge, suisse, les universités offrent de tout. Mais de littérature acadienne, nulle trace appréciable. Tout au plus est-il question, dans le calendrier de l'Université Laval, d'un cours de littératures du Québec et du Canada français, et à l'UQAM d'un cours de littérature franco-américaine. En 1998, et ce pour tout le Québec, seule la petite Université Bishop's de Lennoxville proposait dans son cycle normal[44] un cours de littérature acadienne. L'enseignement collégial et universitaire, parce qu'il « est fait d'enseignement disciplinaire » nous dit-on dans le *Rapport annuel sur l'état et les besoins de l'éducation* de 1998 du ministère de l'Éducation, doit privilégier « l'ouverture sur le monde[45] ». On nous parle même, pour le premier cycle, « de l'acquisition ou [de] l'approfondissement d'une compétence interculturelle[46] ». Clairement, ces louables objectifs ne se sont pas (encore) retrouvés dans les corpus des cégeps et des universités, et l'acquisition d'une « compétence de la culture » ne semble pas comprendre celle du reste du Canada français.

Et nos revues spécialisées, ont-elles joué leur rôle (si rôle il y avait) dans la promotion de la littérature acadienne ? De 1969 à 1999, le Québec a eu droit à des numéros spéciaux sur l'Acadie de la part de *Liberté* (1969), *Écrits du Canada français* (1974), *Québec français* (1985) et *Tangences* (1998). *Estuaire* a ouvert toutes grandes ses portes aux artistes acadiens en 1985 et en 1995 ; *Lettres québécoises* ont quant à elles publié un court dossier sur l'Acadie en 1994. D'autres revues de moindre importance ont sans doute fait de même. Puisqu'il n'existe aucun point de référence viable, il est impossible de déterminer si cette fréquence dénote un intérêt véritable pour la culture acadienne. Cela dit, il faut malheureusement souligner que la majorité des textes critiques de ces revues, pourtant spécialisées, témoignaient elles aussi la plupart du temps de cette même méconnaissance de la réalité et de l'histoire acadiennes dont nous avons discuté précédemment.

Cette situation se répercute bien sûr dans le contenu des bibliothèques. D'une liste de vingt-cinq « classiques » (ou presque) de

44. En automne 1998, une chargée de cours de l'Université de Sherbrooke offrait également un cours de littérature acadienne. Ce dernier ne fait toutefois pas (encore) partie du programme régulier. Ce phénomène existe peut-être, ou a peut-être existé, ailleurs.
45. Conseil supérieur de l'éducation, *Éduquer à la citoyenneté. Rapport annuel sur l'état et les besoins de l'éducation*, Sainte-Foy, Conseil supérieur de l'éducation, 1998, p. 54.
46. *Ibid.*, p. 57.

littérature acadienne que nous avions dressée[47], ce genre de textes que toutes les bibliothèques intéressées à la littérature acadienne devraient absolument acquérir, seule l'Université Laval (de nos grandes universités) pourrait se flatter de les détenir tous. L'Université de Montréal n'en possédait que 76 %, l'UQAM 72 %, McGill 64 %, et l'Université de Sherbrooke 56 %. Faut-il se surprendre donc que, de 1991 à 1998, les Éditions d'Acadie, sans contredit la maison la plus importante de l'Acadie, ait vu ses ventes d'ouvrages littéraires augmenter de 41,6 % au Nouveau-Brunswick, de 117,8 % dans les autres provinces canadiennes (hormis le Québec), et de 348,2 % dans les autres pays, alors que les ventes au Québec diminuaient de 25,86 %[48]? Pourtant, l'époque dont nous parlons (1970-1999) a connu un remarquable accroissement des activités culturelles. Multiplication des salons du livre, explosion du nombre de prix littéraires, d'émissions et de stations télévisuelles, d'adaptations pour le cinéma et la télévision de romans populaires, succès et reconnaissances de nombreux auteurs à l'extérieur des frontières, élargissement des études littéraires (nouveaux programmes, centres de recherches, etc.) dans les universités, tout dans les trente dernières années suggère une amplification des connaissances culturelles. « Radio-Canada parle *ad nauseam* du Québec aux Acadiens [...]. Or les Acadiens voudraient bien qu'on parle également aux Québécois de ce qui se passe chez eux[49] » écrivait Guy Cormier en 1977. À la lumière de ces dernières informations, faudrait-il conclure que sa question demeure encore aujourd'hui d'une indiscutable actualité ?

---

47. Il serait ici trop long d'en faire une énumération complète. Notons simplement que cette liste couvrait les œuvres les plus importantes dans le domaine du roman, de la poésie et du théâtre. Nous avions également inclus *Le parler franco-acadien* de Pascal Poirier, l'*Histoire de la littérature acadienne* de Marguerite Maillet et l'anthologie de poésie de Cogswell et Elder, *Rêves inachevés*. À titre indicatif, nous avions également inscrit trois textes acadiens publiés au Québec (*La vraie vie* de France Daigle, *Les portes tournantes* de Jacques Savoie et le *Quatuor de l'errance* de Serge Patrice Thibodeau) ; tous n'étaient pas présents dans les bibliothèques de nos grandes universités.
48. Ces chiffres nous ont été gracieusement fournis par les Éditions d'Acadie. Le lecteur comprendra que les chiffres de vente exacts demeurent confidentiels, mais nous y avons eu accès. Certes, les ventes totales varient d'année en année, selon les titres publiés et le moment choisi pour leur publication. Ainsi, si nous avions comparé les ventes au Québec entre 1991-1992 et 1996-1997, plutôt que 1997-1998, nous aurions vu les ventes au Québec augmenter de 7,7 % ; toutefois, les ventes dans les autres pays auraient par exemple augmenté de 662,9 % plutôt que de 348,2 %. S'ils varient donc sensiblement d'année en année, il faut tout de même y reconnaître là une tendance globale significative.
49. Guy Cormier, « L'Acadie reste encore trop peu connue », *La Presse* (29 août 1977).

SYMPATHIE ENTRE FRÈRES OU
ETHNOCENTRISME QUÉBÉCOIS ?

Certes, le Québec médiatique ne nous entretient pas beaucoup de l'Acadie et de sa culture ; les librairies québécoises, écrit Daniel Chrétien, auraient même « une tendance marquée à faire mousser le livre québécois plutôt que tout autre[50] ». Alors, dans ces moments où, oui, l'on nous parle de l'Acadie littéraire, de qui parle-t-on exactement ? D'Antonine Maillet bien sûr qui, bon an mal an, accapare une monolithique proportion de la presse québécoise dédiée à l'Acadie. De Jacques Savoie également, un scénariste et romancier qui obtient beaucoup de succès ici. Et tous deux, nous rappelle Herménégilde Chiasson, habitent Montréal. Force est d'admettre que le milieu journalistique québécois déploie peu d'efforts pour s'informer des activités culturelles acadiennes. Les entrevues avec les artistes résidant dans les Maritimes ne se font somme toute, l'exception confirmant la règle, qu'à deux occasions : lors des grands salons du livre du Québec, et lors de la Fête nationale des Acadiens, le 15 août de chaque année. Le lauréat du Prix France-Acadie a quant à lui généralement droit à un petit entrefilet annuel dans la plupart des quotidiens. L'on comprend alors que le théâtre acadien ne reçoit strictement aucune presse ; les créations de Laval Goupil, Jules Boudreau, Claude Renaud, Gracia Couturier et les autres sont totalement passées sous silence.

La poésie ne reçoit elle non plus que fort peu d'attention ; la talentueuse Dyane Leger, qui ne vient que très rarement au Québec, demeure ainsi pratiquement inconnue ici. Idem pour une multitude de textes du prolifique Herménégilde Chiasson, et de bien d'autres auteurs. Le jeune Serge Patrice Thibodeau devint au contraire rapidement une des « voix poétiques [...] les plus fortes de l'Acadie[51] » puisqu'il commença à publier au Québec au tout début de sa carrière, ce qui lui valut et lui vaut encore une fort intéressante couverture médiatique. Un phénomène similaire est en train de se produire avec France Daigle. Ses quatre premiers textes, tous publiés en Acadie, furent pratiquement ignorés des médias québécois ; mais lorsque la maison féministe montréalaise Remue-ménage publia en 1986 son *Été avant la mort*, la situation changea radicalement. Consciente de ce phénomène journalistique réducteur, une Gabrielle Poulin quelque peu amère, parce qu'elle-même auteure franco-ontarienne peu remarquée au Québec, note que « les critiques

---

50. Daniel Chrétien, « Pour les écrivains canadiens, le marché québécois est presque impénétrable », *L'Accent acadien* (5-11 décembre 1998).
51. Danielle Laurin, « L'appel du sacré », *Le Devoir* (16 décembre 1995).

[...québécois] n'ont jusqu'ici prêté que peu d'attention aux livres bâtards de cette jeune compatriote de la déjà classique et rassurante Antonine Maillet[52]». On le voit, Antonine Maillet est devenue un bouc émissaire facile. Le texte suivant de Daigle (*La beauté de l'affaire*, 1991), publié à Moncton, trouvera fort peu d'écho ici ; mais la coédition (Éditions d'Acadie et Hexagone) en 1993 de son roman *La vraie vie* en fit toutefois la nouvelle coqueluche de la littérature acadienne, comme le démontre l'accueil dithyrambique de son dernier ouvrage, *Pas pire*, publié en 1998 (paru en Acadie, il faut le souligner). «On peut être un grand écrivain même si on n'est pas lu ni diffusé ; c'est pas grave[53]» affirme philosophiquement le poète québécois Claude Beausoleil lorsqu'interrogé sur cette maigre diffusion du livre canadien au Québec. Voilà là sans doute une mince consolation pour les écrivains acadiens.

Par contre, ces écrivains dont on nous parle deviennent quelquefois, et un peu trop rapidement, des écrivains «de chez nous». Bien qu'il s'agisse là d'un phénomène un peu moins révélateur par sa fréquence que d'autres éléments de réception sur lesquels nous nous sommes déjà attardés, il serait impossible de passer sous silence cet ethnocentrisme à la québécoise qui amène les critiques, même les plus respectés et respectables, à procéder à une curieuse opération idéo-linguistique leur permettant l'assimilation des auteurs acadiens de talent à des auteurs «québécois». La littérature n'est toutefois pas redevable de la politique et ne se limitera pas, elle, aux seuls grands moments de débats constitutionnels. Déjà dans les années 1970, le féminisme québécois profite des succès d'Antonine Maillet et les récupère pour son propre profit ; la comédienne Michelle Rossignol se permet ainsi de dire, en parlant de Mariaagélas, que «c'est la seule femme libérée de la littérature québécoise[54]». En 1979, Jean Éthier-Blais, en se référant au sens collectif des œuvres littéraires et au «nous, Canadiens français qui, peu à peu, devenons Québécois», donne en illustration... Antonine Maillet (qui vient de recevoir le prix Goncourt), «l'exemple le plus récent dans *notre* histoire littéraire[55]» (nous soulignons). Deux ans plus tard, Jean Royer nous entretient dans sa chronique d'un nouveau roman de Mme Maillet ; puis, son second paragraphe s'ouvre sur cette phrase qui affirme, sans autres exemples à l'appui, que «la littérature québécoise sera[it] bien représentée au Salon du livre de Montréal[56]». Cela dit, le Québec ne sera

---

52. Gabrielle Poulin, « Prophétie et fiction », *Lettres québécoises*, 43 (1987) : 18.
53. Daniel Chrétien, *op. cit.*
54. Adrien Gruslin, « Mariaagélas : les intentions de ses artisans », *Le Devoir* (25 mai 1974).
55. Jean Éthier-Blais, « Les carnets » *Le Devoir* (1er décembre 1979). Nous soulignons.
56. Jean Royer, « Les dernières parutions » *Le Devoir* (14 novembre 1981).

toutefois pas le seul à s'afficher des droits moraux sur la réussite de Mme Maillet, ce qui fera finalement dire à cette dernière : « Le prix Goncourt a été donné par beaucoup de monde à l'Acadie, au Québec qui me donne mes lecteurs, au Canada français jusqu'aux Cajuns de la Louisiane, à l'Amérique francophone, Pélagie ne pouvait naître ailleurs. Faites-en de la politique que vous voudrez, moi, j'en ai fait un livre[57] » !

Antonine Maillet ne sera pas la seule personnalité acadienne à devenir une Québécoise *honoris causa*. Jacques Savoie est régulièrement cité comme un auteur d'ici, comme le démontre un récent texte d'Achmy Hallet intitulé « Cinquante écrivains québécois répondent[58] », dont Savoie fait partie. Serge Patrice Thibodeau est quant à lui occasionnellement donné en exemple « du dynamisme actuel de la relève au Québec[59] ». Et comment interpréter l'évaluation du célèbre critique André Brochu qui, bien que conscient de l'origine acadienne de ce poète, se permet d'affirmer qu'il est « la révélation des années quatre-vingt-dix en poésie québécoise », révélation dont certains des « recueils permettent de figurer aux côtés des plus grands de *notre* littérature[60] » (nous soulignons) ? Le Dr Brochu ajoute bien en note de fin de document que Thibodeau est né en Acadie ; mais il n'en affirme pas moins qu'il « est aussi québécois que l'était Gabrielle Roy, née au Manitoba[61] ». Cette tournure de l'esprit pour le moins particulière est représentative d'un certain nationalisme québécois incapable, semble-t-il, de formuler le vocable « canadien-français », et facilement enclin à se reconnaître un certain mérite dans l'émergence de ces talents francophones d'outre-frontière. Même *La Sagouine* est quelquefois considérée comme une lecture « inévitable[62] » pour quiconque voudrait connaître… le Québec. À la décharge des journalistes québécois toutefois, il faut noter, comme le fait l'écrivain franco-ontarien Maurice Henri, que plusieurs artistes franco-canadiens « laisse[nt] planer un doute sur leur origine » et « s'accommodent très bien du fait qu'on les considère des Québécois[63] ».

---

57. Jean Royer, « Antonine Maillet, prix Goncourt », *Le Devoir* (1er décembre 1979).
58. Achmy Hallet, « Cinquante écrivains québécois répondent », *La Presse* (19 novembre 1995).
59. David Cantin, « Place à une nouvelle génération de poètes québécois », *Le Devoir* (9 septembre 1995). Tournure similaire dans David Cantin, « Pacifica. Serge Patrice Thibodeau », *Le Devoir* (15 novembre 1997).
60. André Brochu, « Quatre échos du divin moi », *Voix et images*, 69 (1998) : 603.
61. *Ibid.*, p. 606.
62. Larry Landry citant Raymond Pagé, professeur à l'Université du Québec à Trois-Rivières, qui souligne cette incongruité dans, nous dit-il, la revue de théâtre *Jeu*. Larry Landry, « Colloque international sur Antonine Maillet : « Je crois en sortir plus humble, mais grandie », dit-elle », *La Presse* (16 octobre 1998).
63. Daniel Chrétien, *op. cit.*

Heureusement cependant, plusieurs remarquent cette facilité d'assimilation qu'ont certains, et s'y opposent à leur façon. En 1977, comme suite au succès des *Cordes-de-bois* d'Antonine Maillet, Renée Maheu écrit : « Voilà une grande Acadienne qui a su conquérir le cœur des téléspectateurs français par son intelligence, [sa] gentillesse et la noblesse de son langage. Les Acadiens ont raison d'en être fiers[64] ». Aucune récupération québécoise ici. Dans un même ordre d'idées, Louise Milot se demande, sans y répondre, dans quelle mesure le Québec était autorisé « à recevoir [*Les portes tournantes* de Jacques Savoie] comme un livre d'ici[65] » ? Lise Lachance du *Soleil* a aussi le mérite de faire certaines découvertes (1998), lesquelles auraient cependant dû être vieilles déjà d'une vingtaine d'années, si des chroniqueurs d'expérience avaient su véhiculer l'information : « En lisant *Le borgo de l'écumeuse* [roman de Claude Le Bouthillier], on réalise à quel point les Acadiens sont différents des Québécois. On découvre aussi ce fait troublant : pour les Acadiens, le démon n'est pas « l'Anglais qui les tient sous son joug depuis des siècles, mais le Québécois qui cherche à se libérer[66] ». Et il y a aussi tous ces journalistes et critiques, la majorité dirions-nous, qui s'assurent qu'il n'y aura pas d'ambiguïté lorsqu'il est question de l'origine de ces écrivains et écrivaines.

* * *

Si l'on peut, à l'instar d'Alain Buisine, définir l'exotique comme un « objet historique daté, comme utopie « périmée » de la différence[67] », il nous semble évident que le Québec des trente dernières années est en partie responsable de la création d'une image folklorisante de l'Acadie. Seulement en partie toutefois, parce que la méconnaissance des chroniqueurs d'ici de la réalité acadienne, qui se limite d'ailleurs aux seules frontières du Nouveau-Brunswick, et tout particulièrement à la région de Moncton, a empêché l'émergence d'un véritable débat. Une telle discussion aurait permis de soulever de multiples contradictions dans les arguments critiques avancés par « le groupe des modernes » de la poésie monctonienne. Nos quotidiens et nos revues spécialisées ont ainsi passivement reproduit ces affirmations selon lesquelles l'image passéiste de l'Acadie était imposée par un Québec qui ne connaissait que ces écrivains acadiens vivant en permanence à l'intérieur de ses

---

64. Renée Maheu, « La rentrée démarre en trombe », *Le Devoir* (15 octobre 1977) : 29.
65. Louise Milot, « Le récif du prince de Jacques Savoie », *Lettres québécoises*, 43 (1986) : 21.
66. Lise Lachance, « Claude Le Bouthillier. L'Acadie tranquille », *Le Soleil* (23 août 1998).
67. Alain Buisine, *Carnets de l'exotisme*, 1 (1990) : 10.

frontières politiques, écrivains qui auraient favorisé l'espace mythique de leur territoire délaissé. La réalité différait toutefois sensiblement. Si le folklore est le savoir du peuple, comme l'entend son étymologie, toute littérature intéressée à l'Histoire pourra jouer, pour le lecteur « étranger », un rôle folklorique plus ou moins important. C'est ainsi qu'une grande quantité d'écrivains acadiens résidants deviennent tout aussi responsables de la propagation de cette image, tout comme d'ailleurs leurs maisons d'édition, ainsi que les nombreuses traditions festives encore à la mode dans ce coin de pays, manifestations généreusement couvertes par les médias parce qu'estivales, époque de grande tranquillité politique. *Idem* pour la promotion touristique de l'ensemble des provinces maritimes, qui joue abondamment sur le passé et l'histoire acadienne pour inciter les Québécois à les visiter.

Pourrait-on alors parler d'un problème de genre littéraire plutôt qu'un problème de provenance ou de résidence ? Les critiques québécois semblent en effet peu enclins à se lancer dans la lecture et la critique de la poésie contemporaine, qu'elle soit québécoise ou acadienne. Pour cette raison peut-être, le débat acadien entre poètes et romanciers ne se retrouvera au Québec que via ces échos déformés. Ces poètes, « wishing to establish their country once and for all in an acceptable here-and-now, cannot but feel time past and present weighing heavily on them ; to be " happy ", they must have no history, for history has for too long oppressed and humiliated and silenced them[68] ». Parce qu'elle privilégiait outrageusement le genre romanesque (à l'exception des œuvres dramatiques d'Antonine Maillet, qui devinrent soudainement, en accord avec la critique monctonienne, des œuvres folklorisantes et dépassées), la critique québécoise ne parvint jamais à exprimer ce discours poétique particulier, un discours « without a prescribed destination, a modern poetic roaming through the infinite, unordered space of individual imaginations and trans-Acadian realities[69] ». C'est donc avec une bonne part de vérité que Barry Jean Ancelet, professeur d'études francophones à l'Université de Southwestern Louisiana, affirme : « On ne sait pas de quoi on parle[70] », lorsque l'on parle de l'Acadie.

« Pour l'homme de notre fin de siècle, écrivait Zumthor, la lecture répond à un besoin d'entendre autant que de connaître[71] ». Le Québec

68. Hans Runte, *Writing Acadia*, Atlanta, Rodopi, 1997, p. 54.
69. *Ibid.*, p. 125.
70. Barry Jean Ancelet cité par Jean Dion, « L'essor des Acadiens devrait rejaillir sur la diaspora », *Le Devoir* (18 août 1994).
71. Paul Zumthor, *op. cit.*, p. 65.

a-t-il, au cours des trente dernières années, démontré un intérêt et une amitié véritable pour l'Acadie ? L'absence d'une présence réelle de cette culture dans nos cégeps et nos universités, les démonstrations médiatiques partisanes et ponctuelles, concomitantes aux montées de lait des acteurs de nos crises constitutionnelles, et la récupération occasionnelle mais certaine du succès de certains écrivains, sont tous des éléments qui réclament une sérieuse et profonde réflexion. « Les Acadiens sont arrivés ici avec tous leurs préjugés positifs comme négatifs écrivait *Le Devoir* en 1991. Selon eux, le Québécois parlait fort et il parlait beaucoup, il était arrogant, condescendant[72] ». Avaient-ils raison de penser ainsi ? Les descendants des vaillants coureurs de bois que nous sommes auraient-ils perdu en route ce « frisson voyageur [qui permet] de voir s'ouvrir sans cesse des espaces, des possibles[73] » ?

---

72. S.a., « Les Acadiens du Québec, minorité dans la majorité », *Le Devoir* (15 août 1991).
73. Michel Le Bris cité par Valérie Cadet, « Michel Le Bris, l'allégresse du « grand dehors », *Magazine littéraire* (mai 1991) : 113.

CHAPITRE 10

Les artistes acadiens et le Québec : vers un nouveau positionnement

Fernand Harvey et Christine Duplessis

Les relations artistiques entre le Québec et l'Acadie ont une longue tradition qui demeure relativement peu connue et qu'il importe de situer dans le contexte plus large des relations culturelles entre les deux communautés. On pourrait ainsi proposer trois grandes étapes dans l'évolution de ces relations depuis l'époque de la renaissance acadienne : 1- la période 1880-1960, 2- la période 1960-1980 et 3- la période 1980-2000.

L'ACADIE ET LE CANADA FRANÇAIS : 1880-1960

Entre le début des années 1880 et la fin des années 1950, une première période correspond à l'affirmation du Canada français traditionnel dont les frontières culturelles débordaient le Québec pour inclure l'ensemble des minorités françaises du Canada et de la Nouvelle-Angleterre. Dans ce contexte, bien que l'Acadie ait affirmé très tôt son identité spécifique par rapport au Canada français, des liens ont été développés avec le Québec. Ces liens ont notamment permis d'étudier la culture populaire traditionnelle des deux sociétés. C'est ainsi que des ethnologues et des anthropologues ont cherché à inventorier la culture matérielle et la culture orale de l'Acadie[1], plus particulièrement

---

1. Marielle Cormier-Boudreau, Jocelyne Mathieu et Karine Laviolette, « Collaborations scientifiques et échanges Acadie-Québec. Rétrospective et projets actuels », *Canadian Folklore canadien*, 19, 2 (1997) : 77-85.

Marius Barbeau, Luc Lacoursière et Mgr Félix-Antoine Savard, du côté québécois et les pères Anselme Chiasson et Daniel Boudreau, du côté acadien. Sans nier l'importance de cette culture première qui mériterait une analyse plus poussée pour éclairer les relations entre le Québec et l'Acadie, notre attention se portera plutôt du côté de la culture instituée. À cet égard, il faut reconnaître le rôle historique joué jusqu'aux années 1960 par le réseau des collèges classiques et des couvents acadiens dirigés par des communautés religieuses, dont plusieurs membres étaient originaires du Québec. Ce réseau qui s'étendait à l'ensemble du Canada français a encouragé le développement d'activités culturelles et artistiques analogues dans la plupart des régions dont l'Acadie[2].

Dans le domaine du théâtre plus particulièrement, on a pu identifier des formes para-théâtrales qui ont fleuri au sein des collèges et couvents acadiens dirigés par le clergé et les communautés religieuses au cours de cette période[3]. Ces mêmes communautés d'hommes et de femmes ont joué un rôle déterminant dans l'enseignement de la musique et dans l'organisation de fanfares et de chorales. Le chant choral acadien a du reste atteint un niveau d'excellence reconnu à l'échelle nationale. Ces activités culturelles au Nouveau-Brunswick, en Nouvelle-Écosse et à l'île du Prince-Édouard ont souvent été à l'origine de carrières artistiques qui se sont poursuivies à Montréal ou dans d'autres villes canadiennes par la suite[4].

LA RÉVOLUTION TRANQUILLE AU QUÉBEC ET EN ACADIE :
1960-1980

À cette première période des relations culturelles et artistiques où l'Acadie est étroitement reliée au réseau institutionnel du Québec et du Canada français, en succède une autre marquée par la Révolution tranquille. On a évoqué la fin du Canada français pour caractériser cette nouvelle période qui correspond plus spécifiquement aux années 1960[5]. En affirmant sa nouvelle identité, le Québec a pris ses distances avec le

---

2. Georges F. G. Stanley, « Les collèges classiques de langue française en Acadie », *Les Cahiers de la Société historique acadienne*, 6, 3 (sept. 1975) : 117-137.

3. Jean-Claude Marcus, « Les fondements d'une tradition théâtrale en Acadie », dans Jean Daigle, dir., *Les Acadiens des Maritimes*, Moncton, Centre d'études acadiennes, 1979, p. 660.

4. Roger E. Cormier, « La musique et les Acadiens », dans Jean Daigle, dir., *L'Acadie des Maritimes*, Moncton, Chaire d'études acadiennes, Université de Moncton, 1993, p. 847-860.

5. Marcel Martel, *Le deuil d'un pays imaginé. Rêves, cultes et déroute du Canada français*, Ottawa, Presses de l'Université d'Ottawa, 1996, 203 p.

Canada français traditionnel dont l'idéologie première était centrée sur l'idée de survivance. Cette redéfinition identitaire n'a pas pour autant provoqué une rupture des liens culturels entre le Québec et l'Acadie. Ces rapports se sont toutefois profondément transformés à la suite de la réforme scolaire qui a favorisé le retrait du clergé. De plus, une révolution tranquille parallèle à celle du Québec se déroulait au Nouveau-Brunswick avec l'arrivée au pouvoir du Parti libéral de Louis Robichaud et son programme d'égalité des chances pour tous.

Sur les plans culturel et artistique, d'importants changements surviennent sur la scène acadienne du Nouveau-Brunswick avec la fondation de l'Université de Moncton en 1963. Cette université deviendra rapidement un foyer de création et d'expression culturelle, voire de contestation étudiante, comme en témoigne le film *L'Acadie! L'Acadie!* du cinéaste Pierre Perrault. De plus, des études de folklore s'y développent, en relation avec le Département de folklore de l'Université Laval. Des programmes d'enseignement en art visuel, en art dramatique et en musique sont instaurés, en même temps que sont fondés une galerie d'art et un musée acadien. D'autres villes acadiennes affirment également leur nouvelle vitalité culturelle. Ainsi, dans le Nord-Est, Caraquet organise depuis 1969 le Gala annuel de la chanson, considéré par plusieurs artistes acadiens comme une étape préalable au Festival de la chanson de Granby. C'est également à Caraquet que l'on retrouve l'une des deux troupes professionnelles acadiennes, le Théâtre populaire d'Acadie.

Parallèlement à ce développement institutionnel, émergent de nouvelles carrières littéraires et artistiques qui puisent généralement dans le folklore acadien la source de leur inspiration. Des chanteuses comme Édith Butler et Angèle Arsenault, issues de la génération des collèges classiques acadiens, représentent bien la nouvelle effervescence culturelle des années 1970, de même que les premiers groupes populaires : « Beausoleil Broussard » et « 1755 ». Mais pour faire carrière, ces artistes et bien d'autres doivent s'insérer dans le réseau culturel québécois. Il en va de même pour l'écrivaine Antonine Maillet qui amorce une carrière remarquée au Québec dès le début des années 1970 avec la publication chez un éditeur montréalais de ses premiers romans[6].

Au cours de cette seconde période qui s'étend jusqu'à la fin des années 1970, le public québécois découvre l'Acadie, ses écrivains et ses artistes, du moins ceux qui s'inscrivent dans le réseau québécois de

---

6. Fernand Harvey, « Les relations culturelles Québec-Acadie. Analyse d'une mutation », *Les Cahiers des dix*, 53 (1999) : 235-250.

diffusion culturelle par le biais des médias montréalais et des tournées artistiques. Les artistes et écrivains québécois, de leur côté, incluent Moncton, Caraquet, Edmundston et d'autres localités acadiennes dans leurs tournées à l'extérieur du Québec. Mais le renouvellement des relations culturelles et artistiques entre le Québec et l'Acadie amorcé depuis le début des années 1960 n'en soulevait pas moins un malaise : celui du rapport inégal entre les deux communautés, marqué par la dépendance des créateurs acadiens à l'égard du Québec. D'un côté, les artistes et écrivains acadiens devaient faire carrière au Québec ou faire parler d'eux dans les médias montréalais pour percer ; de l'autre, les artistes québécois et les agents des industries culturelles québécoises considéraient les communautés acadiennes comme un prolongement naturel de leur public ou de leur marché intérieur, sans trop se préoccuper des spécificités acadiennes.

L'AUTONOMISATION DE LA VIE CULTURELLE EN ACADIE ET LE QUÉBEC

Depuis le début des années 1980, on assiste à un nouveau phénomène qu'on peut qualifier d'autonomisation de la culture acadienne par rapport au Québec. Cette nouvelle étape dans les relations culturelles entre les deux communautés se caractérise par l'affirmation de nouvelles générations d'artistes et d'écrivains en rupture avec l'image folklorisante de l'Acadie pour exprimer à leur façon des réalités à caractère universel. Leur rayonnement se veut à l'échelle de la Francophonie, voire à l'échelle internationale, et ils souhaitent développer avec le Québec des relations égalitaires sous forme de partenariat plutôt que de perpétuer les échanges inégaux des décennies antérieures. C'est pour rendre compte de ce nouveau contexte issu des années 1980 que nous avons entrepris de réaliser une enquête sur le terrain sous forme d'entrevues auprès de 14 acteurs de la scène culturelle à Montréal, Rimouski, Moncton et Ottawa[7]. L'objectif était d'explorer la perception que ces acteurs avaient des relations culturelles et artistiques entre le Québec et l'Acadie et de tenter de déceler les nouvelles tendances qui se dessinent depuis quelques années.

La situation culturelle de l'Acadie étant plus précaire que celle du Québec, les entretiens ont beaucoup fait état des difficultés pour les Acadiens d'affirmer leur identité culturelle par le biais des arts. Étant plus nombreux et mieux organisés, les artistes québécois ont plutôt eu

---

7. Voir la liste des personnes interviewées en annexe.

tendance par le passé à envahir le marché acadien, laissant peu de place aux artistes acadiens pour exprimer leur propre réalité. En ce sens, le Québec représente une menace implicite à l'expression culturelle et artistique de l'Acadie. En revanche, l'Acadie ne représente pas une menace pour le Québec. Compte tenu de ce rapport de forces, notre analyse accordera plus d'importance aux éléments favorisant les Acadiens ou leur nuisant dans leurs relations avec le Québec que le contraire. L'analyse des entrevues susceptibles d'éclairer la nouvelle problématique de l'autonomisation culturelle acadienne a donc été regroupée autour de trois grands axes : 1- la situation culturelle acadienne des années 1990, 2- le marché québécois tel que perçu par les créateurs acadiens et 3- la nature des échanges artistiques entre le Québec et l'Acadie.

Situation culturelle de l'Acadie des années 1990

De l'avis de tous nos informateurs l'Acadie fait preuve d'un dynamisme culturel incontestable, notamment au Nouveau-Brunswick où l'importance et la concentration de la population acadienne favorise ce dynamisme. Ça « bouillonne », il y a beaucoup de création, beaucoup de projets, nous dit-on. « Depuis une dizaine d'années, particulièrement depuis les trois ou quatre dernières années, il y a un engouement, un renouveau de la culture acadienne et surtout un sentiment de fierté à l'égard de cette culture », explique Serge Paquin de l'Alliance des radios communautaires qui ajoute : « Je ne veux pas faire de parallèle mais si on regarde ce qui se passe en Acadie par rapport à ce qui se fait au Québec, toutes proportions gardées, il ne se passe rien au Québec ». En ce qui concerne l'enregistrement sonore, il avait un rattrapage à faire et des subventions ont été accordées ; ce qui a permis à plusieurs artistes d'endisquer au cours de l'année 1998[8]. Il faut ici rappeler que cet essor est attribuable en grande partie à la mise sur pied d'une entreprise acadienne dans le domaine du disque, Distribution Plages. Le secteur de l'édition s'est également beaucoup développé en Acadie où l'on compte, outre les Éditions d'Acadie fondées en 1972, sept ou huit petites maisons d'édition[9]. Il suffit de faire la liste des organismes culturels aca-

---

8. Marc Chouinard a précisé en entrevue qu'on a produit 40 disques en Acadie comparativement à environ 350 au Québec, ce qui est beaucoup si l'on considère que la population acadienne représente 1/25 de celle du Québec.

9. Fernand Harvey, « L'édition régionale au Québec : entrepreneurship, affirmation culturelle et reconnaissance institutionnelle », dans Fernand Harvey et Andrée Fortin, dir., *La nouvelle culture régionale au Québec*, Sainte-Foy, Éditions de l'IQRC, 1995, p. 216.

diens œuvrant dans les provinces maritimes pour se rendre compte des changements intervenus au cours des récentes années en ce qui concerne l'encadrement et la diffusion culturelle. Le contexte culturel en Acadie a donc passablement évolué en comparaison à ce qu'il pouvait être avant les années 1980.

Mais pour parler d'échanges d'égal à égal entre le Québec et l'Acadie nous disent nos informateurs, encore faut-il que les deux communautés soient dans une situation leur permettant d'améliorer le rapport des forces en présence. Des relations plus équitables entre l'Acadie et le Québec n'ont pu être envisageables qu'à partir du moment où l'Acadie s'est dotée de structures culturelles lui permettant de devenir un interlocuteur crédible aux yeux du Québec. Selon Jeanne Farrah, de l'Association acadienne des artistes professionnels du Nouveau-Brunswick, « beaucoup de choses vont changer avec le développement de l'Acadie… Plus la communauté acadienne va grandir, plus elle va être solide, moins elle va être dépendante du Québec et plus cette relation d'égal à égal va être possible ». Il y avait, nous dit-on, un rattrapage à effectuer en Acadie en ce qui concerne les institutions culturelles et la situation évolue dans le bon sens. « On a réussi à prouver que c'est sérieux notre affaire, affirme une intervenante culturelle. On a maintenant des artistes qui sont des professionnels, on a les infrastructures culturelles, on a monté des organismes culturels qui sont sérieux dans leurs démarches. Je pense que maintenant on reçoit le respect de nos homologues québécois ».

Depuis peu, il existe en Acadie des activités qu'on peut associer aux industries culturelles telles que des studios d'enregistrement, des maisons d'édition, des producteurs en audiovisuel, une maison de distribution de disques qui permettent de mieux faire connaître les talents acadiens. D'autres structures plus associatives ou communautaires favorisent également le développement artistique. Les Sociétés culturelles locales et l'Université de Moncton sont, par exemple, devenues des diffuseurs importants. L'Association acadienne des artistes professionnels du Nouveau-Brunswick (AAAPNB) fondée en 1990 travaille de son côté à mettre en place une industrie dans les domaines qui ne sont pas encore très structurés. Dans le secteur du cinéma, une nouvelle agence, Film NB, a été mise sur pied et accorde des subventions pour la réalisation de films et vidéos. En arts visuels, l'AAAPNB tente de créer une agence qui s'occupera de vendre les œuvres des artistes.

Bien que l'Acadie se soit dotée, au cours des années 1990, de structures dans le but de favoriser le développement culturel, on s'accorde pour dire qu'il reste beaucoup de travail à faire en ce qui concerne la production et la diffusion. « Au point de vue talent, on peut créer, il n'y a aucun problème ; mais c'est de rendre le produit jusqu'au bout et de le distribuer au public. Ils sont en train de travailler ça » affirme Rachel Lauzon du Conseil francophone de la chanson. Jusqu'ici, peu d'artistes arrivent à vivre de leur art. Il en va de même des producteurs et des gérants qui vivent dans le sillage des industries culturelles dans le but de permettre aux artistes de percer sur le marché. Le milieu culturel acadien demeure donc essentiellement associatif et communautaire. « C'est très associatif comme milieu, affirme une interlocutrice du Conseil francophone de la chanson et il y a peu de monde pour travailler à des développements de carrière ; c'est donc assez difficile pour les artistes canadiens-français de travailler à développer une carrière professionnelle. » Ainsi, lorsqu'un artiste acadien a atteint un certain niveau dans son cheminement de carrière, la question de la diffusion commerciale se pose et il n'est pas la meilleure personne pour remplir cette fonction. Il en va de même pour les associations, lesquelles ne peuvent intervenir avec efficacité dans ce domaine. Une autre interlocutrice considère qu'une association d'artistes, dont le mandat est de promouvoir la culture acadienne en général, n'est pas en mesure de « travailler avec un artiste et de l'amener jusqu'en Europe ».

Par ailleurs, les intervenants culturels acadiens interviewés ont tous déploré le peu de financement dans le domaine des arts et de la culture de la part du gouvernement provincial du Nouveau-Brunswick. « Il faut savoir, affirme l'un d'eux, que nous, on est dans une province où la culture n'est pas une priorité. On n'a pas de ministère de la Culture, on n'en a jamais eu. La culture est rattachée au ministère du Développement économique ; c'est donc dire que la conception de la culture est très différente de celle du Québec […]. On a très très peu d'argent qui est consacré à la culture ». Pour les Acadiens, le milieu culturel québécois apparaît donc très enviable en ce sens que la culture est considérée comme un secteur important contribuant à l'affirmation de l'identité québécoise. Au Québec il y a des acquis, explique une autre intervenante, même si le secteur des arts et de la culture est un secteur qui a toujours besoin de se justifier par rapport à d'autres secteurs, ces acquis font qu'on investit plus facilement dans la culture en comparaison avec le Nouveau-Brunswick : « On doit toujours dépendre de la bonne volonté du fédéral à appuyer les communautés minoritaires. Encore aujourd'hui, pour être capable de dire que c'est un acquis, c'est toujours quelque chose qu'on a à défendre ».

Si les projets de partenariat permettent d'élargir les possibilités de diffusion, il n'en demeure pas moins que l'intervention gouvernementale dans le domaine de la culture apparaît comme une nécessité.

D'autant plus que l'étroitesse du marché, même au Québec, ne permet pas d'envisager un développement autonome des industries culturelles. Dans le cas précis de l'enregistrement sonore, on admet que le gouvernement du Nouveau-Brunswick y a déjà investi mais on déplore l'absence de soutien financier pour l'étape ultérieure de la diffusion. Or, la diffusion est justement considérée comme étant le maillon le plus faible en Acadie. Une meilleure diffusion permettrait à l'industrie culturelle acadienne de connaître son plein essor, toujours selon nos interlocuteurs.

Le marché québécois

De l'avis de tous, le marché québécois est difficile à percer. Alain Doom du théâtre de l'Escaouette considère que la diffusion au Québec est « extraordinairement difficile » et cela pour différentes raisons d'ordre organisationnel ou à cause de certaines attitudes. Certaines mesures adoptées par le gouvernement québécois dans le but de protéger son marché contre l'envahissement de produits culturels étrangers nuisent aux artistes acadiens qui tentent de percer au Québec. Dans un secteur comme l'édition, on ne devrait pas considérer les communautés francophones et acadiennes comme une menace, nous dit-on. Malgré une nette amélioration observée, on accuse encore les Québécois d'être « arrogants », ou d'agir de façon « paternaliste » face aux Acadiens. Jeanne Farrah de l'AAAPNB l'explique en ces termes : « Il y a une attitude un peu paternaliste du Québec vis-à-vis de l'Acadie. Par le passé, ils nous ont toujours appuyés pour nous aider à nous développer et on a toujours apprécié cette relation, mais maintenant on a grandi et on est prêt à marcher tout seul […] en ayant toujours conscience que le Québec est pour nous un important collaborateur, un important partenaire ».

La méconnaissance de la situation culturelle acadienne ne serait pas étrangère à l'attitude des Québécois. « Les gros connaissent toujours mal les petits et il serait intéressant de bien faire connaître la culture acadienne au Québec » affirme l'éditeur Hervé Foulon. Tous nos informateurs sont conscients de cela. Le développement culturel de l'Acadie n'a donc pas permis à ses créateurs, producteurs et diffuseurs d'être considérés sur un pied d'égalité avec leurs vis-à-vis québécois. Mais les mentalités changent depuis quelques années et les Québécois assistent de plus en plus aux événements culturels produits en Acadie. Quant aux Acadiens qui participent à des événements québécois, ils sont mieux accueillis, nous dit-on. Il s'agit en somme de modifier les attitudes. Ainsi, dans le domaine du théâtre on a favorisé pendant longtemps les tournées de troupes québécoises sur le territoire acadien. Selon Alain Doom, certaines troupes québécoises « considèrent que l'Acadie fait partie de leur réseau de tournée parce que nous avons favorisé ces tournées pendant un certain temps ». Les troupes québécoises étaient en effet invitées au cours des saisons artistiques où il n'y avait pas de création locale : « On les aidait à tourner dans nos régions, c'était dans notre intérêt ». Aujourd'hui, la situation a changé car la multiplication des activités culturelles permet d'offrir au public acadien des productions locales et même de les exporter. Malgré cela, l'artiste acadien continue d'éprouver des difficultés à percer son propre milieu.

Contrairement à l'artiste québécois qui peut compter sur l'appui d'un agent ou d'une maison de production, en Acadie, « il y a très peu d'artistes qui peuvent se payer le luxe d'avoir un gérant, un *booker*, un *tracker*, quelqu'un responsable des relations avec la presse », selon Louis Doucet du Service des loisirs socioculturels de l'Université de Moncton. Il serait donc plus avantageux dans bien des cas pour les diffuseurs acadiens de faire venir un artiste du Québec. Et Doucet d'ajouter : « Dieu sait que c'est difficile de rentabiliser les spectacles de nos jours, on est tellement en compétition avec d'autres genres de loisirs, c'est parfois plus alléchant de prendre un artiste qui a toute une infrastructure en arrière parce que tu te dis que tu auras beaucoup plus de chance de vendre le produit, beaucoup plus de chance de rentabiliser ton opération ; mais pour les artistes d'ici, ça les décourage parfois ».

Les Acadiens ont peu accès aux médias nationaux comme Radio-Canada. Bien qu'il existe une station locale de la Société à Moncton, la programmation contient essentiellement des émissions en réseau qui proviennent de Montréal de sorte qu'il est difficile pour les artistes acadiens d'avoir la visibilité nécessaire pour leur permettre de percer auprès du public régional ou national. Il en va de même pour les autres médias à grande diffusion tels les grands quotidiens, les revues spécialisées, les stations privées de radio et de télévision qui sont généralement localisés à Montréal. À cette concentration des grands médias de masse à Montréal s'ajoute le problème du contrôle implicite des ondes par quelques gros producteurs québécois chargés de mousser la carrière de leurs vedettes maison. Dans ces radios, le couloir de diffusion n'est souvent pas très large, selon Alain Chartrand de Coup de cœur pour qui « ce sont quelques personnes qui remettent toujours la même chose en circulation ». Ce problème ne serait donc pas spécifique aux artistes acadiens mais toucherait également les artistes québécois, particulièrement ceux qui habitent en région. C'est ce qu'observe Michel Delorme, de la Fédération des communautés francophones et acadiennes : « Souvent, on constate que par rapport aux grandes institutions, aux grands mécanismes de développement de la culture, l'Acadie est confrontée aux mêmes problèmes que les régions au Québec ». Pour plusieurs, il est donc difficile de faire carrière sans passer par Montréal considéré comme la métropole culturelle francophone en Amérique.

Malgré l'importance qu'ils concèdent volontiers à Montréal, nos informateurs considèrent qu'il est essentiel de fournir aux artistes acadiens les moyens de créer chez eux, sans quoi ils risquent de perdre une partie de leur identité en s'installant à Montréal. L'artiste acadien a certes besoin de passer par la métropole à une certaine étape dans sa carrière, «mais toute l'industrie acadienne n'a pas besoin pour autant de déménager à Montréal», d'ajouter Lise Leblanc de la Fédération culturelle canadienne-française, sans quoi on perdrait à long terme toute spécificité régionale. Quelques informateurs, dont Alain Chartrand, insistent sur l'importance de la mobilité culturelle. Il lui apparaît important que les artistes acadiens puissent se produire à Montréal, en France et ailleurs afin de se situer par rapport à ce qui existe et aussi pour sortir de leur milieu qui est toujours là pour les encourager. De la même façon, il importe que la culture circule afin que le public ait accès à un répertoire plus large. «Il ne faut pas ghettoïser les cultures, d'ajouter Serge Paquin de l'Alliance des radios communautaires, c'est dans ce sens-là que [pour plusieurs] le fait que des artistes québécois aillent en Acadie ne fait pas problème à condition que le mouvement ne soit pas à sens unique».

La méconnaissance de la culture acadienne par les Québécois en général demeure incontestablement un élément qui nuit aux relations entre les deux communautés. Bon nombre de Québécois ont tendance à percevoir la production culturelle acadienne comme étant encore empreinte de folklore, mais les plus avertis prennent peu à peu conscience que les artistes acadiens ont autre chose à offrir. Pour plusieurs de nos informateurs, le folklore était une étape nécessaire avant de passer à autre chose. Cette étape a permis de «nommer le pays de l'intérieur», et de se situer dans l'histoire. Comment écrire des histoires qui font appel à l'imaginaire si sa propre histoire n'est pas écrite, s'interroge Alain Doom? Il faut ici se rappeler que bon nombre d'artistes québécois se sont aussi inspirés de la tradition au cours des années 1970.

Peu à peu, les Québécois découvrent que l'Acadie a autre chose à offrir que le folklore et qu'elle témoigne à sa façon de la modernité. Yvon Galant en arts visuels, Heménégilde Chiasson, l'incontournable artiste multidisciplinaire, Marie-Jo Thério et Étienne Deschênes dans le domaine de la chanson et plusieurs autres expriment, chacun à sa façon, des préoccupations universelles liées à la modernité. De la même façon une nouvelle génération de musiciens tels Trans Akadi, le Grand Dérangement et Barachois réinterprètent et réactualisent la musique acadienne traditionnelle. L'ouverture progressive du Québec à l'égard des créateurs acadiens et des produits culturels acadiens n'est pas pour autant satisfaisante pour toutes les personnes interviewées. Si le marché québécois demeure fermé ou difficile d'accès, ne vaudrait-il pas mieux, selon nos interlocuteurs de l'Acadie et de l'Ontario, développer des stratégies alternatives en créant un réseau de diffusion culturelle au sein de la francophonie canadienne hors Québec ou en tentant de percer le marché européen du côté de la France et de la Belgique ? Les opinions ainsi formulées demeurent ambiguës dans la mesure où le marché québécois apparaît à la fois comme incontournable, compte tenu de sa proximité et de son importance, et comme une source de frustration, étant donné la difficulté de l'investir.

La nature des échanges culturels Québec-Acadie

Après avoir décrit les changements survenus dans la dynamique culturelle et artistique en Acadie au cours des récentes décennies et après avoir fait état de la perception générale des acteurs culturels acadiens à l'égard du marché québécois, il importe maintenant d'examiner de plus près la nature des échanges artistiques entre le Québec et l'Acadie, toujours selon la perception des personnes interviewées.

La proximité géographique et le partage d'une même langue sont des facteurs qui ont depuis toujours favorisé les échanges culturels entre l'Acadie et le Québec. L'éventail de ces échanges est vaste et peut inclure l'expertise technique, la formation, l'organisation d'expositions ou de tournées, la mise sur pied d'un réseau d'information et de diffusion. Le Nouveau-Brunswick a toujours constitué pour les Québécois une sorte de prolongement de leur marché naturel. Comme nous l'explique Solange Morissette du ROSEQ à Rimouski, la proximité du Nouveau-Brunswick fait de ce territoire un circuit naturel pour les tournées d'artistes. En s'associant, les diffuseurs du Québec et ceux du Nouveau-Brunswick profitent des avantages financiers liés à l'achat de spectacles en gros plutôt qu'à l'unité. De son côté, Nathalie Lecoz du Conseil de la chanson avoue qu'une telle association n'est pas le fait d'une « pure sympathie pour les autres francophones d'Amérique […] le Québec c'est petit et il y a aussi une question de marché ». Hervé Foulon constate la même chose pour ce qui est de l'édition, tout en déplorant que bien souvent les éditeurs québécois œuvrent au Nouveau-Brunswick comme s'ils étaient au Québec avec l'idée de simplement prolonger leur marché national. Cette façon d'aborder le marché acadien aurait créé un sentiment de frustration chez les Acadiens. Toujours selon Nathalie Lecoz, « si on arrive avec nos gros sabots de locomotive québécoise, dit-elle, on va se faire planter ben raide. Quand tu te sens menacé, généralement, tu te fermes et tu te fermes au gros méchant qui veut te manger; [...] comme on a un peu agi vis-à-vis de la France». Cette attitude d'incompréhension ou d'impérialisme de la part des Québécois est en train de changer, s'il faut en croire Hervé Foulon, ne serait-ce que du fait que le problème est maintenant soulevé ouvertement. Le nouveau modèle souhaité de part et d'autre, et particulièrement du côté acadien, est celui du partenariat. La valorisation d'un tel mode de relations serait d'autant plus souhaitable, selon plusieurs de nos interlocuteurs, que le marché francophone est limité et qu'il importe à la fois de le renforcer et de le diversifier.

Commentant cette nouvelle approche de partenariat et de réciprocité souhaitée, une de nos interlocutrices lance sans ambages que «ça fait longtemps, en tout cas, que les portes de chez nous sont ouvertes au Québec. Depuis très longtemps... Mais je pense que ça a pris plus de temps pour le Québec à ouvrir ses portes». À cet égard, on considère que la Politique du Québec à l'égard des communautés francophones et acadiennes aide à stimuler des échanges basés sur ce principe de réciprocité. Cette politique, mise en œuvre en 1995 par le Secrétariat aux Affaires intergouvernementales canadiennes, vise à favoriser des échanges sur un pied d'égalité entre le Québec et les communautés francophones et acadiennes. Les programmes offerts apportent un soutien financier à deux partenaires, l'un en provenance du Québec, l'autre en provenance d'une communauté francophone canadienne, dans le cadre d'un projet commun dans le domaine de la culture, de l'éducation ou de l'économie[10]. Malgré que cette politique ne soit pas suffisamment connue de l'aveu de plusieurs, et que trop peu de moyens financiers lui soient associés, elle est très bien perçue par ceux de nos informateurs qui la connaissent. Elle permet de choisir les partenaires avec lesquels on veut travailler; ce qui constitue un gage de réussite, selon Marc Chouinard qui ajoute que les organisations d'événements culturels comme la FrancoFête à Moncton ne pourraient financer la venue de producteurs et de journalistes québécois. Le soutien financier a également permis à la FrancoFête d'établir un partenariat avec l'événement Buckingham en fête de sorte que trois artistes de chaque communauté ont pu se produire dans la province voisine. Par ailleurs, le Bureau du Québec à Moncton constitue une présence qui favorise les échanges avec le Québec, selon nos informateurs acadiens. Le représentant du

---

10. Québec, *Politique du Québec à l'égard des communautés francophones et acadiennes au Canada*, Québec, Secrétariat aux Affaires intergouvernementales canadiennes, 1995, 29 p.

Un exemple de partenariat en théâtre : *Exils* présentée par trois troupes : le Théâtre de la Vieille 17 (Ottawa), le Théâtre l'Escaouette (Moncton) et le Théâtre Sortie de Secours (Québec). Affiche et graphisme : Herménégilde Chiasson.

Québec rencontre en effet régulièrement les organismes culturels acadiens afin de faire connaître les différentes ententes entre le Québec et le Nouveau-Brunswick et afin de recueillir les avis pour améliorer les programmes d'échange.

Compte tenu des commentaires recueillis auprès de nos informateurs, on peut distinguer deux types d'échanges culturels entre le Québec et l'Acadie : ceux qui sont plutôt de nature interpersonnelle et ceux qui relèvent davantage des industries culturelles. De l'avis de certains de nos informateurs, tant québécois qu'acadiens, l'existence d'échanges est souvent une question d'affinité d'idées ; c'est ce qui fait qu'on voudra créer des liens avec tel ou tel artiste ou intervenant culturel en particulier. Lise Leblanc de la Fédération culturelle canadienne française a collaboré avec les organisateurs de Coup de cœur francophone et confirme cette opinion : « En travaillant avec eux, on a découvert qu'on était sur la même longueur d'onde ». De son côté, Solange Morissette du ROSEQ croit que les relations culturelles avec l'Acadie s'inscrivent plutôt dans la perspective des industries culturelles : « C'est une relation d'affaires, dit-elle, qui est basée sur un circuit naturel de tournées, des avantages financiers pour tout le monde et des avantages au niveau de l'information pour eux et nous ». Cette distinction entre relations interpersonnelles et relations d'affaires varie généralement selon le domaine d'activité. Les arts visuels, la danse, le théâtre s'inscrivent plus difficilement dans la logique des industries culturelles en comparaison avec la musique et l'édition.

S'il faut en croire les personnes interviewées pour notre enquête, les partenariats sont plus difficiles à établir dans les domaines qui relèvent d'une logique industrielle. Le fait de penser en termes de marchés à développer rend les relations plus difficiles, sans doute pour des questions de compétition. C'est le cas de l'édition qui est régie au Québec par une loi visant à protéger le marché national au bénéfice des éditeurs québécois. En ce qui concerne l'industrie du disque, le marché québécois est occupé en grande partie par des compagnies privées comme Sélect, Audiogramme ou TransCanada ; ce qui laisse peu de place aux petites entreprises régionales. Par contre, les partenariats sont plus faciles pour les artistes eux-mêmes, qu'il s'agisse d'échange d'idées et d'expertise, ou de collaboration à des événements culturels communs. Il y a, dit-on, « un respect pour la création qui dépasse les frontières ». Il en va de même pour les échanges entre les organismes culturels à vocation plus communautaire comme le Conseil provincial des sociétés culturelles du Nouveau-Brunswick. Selon Raymonde Boulet-Leblanc, les relations de son organisme avec les associations ou services similaires au Québec « ont toujours été très bonnes », plus particulièrement en ce qui concerne les maisons de la culture et les associations culturelles qui font la diffusion de spectacles. Par ailleurs, tant pour les relations inter-personnelles que pour les relations d'affaires, on a pu observer l'exis-tence d'affinités naturelles entre certains publics régionaux du Québec et des artistes acadiens. Selon Solange Morissette, de telles affinités sont évidentes entre la Gaspésie, la Côte-Nord et le Nouveau-Brunswick. Un artiste acadien comme Caillouche est très en demande dans ces ré-gions alors qu'il est à peu près inconnu ailleurs au Québec.

D'une façon générale, peu importe le domaine artistique ou la na-ture des échanges, on s'entend pour affirmer que la qualité de l'artiste demeure l'élément fondamental pour susciter l'intérêt des diffuseurs et du public. « Quand un produit est bon, remarque Solange Morissette du ROSEQ, qu'il soit de l'Ontario, du Nouveau-Brunswick ou du Qué-bec, c'est le show qui est bon. On n'accordera pas plus d'attention à un show moyen du Nouveau-Brunswick qu'on va en accorder à un du Québec ». Et Alain Doom d'abonder dans le même sens : « Ce sera tou-jours [la valeur] artistique dans tous les théâtres qui va dominer au niveau des échanges ».

Mais si la qualité artistique demeure un critère reconnu par tous, encore faut-il que l'on puisse reconnaître les talents là où ils se trouvent. À cet égard, les événements culturels constituent des révélateurs exceptionnels qui permettent aux différents acteurs du secteur culturel de faire connaissance, d'échanger des idées ou des expériences et de créer d'éventuels partenariats. Du côté acadien, la FrancoFête de Monc-ton qui regroupe diverses manifestations comme Coup de cœur fran-cophone, Contact-Acadie, la soirée des Éloizes, Art en direct et Fureur de lire, a été l'occasion pour plusieurs de nos informateurs québécois de prendre contact avec la culture acadienne. En invitant des Québé-cois, mais aussi des Français et des Belges à cet événement les artistes acadiens se font connaître, font connaître leurs produits et créent des occasions d'échanges. Du côté québécois, la bourse RIDEAU (Réseau indépendant des diffuseurs d'événements artistiques unis) permet le même genre d'interaction. Durant cet événement annuel qui se tient à Montréal, différents spectacles sont présentés à l'intention des diffu-seurs des arts de la scène pour leur permettre de connaître les produits offerts chaque année. Cet événement est l'occasion de prendre connais-sance de ce qui se fait et de rencontrer les gens de l'industrie.

Il semble bien que l'accueil des artistes acadiens au sein de la bourse RIDEAU se soit beaucoup amélioré au cours des récentes années. Il n'y a pas si longtemps, affirme une de nos informatrices, « on avait l'impression qu'on était les petits qui ont toujours à apprendre des gros qui, eux, savaient tout ».

ANNEXE

Liste des personnes interviewées par Christine Duplessis

Nouveau-Brunswick :

- Raymonde Boulet-Leblanc, Conseil provincial des sociétés culturelles (CPSC), Moncton
- Alain Doom, Coopérative de théâtre l'Escaouette, Moncton
- Louis Doucet, Service des loisirs socioculturels, Université de Moncton et gérant d'artiste
- Jeanne Farrah, Association acadienne des artistes professionnels du Nouveau-Brunswick (AAAPNB), Moncton
- Marc Chouinard, Bureau du Sommet de la francophonie, Moncton

Québec :

- Alain Chartrand, Coup de cœur francophone, Montréal
- Hervé Foulon, ex-président de l'Association nationale des éditeurs de livres (ANEL), Montréal, et directeur général des Éditions HMH
- Solange Morissette, Réseau des organisateurs de spectacles de l'Est du Québec (ROSEQ), Rimouski
- Rachel Lauzon, Conseil francophone de la chanson (CFC), Montréal
- Nathalie Lecoz, Conseil francophone de la chanson (CFC), Montréal

Ontario :

- Michel Delorme, Fédération des communautés francophones et acadiennes (FCFA), Ottawa
- Lise Leblanc, Fédération culturelle canadienne-française (FCCF), Ottawa
- Serge Paquin, Alliance des radios communautaires du Canada (ARC), Ottawa
- Bruno Guérette, Alliance des radios communautaires du Canada (ARC), Ottawa

CHAPITRE 11

Les Jeux de l'Acadie et le Québec

Jules Lamarre

En 1980, les dirigeants des futurs Jeux de l'Acadie se rendent au Québec pour rencontrer ceux des Jeux du Québec, Jeux qui existaient déjà depuis dix ans, afin de tirer profit de leur expertise dans l'organisation de jeux multiples. Commence alors une collaboration entre ces nouveaux partenaires qui demeure toujours soutenue, même après toutes ces années. Pourtant, les Jeux du Québec et les Jeux de l'Acadie reposent sur des principes différents, les premiers favorisant d'abord la compétition entre les athlètes et les seconds, la participation.

Notre démarche consistera, dans un premier temps, à rappeler l'origine des Jeux de l'Acadie et à expliquer les raisons de leur succès. Dans un deuxième temps, nous considérerons comment le sport peut permettre à une minorité d'obtenir de la visibilité et de servir des fins politiques, voire d'affirmation nationale. Enfin, en nous basant sur une dizaine d'entrevues, nous verrons comment un partenariat a pu s'établir entre le Québec et l'Acadie pour l'organisation des Jeux, même « si l'on ne joue pas vraiment aux mêmes jeux », de part et d'autre. Malgré ces différences, la collaboration ainsi établie doit être située dans le contexte plus général des relations entre le Québec et l'Acadie.

LES JEUX DE L'ACADIE, LA MANIFESTATION
POPULAIRE ANNUELLE LA PLUS COURUE EN ACADIE

La création des Jeux de l'Acadie

En 1979, des manifestations furent organisées pour marquer le 375e anniversaire de l'Acadie et des Jeux furent présentés à cette occasion. C'est Jean-Luc Bélanger qui avait soumis aux organisateurs de ces festivités l'idée d'une telle activité. Jean-Luc Bélanger, alors au service du gouvernement du Nouveau-Brunswick et basé à Campbellton, était l'instigateur des Jeux de Restigouche qui reprenaient la formule des Jeux de l'Est du Québec[1]. Compte tenu du succès remporté par les Jeux tenus à l'occasion du 375e anniversaire de l'Acadie, un groupe de personnes a entrepris de mettre au point une formule qui permettrait de présenter des jeux sur une base annuelle. De ces efforts sont nés les Jeux de l'Acadie.

Tout était à construire dans ce domaine mais il fallait éviter de « réinventer la roue[2] » ; c'est pourquoi quelques responsables des futurs Jeux de l'Acadie se rendirent au Québec afin de rencontrer les organisateurs des Jeux du Québec et d'apprendre à organiser des jeux multiples[3]. Roger Arseneault faisait partie de la mission ainsi que Thérèse Saulnier[4]. Par la suite, d'autres rencontres auront lieu entre les deux organisations, notamment en 1990. Selon Fernande Paulin, ex-présidente de la Société des Jeux de l'Acadie, de même que Bertrand Rousseau, ex-directeur général des Jeux du Québec, une bonne collaboration a toujours existé entre les deux organisations[5].

À cette époque, il y avait du rattrapage à faire dans le domaine des sports et du loisir en Acadie. La présence francophone laissait à désirer dans le sport amateur tant en ce qui concerne la participation des jeunes que leur implication dans les organisations sportives[6]. Selon Marc Leblanc, un des objectifs à long terme des organisateurs des Jeux de l'Acadie était de créer une forme d'encadrement des activités sportives qui permettrait aux francophones de s'impliquer davantage dans le sport amateur[7]. À l'époque de la création des Jeux de l'Acadie, la langue

---

1. Marc Leblanc, entrevue téléphonique, mars 1999.
2. Marc Arseneau, entrevue téléphonique, février 1999.
3. Michelle Gendron, entrevue téléphonique, février 1999.
4. Doucet, 1994 : 6. Voir la bibliographie à la fin.
5. Landry, 1994 : 5.
6. Allain, 1996 : 106.
7. Marc Leblanc, entrevue téléphonique, mars 1999.

de communication au sein des associations sportives était l'anglais ; d'où une première barrière à franchir pour les francophones qui voulaient participer à des activités sportives organisées. De plus, les anglophones vivaient davantage en milieu urbain alors que les francophones provenaient surtout de milieux ruraux. Même si les francophones ne se sentaient pas rejetés par les anglophones au sein de ces associations sportives, ils éprouvaient beaucoup de difficulté à s'y identifier. Presque vingt ans plus tard, les francophones ne disposent toujours pas d'organisations sportives bien à eux, mais des efforts ont été consentis par les fédérations sportives des Maritimes afin de leur offrir la place qui leur revient. Ainsi, grâce à la régionalisation des activités de ces associations, celles-ci peuvent fonctionner en français dans les régions où l'usage du français domine, comme c'est le cas dans le nord du Nouveau-Brunswick. Marc Leblanc fait également remarquer qu'il existe probablement une corrélation entre l'importance de la participation francophone à un sport organisé et celle de la représentation francophone au sein de l'organisation qui le chapeaute[8]. De son côté, Jean-Luc Bélanger[9] écrit qu'il est difficile pour la population acadienne de participer aux activités sportives et d'y promouvoir sa langue et sa culture lorsque tout se déroule en anglais, et constitue un facteur d'assimilation.

Les Jeux de l'Acadie sont devenus au cours des années une source d'inspiration pour d'autres communautés francophones du Canada qui ont décidé de créer leurs propres Jeux, soit la communauté franco-albertaine, depuis 1992, et la communauté franco-ontarienne, depuis 1994[10].

Les Jeux de l'Acadie : un succès éclatant

Les Jeux de l'Acadie constituent un succès éclatant à différents niveaux : celui de la participation des jeunes athlètes francophones, celui de la participation populaire à l'événement, celui de la collaboration des bénévoles à leur préparation, ou encore celui des retombées diverses.

L'organisation annuelle des Jeux sur une base régionale fait en sorte que toutes les régions de l'Acadie peuvent s'impliquer dans la tenue de cette manifestation. En effet, des jeux régionaux sont organisés dans huit régions acadiennes, dont six du Nouveau-Brunswick et les deux

---

8. Marc Leblanc, entrevue téléphonique, mars 1999.
9. Bélanger, 1985 : 74.
10. Greg Allain, entrevue téléphonique, mars 1999.

autres en Nouvelle-Écosse et à l'île du Prince-Édouard. Depuis 1999, les francophones de Terre-Neuve y sont également représentés. Les Jeux régionaux, qui s'adressent à des jeunes de 7e, 8e et 9e années, accueillent annuellement environ 3 600 jeunes athlètes et permettent la sélection de 1 000 à 1 200 compétiteurs pour la finale des Jeux tenue dans une ville-hôtesse différente à chaque année. Si les athlètes participent aux Jeux en grand nombre, l'implication des bénévoles à leur organisation est également significative puisqu'elle nécessite la mobilisation d'un nombre de bénévoles à peu près équivalent à celui des athlètes inscrits[11].

Les retombées de la tenue de ces Jeux sont également considérables. Greg Allain distingue à cet égard des bénéfices tangibles et des bénéfices intangibles[12]. Parmi les premiers, notons d'abord des retombées économiques fort appréciables. À l'occasion de la tenue d'une finale, chaque ville-hôtesse obtient la possibilité de se doter d'équipements sportifs et d'infrastructures de loisirs qui demeurent sur place par la suite[13]. On estime ainsi que les retombées économiques directes pour une ville-hôtesse des Jeux se situe entre un et deux millions de dollars[14]. Par ailleurs, la tenue des Jeux fournit à des jeunes l'occasion de pratiquer un sport de compétition dans un environnement francophone, tout en servant de tremplin à de jeunes athlètes pour des championnats d'envergure provinciale et nationale, et en permettant à de jeunes francophones de se faire une place au sein des réseaux du sport organisé dans les Maritimes de même qu'à l'échelle nationale[15].

C'est sur le plan des retombées intangibles, toutefois, que la tenue des Jeux de l'Acadie pourrait bien rapporter le plus de dividendes dans les communautés acadiennes. Les Jeux suscitent en effet un sentiment de fierté tant chez les jeunes athlètes et les bénévoles qu'au sein de la population des villes-hôtesses[16] (tableau 11.1). De plus, les personnes habitant diverses régions acadiennes entrent en contact entre elles à l'occasion de la préparation des Jeux et ces relations se maintiennent pour toutes sortes de raisons par la suite. Les réseaux constitués s'enrichissent ainsi chaque année grâce à la participation d'anciens athlètes à l'organisation des Jeux à venir. Ces personnes ayant acquis de l'expérience comme organisateurs obtiennent la chance de se faire connaître et deviennent par la suite des acteurs importants au sein de leur

---

11. Allain, 1996 : 107.
12. *Ibid.*
13. Roger Arseneault, cité dans Doucet, 1984a : 6.
14. O'Carroll, 1993 : 592.
15. Allain, 1996 : 106-107.
16. Doucet, 1994b : 23.

Tableau 11.1
Finales des Jeux de l'Acadie, 1979-2000

Année	Ville	Population
1979	Moncton (N.-B.)	57 010
1980	Moncton (N.-B.)	57 010
1981	Annulés	
1982	Tracadie-Sheila (N.-B.)	4 000
1983	Cap-Pelé (N.-B.)	2 180
1984	Petit-Rocher (N.-B.)	1 990
1985	Bouctouche (N.-B.)	2 365
1986	Lamèque (N.-B.)	1 700
1987	Memramcook (N.-B.)	685
1988	Bathurst (N.-B.)	14 410
1989	Shippagan (N.-B.)	2 760
1990	Wellington (Î.-P.-É.)	410
1991	Dalhousie (N.-B.)	4 775
1992	Grand-Sault (N.-B.)	6 080
1993	Dieppe (N.-B.)	10 460
1994	Caraquet (N.-B.)	4 555
1995	Richibucto – Saint-Louis (N.-B.)	1 470 et 1 010
1996	Saint-Jean (N.-B.)	75 000
1997	Edmundston (N.-B.)	10 835
1998	Moncton (N.-B.)	57 010
1999	Bathurst (N.-B.)	14 410
2000	Fredericton (N.-B.)	46 470

Sources : Yves Cormier, *L'Acadie d'aujourd'hui*, Moncton, Éditions d'Acadie, 1994. Une liste nous a également été fournie par la Société des Jeux de l'Acadie.

communauté[17]. Mais, de façon plus fondamentale, il importe de rappeler que ces Jeux s'adressent exclusivement à des francophones. En affichant fièrement les valeurs acadiennes et en montrant que les Acadiens savent s'organiser, ces Jeux sont l'occasion de développer auprès des jeunes et de l'ensemble de la population un sentiment de fierté. On fait ainsi valoir que l'Acadie possède un avenir à travers sa jeunesse et que celle-ci sera en mesure de s'engager à poursuivre le développement de la grande communauté acadienne[18].

Dans cette perspective, le cas de la présentation de la finale des Jeux à Saint-Jean, Nouveau-Brunswick, en 1996 est exemplaire, selon Allain[19]. La ville de Saint-Jean et ses environs n'ont qu'un faible pourcentage de leur population d'origine acadienne à un point tel que bon nombre d'anglophones ignorent jusqu'à l'existence d'une telle

---

17. Leblanc, 1994 : 5.
18. Allain, 1996 : 108 ; Thériault, dans Doucet, 1994a : 6 ; Leblanc, 1994 : 5.
19. Greg Allain, entrevue téléphonique, mars 1999.

communauté. La tenue de la finale des Jeux à Saint-Jean a conféré aux Acadiens une visibilité sans précédent grâce à la couverture médiatique dont bénéficie chacun de ces événements. Depuis ce temps, les choses ne sont plus les mêmes pour les deux communautés locales, les Acadiens ayant réalisé un progrès décisif en sortant tout simplement de l'anonymat.

Un outil efficace d'affirmation nationale

Les Jeux de l'Acadie constituent un véhicule d'affirmation nationale de première importance en permettant aux communautés acadiennes d'accroître leur visibilité d'une manière non équivoque. Puisque ces Jeux sont organisés par et pour des francophones des Maritimes, leur présentation est nettement associée aux efforts déployés par des membres de ces communautés. Comme toutes les minorités, la communauté acadienne aspire à la reconnaissance sociale ; il y va de sa survie. En effet, la culture d'une minorité doit être en mesure de garantir des possibilités bien réelles d'amélioration des conditions de vie de cette minorité. En accroissant sa visibilité, une minorité cherche à obtenir, sinon l'approbation de la majorité, du moins une reconnaissance de sa part, c'est-à-dire le droit d'exister et de se développer sans être inquiétée. Or, le fait pour une minorité d'obtenir de la visibilité constitue en soi l'indice d'un changement, qui prouve qu'elle détient réellement un pouvoir d'agir, de l'*empowerment*[20].

Toutefois, pour une minorité, le fait d'être acceptée comme interlocuteur par une majorité doit se « mériter » ; c'est pourquoi les minorités sont disposées à entreprendre parfois diverses actions même spectaculaires pour y arriver. Elles se retrouvent alors « sous observation » de la part de la majorité. L'objectif visé par la minorité étant de montrer qu'elle est semblable à la majorité, elle y parvient en réalisant un travail ou un exploit valable aux yeux de cette dernière. L'organisation de Jeux de l'ampleur de ceux de l'Acadie semble répondre à une telle exigence, d'autant plus que les anglophones des Maritimes ne possèdent pas l'équivalent de tels Jeux et qu'ils envient, jusqu'à un certain point, les francophones d'avoir réussi à s'en doter[21]. Cependant, comme il fallait s'y attendre la route était parsemée d'embûches au début. Les organisateurs de la première édition des Jeux avaient alors cherché à convaincre le gouvernement du Nouveau-Brunswick d'appuyer financièrement une telle initiative, bien que ce dernier était réticent à l'idée de soutenir

20. Moscovici, 1991 : 225-226.
21. Allain, 1996.

des Jeux uniquement pour les francophones. Selon Thérèse Saulnier et Jean-Guy Vienneau, qui étaient des acteurs de la première heure, il est vite apparu évident que les organisateurs des Jeux devraient compter avant tout sur leurs propres moyens[22]. Cette situation explique qu'on se soit alors tourné vers le Québec.

SPORT, CULTURE ET POLITIQUE

Il n'y a pas si longtemps peu de sociologues s'intéressaient à l'étude des sports et du loisir. Le sport était alors perçu comme une activité à pratiquer pour le plaisir plutôt que comme objet susceptible d'analyses rigoureuses[23]. Au cours des deux dernières décennies cependant, le nombre de sociologues qui s'intéressent au sport en tant que vecteur de transformation des rapports sociaux s'est accru considérablement et un nouveau champ de recherche a été créé en même temps qu'on fondait des revues spécialisées en sociologie du sport[24].

Les fonctions du sport sont multiples, tout autant que les besoins auxquels il répond. Ces besoins varient en fonction des acteurs. À titre d'exemple, un match de hockey n'a pas la même signification pour les joueurs, l'arbitre, les juges de ligne, les entraîneurs, les spectateurs dans les gradins, les téléspectateurs, le gérant du club, les commanditaires, ou les actionnaires de l'équipe. Il s'agit pourtant de la même réalité, mais appréciée selon des points de vue différents. Un match de hockey se joue donc simultanément sur différents registres dont certains ont peu à voir avec le sport en tant que tel. C'est en s'appropriant le sport selon leur point de vue spécifique que les divers acteurs lui confèrent des significations précises qui peuvent être parfois contradictoires[25]. De plus, le sport posséderait des fonctions changeantes selon les environ-nements culturels particuliers et les divers acteurs cherchant à se l'ap-proprier. Mais le sport posséderait un certain nombre de grandes fonc-tions immuables dont les fonctions symboliques, de socialisation, d'in-tégration et de politique[26].

Le sport possède en premier lieu une valeur symbolique car il re-présente les valeurs que promeuvent les sociétés occidentales : la per-sévérance, la compétition, l'observance de règles de conduites, etc. Du fait même, il incorpore une fonction de socialisation quand il inculque

---

22. Doucet, 1994a : 6.
23. MacClancy, 1996 : 1.
24. Laberge, 1996 ; Laberge et Harvey, 1995.
25. Laberge et Harvey, 1998 : 8.
26. Thomas, 1993 : 68 ; Brohm, 1993 ; Pivato, 1994.

des valeurs à de jeunes athlètes qu'il soustrait au milieu familial pour les insérer dans des groupes partageant les mêmes idéaux, les mêmes modèles. En favorisant le regroupement de ceux qui se ressemblent, il peut jouer un rôle intégrateur et développer le sens de la communauté. Par ailleurs, la fonction politique du sport est bien connue et favorise l'affirmation de l'identité nationale. Ainsi, les gouvernements savent utiliser cette propriété à l'occasion des Jeux olympiques, lesquels servent de vitrine à des identités nationales en compétition.

Les Jeux de l'Acadie remplissent donc diverses fonctions. Pour Donat Thériault, président du premier Comité organisateur des Jeux de l'Acadie, les Jeux devaient être l'occasion d'un regroupement culturel où les jeunes auraient la chance d'être fiers d'être Acadiens. « Ma première source de motivation n'était pas nécessairement le sport en soi[27] », soutient-il. De son côté, Roger Arsenault, le premier président de la Société des Jeux de l'Acadie, espérait favoriser l'implication des structures municipales et communautaires grâce à la création des Jeux régionaux; ce qui signifie, d'une part, améliorer les équipements de sport et de loisir dans les régions acadiennes et, d'autre part, former des personnes-ressources au sein des diverses communautés[28]. Quant à Marc Leblanc, ex-président de la Société des Jeux de l'Acadie, il considère que l'objectif à long terme d'une telle manifestation est de favoriser le développement de structures d'encadrement sportif où tout se déroulerait en français, permettant ainsi aux jeunes Acadiens qui aspirent à la pratique du sport amateur de prendre la place qui leur revient dans ce domaine ainsi qu'au sein de la communauté acadienne. Le sociologue Greg Allain, qui s'intéresse à l'étude des réseaux associatifs dans les régions acadiennes, considère pour sa part que les Jeux de l'Acadie constituent, avec la Société nationale des Acadiens et Acadiennes, la seule autre organisation dont la présence est assurée dans toutes les régions de l'Acadie et qui soit en mesure d'établir des ponts entre les différentes communautés[29]. Selon lui, les Jeux de l'Acadie constituent un véhicule privilégié pour la promotion de l'identité acadienne. Il ne faudrait pas oublier les jeunes athlètes qui ont développé un sentiment de fierté à la suite de leur participation à des Jeux d'une telle envergure. Même s'ils ne sont peut-être pas conscients de tous les enjeux politiques qui se nouent et se dénouent au-dessus de leur tête à cette occasion, ils n'en contribuent pas moins à l'édification de la communauté acadienne de demain.

---

27. Cité par Doucet, 1994a : 6.
28. Doucet, 1994a : 6.
29. Greg Allain, entrevue téléphonique, mars 1999.

Au cours du processus d'appropriation de ses Jeux, la société acadienne projette en eux des significations précises, effectue des choix,
utilise les forces et les moyens propres au sport dans l'espoir d'atteindre
des objectifs sociaux qu'elle considère souhaitables. Cette stratégie « sur
mesure » pourrait expliquer pourquoi les Jeux de l'Acadie ont acquis
tout naturellement au cours des années une identité propre qui les distingue nettement de ceux du Québec.

LES JEUX DE L'ACADIE ET LE SOUTIEN DU QUÉBEC

En 1980, une première mission des organisateurs des futurs Jeux de
l'Acadie passe une semaine dans les bureaux de la Société des Jeux du
Québec à Montréal. Après le succès des Jeux du 375e anniversaire de
l'Acadie, les organisateurs souhaitaient faire de cet événement une
manifestation annuelle en faisant appel à l'expertise du Québec dans le
domaine de l'organisation de jeux multiples. En effet, la Société des
Jeux du Québec présente les Jeux du Québec depuis 1970. Durant ce
séjour au Québec, la délégation acadienne se familiarise avec les données de base concernant la tenue de jeux multiples, les modalités d'in-
corporation et autres questions connexes. En 1980, forts de cette expérience, les organisateurs des Jeux de l'Acadie sont en mesure de présenter les premiers Jeux de l'Acadie sur le campus de l'Université de
Moncton, à l'endroit même où s'étaient déroulés les Jeux du 375e anniversaire de l'Acadie, l'année précédente. Les Jeux sont toutefois annu-
lés l'année suivante à cause d'une grève des professeurs de l'Université de Moncton. Les organisateurs des Jeux de l'Acadie profitent alors
de cette pause pour se rendre aux Jeux du Québec qui se tiennent à
Hull cette année-là. Comme la prochaine finale des Jeux de l'Acadie
devait avoir lieu à Tracadie-Sheila en 1982, ses organisateurs désiraient
s'initier à la présentation de jeux multiples dans un cadre municipal. Ils
s'étaient jusque-là limités à présenter des jeux sur le campus de l'Université de Moncton, lequel disposait déjà des infrastructures nécessaires telles que les équipements sportifs, le logement, les facilités de trans-
port, les services alimentaires. De telles infrastructures n'existent pas
nécessairement dans de petites municipalités[30].

Au cours des années ultérieures, une entente de collaboration est
signée entre la Société des Jeux du Québec – qui devient Sports-Québec
en 1988 – et la Société des Jeux de l'Acadie. On s'échange les rapports
annuels et on se rend visite mutuellement de façon non statutaire,

---

30. Robert Frenette, entrevue téléphonique, mai 1999.

principalement à l'occasion des finales des Jeux de l'un et de l'autre. Les organisateurs des Jeux de l'Acadie profitent de leur présence aux finales des Jeux du Québec pour participer à des séances d'information préparées à leur demande. À cette occasion, on aborde des questions comme l'organisation matérielle de l'événement, le système de sanction des performances sportives, les règles d'arbitrage, la participation des clubs sportifs ainsi que des associations sportives dans la préparation de l'événement ; on s'intéresse aussi à l'organisation de la trilogie hébergement-alimentation-transport, au financement de jeux multiples, au marketing, aux campagnes de souscriptions et à l'utilisation du logo. En 1983, la Société des Jeux du Québec se dote d'une fondation pour faciliter le financement de ses activités. La même année, les dirigeants de cette société incitent ceux de la Société des Jeux de l'Acadie à en faire autant compte tenu des avantages impliqués. À quelques occasions, des représentants de Sports-Québec sont même invités à faire des exposés devant l'Assemblée générale annuelle de la Société des Jeux de l'Acadie, comme c'est le cas en 1997 alors que Claude Pelletier, l'actuel directeur général de Sports-Québec, y fait une présentation sur la tenue de jeux intégrés en région[31].

Des jeunes se joignent à l'occasion à la délégation acadienne qui se rend aux Jeux du Québec. À deux reprises, au moins, des athlètes d'Acadie et du Québec s'affrontent une première fois au cours de la finale des Jeux du Québec, tenue à Gaspé en 1993, grâce à la proximité géographique, et puis, en 1997, au soccer et au volley-ball dans le cadre du volet national et international de la finale des Jeux du Québec. De jeunes Acadiens, membres de l'Académie-jeunesse acadienne, font également partie de la délégation acadienne aux Jeux d'été du Québec de 1997 et à ceux d'hiver en 1999. Ces jeunes souhaitent s'initier à l'organisation de compétitions sportives. Ils rencontrent alors des officiels de diverses fédérations sportives québécoises, se rendent sur le terrain observer comment s'effectuent l'encadrement des compétitions, l'arbitrage, etc. On espère qu'ils deviendront de futurs officiels ou organisateurs lors des prochaines éditions des Jeux de l'Acadie, ainsi que des acteurs dynamiques au sein de leur communauté dans l'avenir[32].

Les relations entre les deux partenaires se font toujours de façon cordiale et chacun semble y trouver son compte, selon les personnes interviewées pour notre recherche. Si au départ les représentants des

---

31. Michelle Gendron, entrevue téléphonique, avril 1999 ; Claude Pelletier, entrevue téléphonique, avril 1999 ; Bertrand Rousseau, entrevue téléphonique, avril 1999.
32. Marc Arseneau, entrevue téléphonique, avril 1999 ; Michelle Gendron, entrevue téléphonique, avril 1999.

Jeux de l'Acadie avaient tout à apprendre des organisateurs des Jeux du Québec, ces derniers ont vite compris que les nouveaux Jeux de l'Acadie pouvaient s'avérer un véritable laboratoire d'expérimentation ; ce qui les rend tout particulièrement attrayants pour les visiteurs québécois. D'autant plus que les Jeux du Québec possèdent déjà leurs traditions et qu'il est difficile d'y apporter des changements sans risquer de provoquer des tiraillements. Aux Jeux de l'Acadie, par contre, on peut tester plus librement de nouvelles formules, éviter des pratiques dont les résultats peuvent laisser à désirer au Québec... Les organisateurs des Jeux du Québec assistent ainsi assez régulièrement aux finales des Jeux de l'Acadie et demeurent sur place une journée de plus pour faire le bilan des aspects positifs et négatifs dont ils ont été témoins. Ils repartent ensuite vers Montréal avec de nouvelles idées à mettre à l'épreuve à l'occasion de la prochaine édition des Jeux du Québec[33]. À titre d'exemple, c'est en voyant à l'œuvre les jeunes de l'Académie-jeunesse acadienne que les organisateurs des Jeux du Québec ont lancé le projet « Jeunes reporters » qui fonctionne depuis 1997. Ces jeunes reporters en provenance de toutes les régions du Québec assistent à la finale des Jeux du Québec et participent à la couverture de l'événement dans les médias de leur région. L'Académie-jeunesse s'avère une véritable école qui offre la possibilité à des jeunes d'entrer par la grande porte dans la vie adulte grâce à des prises de responsabilités et aux défis à relever[34].

DES JEUX FORT DIFFÉRENTS

Malgré la bonne entente qui règne depuis le début entre les organisateurs des Jeux de l'Acadie et ceux des Jeux du Québec, les deux événements demeurent fondamentalement distincts parce qu'ils reposent sur des approches fort différentes l'une de l'autre. Les Jeux du Québec sont des jeux multiples basés d'abord et avant tout sur la *compétition* entre athlètes, alors que les Jeux de l'Acadie se fondent davantage sur la *participation*[35]. Ainsi, du côté québécois, les fédérations sportives représentent les diverses disciplines inscrites aux Jeux du Québec et ce sont elles qui se chargent de la régie sportive des Jeux du Québec. Ces fédérations sont donc responsables de l'encadrement de cet événement en supervisant l'application de leurs propres règlements sportifs, en

---

33. Robert Frenette, entrevue téléphonique, mai 1999 ; Bertrand Rousseau, entrevue téléphonique, avril 1999.
34. Claude Pelletier, entrevue téléphonique, avril 1999.
35. Robert Frenette, entrevue téléphonique, mai 1999.

fournissant des officiels certifiés, en sanctionnant les classements aux diverses épreuves selon des règles et des standards admis aux échelons national et international. Ce sont les « meilleurs » athlètes en lice par disciplines sportives que ces fédérations récompensent en leur décernant des médailles, signes tangibles de leur valeur. Dans ces conditions, les Jeux du Québec constituent une étape en vue des championnats canadiens ou des Jeux du Canada dans diverses disciplines sportives[36].

Par ailleurs, depuis 1979, Sports-Québec a incorporé un volet culturel au programme des Jeux du Québec. Des visites guidées destinées aux athlètes ont pour but de leur faire découvrir la région immédiate de la ville-hôtesse des Jeux. Des spectacles sont aussi offerts aux athlètes et à la population locale, et diverses expositions sont organisées pour la même occasion. L'objectif de ce volet culturel consiste à mettre en valeur les ressources culturelles d'une région et à rendre mémorable le séjour des jeunes athlètes. Le volet culturel des Jeux du Québec permet enfin d'accroître la visibilité de la région ; ce à quoi contribuent d'ailleurs les médias nationaux[37].

Les Jeux de l'Acadie, quant à eux, n'ont pas pour objectif premier de découvrir des champions, même s'ils le font probablement, car ils mettent l'accent surtout sur la participation des jeunes athlètes aux Jeux. Les fédérations sportives des provinces maritimes n'étant pas concernées directement par l'organisation des Jeux de l'Acadie, les résultats obtenus par les athlètes en compétition dans les diverses épreuves sportives ne peuvent posséder le caractère officiel des résultats obtenus par les athlètes participant aux Jeux du Québec. De ce point de vue, les Jeux de l'Acadie ne sont pas des Jeux « sanctionnés », d'autant moins qu'on n'y remet pas de médailles aux vainqueurs. L'essentiel se joue sur un tout autre terrain[38].

Les statistiques nous aident à saisir l'ampleur de l'événement. Alors que, d'un côté, la participation aux Jeux de l'Acadie est restreinte aux seuls francophones des Maritimes, de l'autre, il faut et il suffit d'être résident du Québec pour être admissible à participer aux Jeux du Québec. Dans ces conditions, compte tenu du fait que la finale des Jeux de l'Acadie accueille 1 200 jeunes athlètes, la finale des Jeux d'été du Québec devrait accueillir non pas 4 000 athlètes, comme c'est le cas présentement, mais bien 24 000 pour être en mesure de soutenir la comparaison,

36. Michelle Gendron, entrevue téléphonique, avril 1999 ; Jean-Guy Ouellet, rencontré à Montréal, avril 1999 ; Pauline Tardif, plusieurs discussions, février-mai 1999.
37. Michelle Gendron, entrevue téléphonique, avril 1999.
38. Robert Frenette, entrevue téléphonique, mai 1999 ; Michelle Gendron, entrevue téléphonique, avril 1999 ; Jean-Guy Ouellet, rencontré à Montréal, avril 1999.

puisqu'il n'y a que 300 000 Acadiens contre 6 000 000 de Québécois. C'est pourquoi les Jeux de l'Acadie, où tout se déroule en français, sont considérés avant tout comme *la* manifestation culturelle nationale par excellence des Acadiens. Les Jeux constituent d'ailleurs le clou des festivités nationales de l'Acadie chaque année[39]. Ils sont l'occasion d'un grand rassemblement en un même lieu et ils laisseront un souvenir inoubliable pour ces jeunes athlètes acadiens ainsi valorisés par le public et les médias. Participer aux Jeux de l'Acadie pour la jeunesse acadienne, c'est l'occasion de faire ce plein d'énergie qui donne la force d'affronter la vie et, qui plus est, en français !

Par ailleurs, les Jeux de l'Acadie ne possèdent pas officiellement de volet culturel[40]. Le besoin ne s'en fait sans doute pas sentir étant donné la nature particulière de ces Jeux. Assister à la finale des Jeux de l'Acadie, c'est se retrouver entre parents et amis pour encourager la jeunesse qui exprime sur le terrain son désir d'exister pendant que tous réaffirment leur confiance dans l'avenir de la nation acadienne. Il semble que ce soit là l'essentiel, selon Robert Frenette[41].

* * *

Au cours des 30 dernières années, le sentiment d'appartenance au territoire s'est accru au Québec et le mouvement nationaliste a fini par porter au pouvoir un parti politique résolument souverainiste. C'est en s'appuyant sur un territoire où les Québécois en tant que nation possèdent une forme de compétence incontestable, quoique incomplète, que l'État prend vigoureusement à sa charge le développement de la langue et de la culture[42]. En se distinguant ainsi du reste du Canada français, le Québec affirme son identité propre de façon non équivoque en usant des instruments politiques puissants dont il dispose.

Il en va tout autrement dans les autres communautés francophones minoritaires du Canada. Ces communautés francophones et acadiennes doivent chercher à s'affirmer sans pouvoir compter sur la présence d'un État auquel elles pourraient s'identifier totalement. Les communautés acadiennes possèdent cependant des atouts importants dans cette lutte inégale à la reconnaissance puisqu'elles constituent environ le tiers de la population au Nouveau-Brunswick et que le sentiment identitaire

39. Robert Frenette, entrevue téléphonique, mai 1999.
40. Marc Arseneau, entrevue téléphonique, avril 1999.
41. Robert Frenette, entrevue téléphonique, mai 1999.
42. Martel, 1993 : 19.

acadien existe depuis longtemps[43]. Au cours du XIXe siècle, les régions acadiennes ont entrepris de développer cette identité à partir du bas vers le haut, de proche en proche, en créant des associations et des réseaux d'associations[44]. Ces réseaux sont l'expression d'un mouvement de recomposition du lien social qui s'oppose naturellement au morcellement et au nivellement imposés artificiellement par l'État[45].

La société civile québécoise et la société civile acadienne ont vu leurs relations traditionnelles s'atténuer à la suite de l'intervention de l'État dans la gestion du lien social. Il n'en demeure pas moins que Québécois et Acadiens continuent d'entretenir des rapports multiples sur une base individuelle et conviviale. La proximité géographique, l'usage commun du français et l'existence de liens familiaux étroits sont autant d'éléments qui encouragent ces interactions. Le niveau des rapports interpersonnels est ici déterminant. C'est parce que des individus prennent à cœur l'avenir de la jeunesse, quelle soit acadienne ou québécoise, qu'ils choisissent de s'engager dans l'organisation des Jeux et offrent un coup de main au voisin qui en a besoin, selon Bertrand Rousseau[46]. Cependant, à partir du moment où les contacts entre Acadiens et Québécois empruntent la voie des structures étatiques on voit apparaître des rapports de pouvoir et la distance relative qui sépare les deux communautés s'accroît.

---

43. De Finney, 1994 : 181.
44. De Finney, 1994 ; Gilbert, 1994 ; Martel, 1993.
45. Allain *et al.*, 1993 : 374 ; Harvey, 1994.
46. Bertrand Rousseau, entrevue téléphonique, avril 1999.

ANNEXE

Liste des personnes interviewées par Jules Lamarre

Greg Allain, professeur de sociologie, Université de Moncton

Marc Arseneau, directeur adjoint des Jeux de l'Acadie

Robert Frenette, consultant ; ancien directeur général des Jeux de l'Acadie (1982-1985)

Michelle Gendron, Sports-Québec

Marc Leblanc, professeur d'éducation physique, Université de Moncton ; ancien président de la Société des Jeux de l'Acadie (1993-1995)

Jean-Guy Ouellet, professeur d'éducation physique, Université de Sherbrooke ; membre du conseil d'administration de Sports-Québec

Claude Pelletier, directeur général de Sports-Québec

Bertrand Rousseau, directeur du conseil d'administration du Centre Immaculée-Conception à Montréal et membre du conseil d'administration de Sports-Québec ; ancien directeur général de Sports-Québec et de la Société des Jeux du Québec (1984-1993)

Pauline Tardif, psychologue, consultante au programme d'aide préscolaire aux autochtones (PAPA), Santé-Canada ; plusieurs fois médaillée aux Jeux du Québec et aux championnats canadiens en natation (1970-1975)

BIBLIOGRAPHIE

Allain, Greg

1996 « Fragmentation ou vitalité ? Les nouveaux réseaux associatifs dans l'Acadie du Nouveau-Brunswick », dans Benoît Cazabon, dir., *Pour un espace de recherche au Canada français. Discours, objets et méthodes*, Ottawa, Les Presses de l'Université d'Ottawa, p. 93-109.

Allain, Greg, Isabelle McKee-Allain et J. Yvon Thériault

1993 « La société acadienne : lectures et conjonctures », dans Jean Daigle, dir., *L'Acadie des Maritimes*, Chaire d'études acadiennes, Université de Moncton, p. 341-384.

Bélanger, Jean-Luc

1985 « L'institutionnalisation des sports et des loisirs », *Égalité*, 15, p. 73-80.

Bouchard, Gérard

1994 « La région culturelle : un concept, trois objets ; essai de mise au point », dans Fernand Harvey, dir., *La région culturelle : problématique interdisciplinaire*, Québec, CÉFAN-IQRC, p. 111-122.

Brohm, J.-M.

1993 *Les meutes sportives*, Paris, L'Harmattan.

Cardinal, Linda

1994 « Ruptures et fragmentations, de l'identité francophone en milieu minoritaire : un bilan critique », *Sociologie et société*, 26, 1, p. 71-86.

De Finney, James

1994 « L'espace socio-culturel des francophones : une comparaison Acadie/Ontario », dans Fernand Harvey, dir., *La région culturelle : problématique interdisciplinaire*, Québec, CÉFAN-IQRC, p. 179-187.

Desrosiers, Guy

1978 *Rapport du comité de réévaluation des Jeux du Québec*, Québec, L'Éditeur officiel du Québec.

Doucet, Carol

1994a « Hommage aux fondateurs : l'événement d'un week-end devenu manifestation annuelle », *Les 15 ans des Jeux de l'Acadie, Ven'd'est*, supplément au n° 61, p. 6-7.

1994b « L'engagement bénévole dans les Jeux : un lien d'échange et d'apprentissage », *Les 15 ans des Jeux de l'Acadie, Ven'd'est*, supplément au n° 61, p. 23.

Gilbert, Anne

1994   « Espace régional en milieu francophone minoritaire », dans Fernand Harvey, dir., *La région culturelle : problématique interdisciplinaire*, Québec, CÉFAN-IQRC, p. 167-177.

Harvey, Fernand

1994   « La problématique de la région culturelle : une piste féconde pour la recherche ? », dans Fernand Harvey, dir., *La région culturelle : problématique interdisciplinaire*, Québec, CÉFAN-IQRC, p. 11-26.

Laberge, Suzanne

1996   « La sociologie du sport au Québec : une discipline enracinée dans la société », dans J.-P. Augustin et C. Sorbets, dir., *La culture du sport au Québec*, Talence, Éditions de la Maison des Sciences de l'Homme d'Aquitaine, p. 137-149.

Laberge, Suzanne et Jean Harvey

1995   « Présentation », numéro spécial sur la sociologie du sport, *Sociologie et société*, 27, 1, p. 5-14.

Landry, Julie

1994   « La complicité Québec-Acadie », *Les 15 ans des Jeux de l'Acadie, Ven'd'est*, supplément au n° 61, p. 15.

Leblanc, Marc

1994   « 402 000 fois merci : mot du président », *Les 15 ans des Jeux de l'Acadie, Ven'd'est*, supplément au n° 61, p. 5.

MacClancy, Jeremy

1996   « Sport, Identity and Ethnicity », dans J. MacClancy, dir., *Sport, Identity and Ethnicity*, Herdon (Angleterre), Berg Pub., p. 1-20.

Martel, Angéline

1993   « L'étatisation des relations entre le Québec et les communautés acadiennes et francophones : chronique d'une époque », *Égalité*, 33 (printemps), p. 13-79.

Moscovici, Serge

1991   *Psychologie des minorités actives* (3ᵉ édition), Paris, PUF.

O'Carroll, Daniel

1993   « Les activités sportives en Acadie », dans Jean Daigle, dir., *L'Acadie des Maritimes*, Chaire d'études acadiennes, Université de Moncton, p. 587-600.

Parkes, Peter

1996   « Indigeneous Polo and the Politics of Regional Identity in Northern Pakistan », dans J. MacClancy, dir., *Sport, Identity and Ethnicity*, Herdon (Angleterre), Berg Pub., p. 43-67.

Pivato, Stephano

1994   *Les enjeux du sport*, Firenze, Casterman-Giunti.

Thériault, Joseph-Yvon

1986   « L'autonomie aujourd'hui, la question acadienne sous le regard des idéologies politiques actuelles », *Égalité*, 19, p. 13-32.

Thomas, Raymond

1993   *Sociologie du sport*, Paris, PUF (Coll. Que sais-je ?, 2765).

LISTE DES COLLABORATEURS

Gérard Beaulieu, professeur d'histoire au Département d'histoire et de géographie de l'Université de Moncton

Chedly Belkhodja, professeur au Département de science politique de l'Université de Moncton et rédacteur en chef d'*Égalité, revue acadienne d'analyse politique*

Neil J. Boucher, professeur d'histoire et directeur du Centre acadien de l'Université Sainte-Anne

Annette Boudreau, professeure de linguistique au Département d'études françaises et codirectrice du Centre de recherche en linguistique appliquée de l'Université de Moncton

Yolande Castonguay-LeBlanc, professeure à la retraite de la Faculté des sciences de l'éducation de l'Université de Moncton

Christine Duplessis, candidate à la maîtrise en sociologie à l'Université Laval

Fernand Harvey, professeur titulaire de la Chaire Fernand-Dumont sur la culture, INRS-Culture et Société, Québec

Jules Lamarre, chercheur associé à l'INRS-Culture et Société, Québec

Matthieu LeBlanc, professeur au Département de traduction et langues de l'Université de Moncton

Maurice LeBlanc, artiste en résidence émérite de l'Université Sainte-Anne et ancien animateur culturel

Jean Levasseur, professeur au Département de littérature de l'Université Bishop's à Lennoxville

Roger Ouellette, professeur au Département de science politique de l'Université de Moncton

Léon Thériault, professeur au Département d'histoire et de géographie de l'Université de Moncton

AGMV
MARQUIS

Québec, Canada
2000